Der Vertrag und der Dritte: eine deutsch-französische Rechtsvergleichung

Europäische Hochschulschriften Recht

European University Studies in Law

Publications Universitaires Européennes de Droit

Band/ Volume **6292**

Issouf Sako

Der Vertrag und der Dritte: eine deutsch-französische Rechtsvergleichung

PETER LANG

Bibliografische Information der Deutschen Nationalbibliothek
Die Deutsche Nationalbibliothek verzeichnet diese Publikation in der Deutschen Nationalbibliografie; detaillierte bibliografische Daten sind im Internet über http://dnb.d-nb.de abrufbar.

Zugl.: München, Univ., Diss., 2021

D 19
ISSN 0531-7312
ISBN 978-3-631-87657-2 (Print)
E-ISBN 978-3-631-87686-2 (E-PDF)
E-ISBN 978-3-631-87687-9 (EPUB)
DOI 10.3726/b19637

Peter Lang – Berlin · Bern · Bruxelles · New York · Oxford · Warszawa · Wien

Diese Publikation wurde begutachtet.

www.peterlang.com

An meine Eltern
Oxana und Matthias Bambuch

Vorwort

Die vorliegende Arbeit wurde im Januar 2022 von der Rechtswissenschaftlichen Fakultät der Ludwig-Maximilians-Universität München als Dissertation angenommen.

Mein herzlicher Dank gebührt meinem Doktorvater, Herrn Prof. Dr. Stephan Lorenz, Mitglied des bayrischen Verfassungsgerichtshofs für seine herausragende Unterstützung und sein persönliches Engagement bei der Betreuung dieser Arbeit. Durch seine konstruktiven Anmerkungen und Hinweise sowie nicht zuletzt seine jederzeitige Diskussionsbereitschaft hat er entscheidend zum Gelingen meiner Arbeit beigetragen. Ebenfalls herzlich bedanken möchte ich mich bei Herrn Prof. Dr. Hans-Georg Hermann für die freundliche Übernahme des Zweitgutachtens sowie bei Prof. Dr. Dr. h.c. Peter Kindler für sein Mitwirken in der Prüfungskommission.

Der Hanns-Seidel-Stiftung danke ich für das großzügige Stipendium, welches die Anfertigung dieser Arbeit ermöglicht hat.

Gewidmet sei diese Arbeit meinen Eltern Oxana und Matthias Bambuch, die mich immer liebevoll unterstützt und gefördert haben.

Miesbach, im Januar 2022

Issouf Sako

Inhaltsübersicht

Inhaltsverzeichnis

Abkürzungsverzeichnis

a. a. S.	auf angeführter Seite
a. F.	alte Fassung
ABGB	Allgemeines Bürgerliches Gesetzbuch (Österreich)
AJ Contrat	Actualité juridique contrats
Alt.	Alternative
Art.	Article oder Artikel
Ass. plén.	Assemblée plénière de la Cour de cassation
AT	Allgemeiner Teil
BFH	Bundesfinanzhof
BGB	Bürgerliches Gesetzbuch
BGH	Bundesgerichtshof
BGHZ	Entscheidungen des Bundesgerichtshofs in Zivilsachen
BT	Besonderer Teil
Bull. civ.	Bulletin des arrêts de la Cour de casstion
BWNotZ	Zeitschrift für das Notariat in Baden-Württemberg
C. assur.	Code des assurances
C. civ.	Code civil
C. mon. et fin.	Code monétaire et financier
C. trav.	Code du travail
civ.	Chambre civile de la Cour de cassation
com.	Chambre commerciale de la Cour de cassation
confl.	conflit
Cons. const.	Conseil Constitutionnel
D.	Receuil Dalloz-Sirey oder Dalloz
Defrénois	Répertoire du notariat Defrénois
DtZ	Deutsch-Deutsche Rechts-Zeitschrift
Einf.	Einführung
Einl.	Einleitung
etc.	et cetera (und so weiter)
f.	und folgende(r) Seite/Paragraf
ff.	und folgende Seiten
gem.	gemäß
GoA	Geschäftsführung ohne Auftrag
i. H. v.	in Höhe von
i. S. d.	im Sinne des

i. S. v.	im Sinne von
i.V.m.	in Verbindung mit
JA	Juristische Arbeitsblätter
JCP	Jusris-Classeur périodique (la semaine juridique), édition générale
JO	Journal officiel de la République française
JuS.	Juristische Schulung
JZ	Juristenzeitung
L.	Loi
LPA	Les petites affices
MDR	Monatsschrift für deutsches Recht
mwN.	mit weiteren Nachweisen
n. F.	neue Fassung
n°	numéro oder Nummer
NJW	Neue Juristische Wochenschrift
NzM	Neue Zeitschrift für Miet- und Wohnungsrecht
OR	Obligationenrecht (Schweiz)
p.	page
RCA	Responsabilité civile et assurance
RDC	Revue de droit des contrats
Rép. civ.	Répertoire de droit civil Dalloz
RG.	Reichsgericht
RID Comp.	Revue de droit international comparé
Rn.	Randnummer
RTD civ.	Revue trimestrielle de droit civil
S.	Seite, Satz
s.	siehe oder et suivants
soc.	Chambre sociale de la Cour de cassation
sog.	sogenannt
Somm.	Sommaire
T.	Tribunal
usw.	und so weiter
v.	Voir oder von
VzD	Vertrag zugunsten Dritter
WuM	Wohnungswirtschaft und Mietrecht
z.B.	zum Beispiel
zit.	zitiert

Schrifttum

Albiges, C./Dumont-Lefrand, M-P., Droit des sûretés, 6e édition Dalloz 2017 (zit.: *Albiges/Dumont-Lefrand*, Droit des sûretés, Rn.)

Ancel, P., le contrat avec effets protecteur pour les tiers, RDC 2004 n°RDCO2004-2-057, S. 471 (zit.: *Ancel*, RDC 2004, S.)

Andreu, L., Du changement de débiteur, Dalloz 2010 (zit.: *Andreu*, Du changement de débiteur, S.)

Aubert, J.-L./Goldie-Genicon, C., Novation, Rép. civ. D. juin 2017 (zit.: *Aubert/Goldie-Genicon*, Novation, Rép. civ. D. juin 2017)

Aynès A., Quelques aspects du régime juridique des sûretés réelles pour autrui, in Liber Amicorum Christian Larroumet, Economica 2009 (zit.: *Aynès*, Quelques aspects du régime juridique des sûretés réelles pour autrui, S.)

Bamberger H. G./Roth, H., Kommentar zum Bürgerlichen Gesetzbuch, 7. Auflage 2016 (zit.: Bamberger/Roth/*Bearbeiter*, § Rn.)

Bénabent, A., droit des obligations, 18e édition, LGDJ 2019 (zit.: *Bénabent*, Droit des obligations, Rn.)

Berlioz, P., Article 1338: La cession de dette, RDC 2015, p. 803 (zit.: *Berlioz*, RDC 2015, S.)

Bien, F./Borghetti, J.-S., Die Reform des französischen Vertragsrechts, 2018 (zit.: *Bearbeiter*, Die Reform des französischen Vertragsrechts, S.)

Borghetti, J.-S., Responsabilité des contractants à l'égard des tiers: Boot shop en bout de course? RDC 2017, n°114k0, p. 425 (zit.: *Borghetti*, RDC 2017, S.)

Brockmann, T./Künnen, S., Vertrag mit Schutzwirkung zugunsten Dritter und Drittschadensliquidation, JA 2019, S. 729 (zit.: *Brockmann/Künnen*, JA 2019, S.)

Cabrillac, R., Droit des obligations, 13e édition, Dalloz 2018 (zit.: *Cabrillac*, Droit des obligations, Rn.)

Carval, S., l'action du tiers lésé par une inexécution contractuelle, RDC 2014, n° 110s3, p. 365. (zit.: *Carval*, RDC 2014, S.)

Chénedé, F., Le nouveau droit des obligations et des contrats, Consolidations – Innovations – Perspectives, Dalloz 2016 (zit.: *Chénedé*, Le nouveau droit des obligations et des contrats, S.)

Catala, P., Avant-projet de réforme du droit des obligations et de la prescription, La documentation française, 2005 (Zit.: *Catala*, Avant-projet de réforme du droit des obligations et de la prescription)

Conte, H., Cession de créance: quelle concurrence entre le code civil et le code monétaire et financier? LPA 2018, n°133j9. P. 7 (zit.: *Conte*, LPA 2018, S.)

Danos, F., La cession de créance ne confère pas au cessionnaire qualité pour défendre, en l'absence du cédant, à une demande de résolution du contrat dont procède la créance cédée, RDC 2019, n°116g6, p. 110 (zit.: *Danos*, RDC 2019, S.)

Deshayes, O., La nouvelle mouture de l'avant-projet de loi de réforme de la responsabilité civile: retour sur la responsabilité des parties à l'égard des tiers, RDC 2017, n°114d8, p. 238 (zit.: *Deshayes*, RDC 2017, S.)

Deshayes, O., Proposition de modification des articles 1216-3, 1328-1 et 1334 du code civil: le sort des sûretés en cas de cession de contrat, de cession de dette et de novation, RDC 2017, n°1114b3, p.189 (zit.: *Deshayes*, RDC 2017, S.)

Ermann, W., Bürgerliches Gesetzbuch, Handkommentar, 15. Auflage 2017 (zit.: Erman/*Bearbeiter*, § Rn.)

Fages, B., Droit des obligations, 9e édition, LJDJ 2019 (zit.: *Fages*, Droit des obligations, Rn.)

Fervers, M., Hypothèque rechargeable und Grundschuld, Mohr Siebeck 2013 (zit.: *Fervers,* Hypothèque rechargeable und Grundschuld, S.)

Förter, C., Die Fusion von Garantie und Bürgschaft, Mohr Siebeck 2010 (zit.: *Förter*, Die Fusion von Garantie und Bürgschaft, S.)

François, J., Les opérations sur la dette, RDC 2016, n°112y3, p. 45 (zit.: *François,* RDC 2016, S.)

Gauthier, P.-Y., Alex Weill, RDC 2018, n° 115s2, p. 638 (zit.: *Gauthier*, RDC 2018, S.)

Genicon, T., Le sacre du porte fort-fort d'exécution et son retour au sein du droit commun des contrats, RDC 2014, n°110r8, p. 347 (zit.: *Genicon*, RDC 2018, S.)

Grimaldi, M./Vernières, C., Refinancement d'un prêt: quelle place pour la novation?, Defrenois 2017, n°17 (zit.: *Grimaldi/Vernières*, Refinancement d'un prêt: quelle place pour la novation?, Defrenois, S.)

Gsell, B./Krüger, W./Lorenz, S./Reymann, C. Beck-online Grosskommentar, stand: 01.01.2021, 01.04.2021, 01.05.2021, 01.07.2021 (zit.: BeckOGK/*Bearbeiter* BGB, § Rn.)

Guinchard, S./Debard, T., Lexique des termes juridiques, Dalloz 2020 (zit.: *Guinchard/Debard*, Lexique des termes juridiques, S.)

Hécart, Ch., l'article 1342 de l'Avant projet Catala: quelle Cohérence?, D. 2006, p. 2268 (zit.: *Hécart*, l'article 1342 de l'Avant projet Catala: quelle Cohérence?, S.)

Höhne, C./Kühne, A., Der Vertrag mit Schutzwirkung zu Gunsten Dritter – Anspruchsgrundlage und Anspruchsumfang, JuS 2012, S. 1063 (zit.: *Höhne/Kühne*, JuS 2012, S.)

Honsell, H., Römiches Recht, 7. Auflage 2010 (zit.: *Honsell*, Römisches Recht, S.)

Hontebeyrie, A., Banc d'essai pour la reprise de dette, RDC 2018, n°115d6, p. 314 (zit.: *Hontebeyrie*, RDC 2018, S.)

Hontebeyrie, A., Quelques observations sur la délimitation temporelle de la cession de contrat, RDC 2017, n°114j1, p. 378 (zit.: *Hontebeyrie*, RDC 2017, S.)

Hornberger, T., Grundfälle zum Vertrag zugunsten Dritter, Teil I, JA 2015, S. 7 (zit.: *Hornberger*, JA 2015, S.)

Jauernig, O., Bürgerliches Gesetzbuch, 17. Auflage 2018 (Zit.: Jauernig/Bearbeiter, § Rn.)

Jourdain, P./Wéry, P., La transmission des obligations en droit français et en droit belge, Lacier 2019 (zit.: *Bearbeiter*, la transmission des obligations en droit franco-belge, S.)

Juen, E., Le droit des tiers à la réparation du dommage causé par une faute contractuelle, RDC 2017, n°114p6, p. 533 (zit.: *Juen*, RDC 2017, S.)

Juillet, C., Le sort des sûretés du cédé dans la cession de contrat de droit commun, RDC 2017, n° 114h9 (zit.: *Juillet*, RDC 2017, S.)

Julienne, M., Article 1338: la situation du créancier dans la cession de dette, RDC 2015, n°112e1, p. 801 (zit.: *Julienne*, RDC 2015, S.)

Klimke, D., Die Vertragsübernahme, Mohr Siebeck 2010 (zit.: *Klimke*, Die Vertragsübernahme, S.)

Laithier, Y.-M., Les rapports entre responsabilités contractuelle et extracontractuelle entre les parties contractantes, RDC 2019, n°1116m8, p. 158 (zit.: *Laithier*, RDC 2019, S.)

Lasserre, V., La céssion de dette consacrée par le code civil à la lumière du droit allemand, D. 2016 (zit.: *Lasserre*, D. 2016, S.)

Latina, La subrogation ex parte debitoris depuis la réforme du droit des obligations, AJ contrat, 2019 Dalloz (zit.: *Latina*, La subrogation ex parte debitoris depuis la réforme du droit des obligations, AJ contrat, S.)

Latina, M., La preuve de la novation, RDC 2018 n°114w3, p. 46 (zit.: *Latina*, RDC 2018, S.)

Lettl, T., Die Wirksamkeit der Abtretung einer Geldforderung trotz wirksamen Abtretungsverbots nach § 354a HGB, JA 2010, S. 109 (zit.: *Lettl*, JA 2010, S.)

Loochelders D., Schuldrecht, Allgemeiner Teil, 17. Auflage. 2019 (zit.: *Looschelders*, Schuldrecht AT, S.)

Looschelders D./Makowsky, M., Relativität der Schuldverhältnisse und Rechtsstellung Dritter, JA 2012, 721–728. (zit.: *Looschelders/Makowsky*, JA 2012, S.)

Lorenz, S., Grundwissen – Zivilrecht: Abstrakte und kausale Rechtsgeschäfte, JuS 2009, S. 489 (zit.: *Lorenz*, JuS 2009, S.)

Lorenz, S., Grundwissen – Zivilrecht: Abtretung, JuS 2009, S. 891 (zit.: *Lorenz*, JuS 2009, S.)

Lorenz, S., Grundwissen – Zivilrecht: Schuldübernahme, Erfüllungs- und Vertragsübernahme, JuS 2019, S. 424 (zit.: *Lorenz,* JuS 2019, S.)

Lorenz, S., Bereicherungsrechtliche Drittbeziehungen, JuS 2003, S. 729 ff., 839 ff. (zit.: *Lorenz*, JuS 2003, S.)

Malaurie, Ph., Droit des obligations, 9e édition, LGDJ 2017 (zit.: *Malaurie*, Droit des obligations, S.)

Malinvaud, Ph., Mekki, M.; Seube, J-B, Droit des obligations, 15e édition, LexisNexis 2019 (zit.: *Malinvaud/Mekki/Seube,* Droit des obligations, Rn.)

Marty, G./Raynaud, P., Les obligations, Sirey 1961 (zit.: *Marty/Raynaud*, Les obligations, S.)

Maurer, F., Die rechtsgeschäftliche Vertragsübernahme, BWNotZ 2005. (zit.: *Maurer*, BWNotZ 2005, S.)

Mazeaud, D., Lamy n°156, 2018, S. 6 (zit.: *Mazeaud*, Lamy 2018, S.)

Medicus, D./Lorenz, S., Schuldrecht II, Besonderer Teil, 18. Auflage 2018 (zit.: *Medicus/Lorenz,* SchuldR BT, S. Rn.)

Medicus, P./Lorenz, S., Schuldrecht I, Allgemeiner Teil, 21. Auflage 2015 (zit.: *Medicus/Lorenz,* SchuldR AT, Rn.)

Musielak, H-J., Vertragsfreiheit und ihre Grenzen, JuS 2017, 949 (zit.: *Musielak,* JuS 2017, 949.)

Palandt, O. Kommentar zum Bürgerlichen Gesetzbuch, 78. Auflage 2019 (zit.: Palandt/*Bearbeiter*, § Rn.)

Paulus, C./Zenker, W., Grenzen der Privatautonomie, JuS 2001, 1 (zit.: *Paulus/ Zenker*, JuS 2001, S.)

Pellier, J.-D., La cession de dette dans le projet de réforme du régime général des obligations, LPA 2015, n°PA201519803, p. 8 (zit.: *Pellier*, LPA 2015, S.)

Pieper, H., Vertragsübernahme und Vertragsbeitritt: zugleich ein Beitrag zur Lehre vom Vertragsverhältnis, Grote 1963 (zit.: *Pieper*, Vertragsübernahme und Vertragsbeitritt, S.)

Pillet, G., La cession conventionnelle de contrat du code civil: une consécration en demi-teinte, RDC 2017, n°114h4, p. 392 (zit: *Pillet*, RDC 2017, S.)

Pinger, B./Behme, C., Der Vertrag mit Schutzwirkung für Dritte als Rechtsgrundlage der Gutachterhaftung gegenüber Dritten, JA 2008, S. 675. (zit.: *Pinger/Behme*, JA 2008, S.)

Porchy-Simon, S., Droit civil 2e année, Les Obligations, 12e édition, Dalloz 2020 (zit.: *Porchy-Simon*, Les obligations, Rn.)

Puhle, W., Vertrag mit Schutzwirkung zugunsten Dritter und Drittschadensliquidation, Peter Lang 1982 (zit.: *Puhle*, Vertrag mit Schutzwirkung zugunsten Dritter und Drittschadensliquidation, S.)

Rapport au président de la République relatif à l'ordonnance n° 2016-131 du 10 février 2016 portant réforme du droit des contrats, du régime général de la preuve des obligations (zit.: Rapport au président de la République relatif à l'ordonnance du 10 février 2016, *JO*, S.)

Renault-Branhinsky, C., L'essentiel des grands arrêts du droit des obligations : 2019–2020, 1e édition, Gualino 2019 (zit.: *Renault-Branhinsky*, L'essentiel des grands arrêt du droit des obligations, S.)

Richevaux, M., Cession de créance, limite des exceptions, LPA 2019, n°146m5, p.12 (zit.: *Richevaux*, LPA 209, S.)

Rimmelspacher, B./Stürner, M., Kreditsicherungsrecht, 3. Aufl. 2017 (zit.: *Rimmelspacher/Stürner*, Kreditsicherungsrecht, S. Rn.)

Säcker, F. J./Rixecker, R. Münchner Kommentar zum Bürgerlichen Gesetzbuch, Band 2: Schuldrecht Allgemeiner Teil, 8. Auflage 2019 (zit.: MüKoBGB/*Bearbeiter*, § Rn.)

Savaux, J-L., „Subrogation personelle“ Rép. civ. Dalloz, 2011 (zit.: *Savaux*, „Subrogation personelle“ Rép. civ. Dalloz, 2011)

Schaffland, Die Vertragsübernahme, 1. Auflage 2012 (zit.: *Schaffland*, Die Vertragsübernahme, S.)

Schlechtriem, P./Schmiedt-Kessel, M., Schuldrecht, Allgemeiner Teil, 6. Auflage 2005 (zit.: *Schlechtriem/Schmiedt-Kessel*, SchuldR AT, Rn.)

Schmid, M-J., rechtsgeschäftlicher Mieter- und Vermieterwechsel, WuM, (zit.: *Schmid*, WuM, S.)

Schulze, R./Döner, H./Erbert, I. u.a. Bürgerliches Gesetzbuch, Handkommentar, 10. Auflage 2019 (zit.: H-K-BGB/*Bearbeiter*, § Rn.)

Soergel, T. Bürgerliches Gesetzbuch, 13. Auflage 1999 ff. (zit.: Soergel/*Bearbeiter*, § Rn.)

Stoffel-Munck, P., La responsabilité des contractants à l'égard des tiers: regard franco-anglais, RDC 2019, n°116p4, p. 166 (zit.: *Stoffel-Munck*, RDC 2019, S.)

Tadros, A., La cession partielle de contrat, RDC 2017, n°114j3, p. 400 (zit.: *Tadros*, RDC 2017, S.)

Terré, F., Pour une réforme du droit des contrats (zit.: Terré, Pour une réforme du droit des contrats, S.)

Terré, F./ Simler, Ph./Lequette, Y./Chénedé, F., Droit civil, les obligations, 12ième édition, Dalloz 2019 (zit.: *Terré/ Simler/Lequette/Chénedé*, Droit civil, les obligations, Rn.)

v. Staudinger, J. Kommentar zum Bürgerlichen Gesetzbuch, Neubearbeitet 2005 ff. (zit.: Staudinger/*Bearbeiter*, § Rn.)

Viney, G., Réflexions à partir d'une nouvelle proposition relative à la responsabilité du débiteur contractuel à l'égard des tiers au contrat, RDC 2019, n°116h7, p. 20. (zit.: *Viney*, RDC 2019, S.)

Wagner, E., Form und Beschränkung der Vertragsübernahme sowie der Einwilligung hierzu - BGH, DtZ 1996, 56, JuS 1997, 690 (693) (zit.: *Wagner*, JuS 1997, S.)

Weber, J.-F., Comprendre un arrêt de la Cour de cassation rendu en matière civile, BICC, 15 mai 2009, n° 702 (zit.: *Weber*, Comprendre un arrêt de la Cour de cassation rendu en matière civile, BICC 2009, S.)

Wyssbrod, A., De la coutume au code, Résistances à la codification du droit civil à Neuchâtel sous l'Ancien Régime (zit.: *Wyssbrod*, De la coutume au code, S.)

Zenner, A., Der Vertrag mit Schutzwirkung zu Gunsten Dritter – Ein Institut im Lichte seiner Rechtsgrundlage, NJW 2009, S. 1030 (zit.: *Zenner*, NJW 2009, S.)

Einleitung

Dem Bericht an den Präsidenten der Französischen Republik bezüglich der Verordnung vom 10. Februar 2016 über die Reform des französischen Vertragsrechts kann Folgendes entnommen werden: «Länder wie Portugal, die Niederlande, Quebec, Deutschland oder Spanien, die sich einst stark vom *Code Napoléon* inspiriert haben, haben ihre eigenen Zivilgesetzbücher reformiert und sich dabei vom französischen Modell losgelöst, das als Inspirationsquelle zu alt ist, und aus diesem Grund ist der französische *Code Civil* zur künftigen Ausstrahlung zu reformieren».[1] Unter anderem wird nun das deutsche Recht der französischen Reform als Inspirationsquelle dienen. Diese Reform wird insbesondere Bereiche des *Code Civil* über den Vertrag und den Dritten grundlegend reformieren. Die bestehenden Rechtsfiguren werden modernisiert und neue Rechtsfiguren vollziehen ihren Eintritt in den *Code Civil*. Das begründet eine rechtsvergleichende Arbeit im deutsch-französischen Recht über den Vertrag und den Dritten.

§ 1. Ziele und Methode der Arbeit

Mit dem Thema „Der Vertrag und der Dritte: eine deutsch-französische Rechtsvergleichung" wird auf die wichtigen Rechtsfiguren des *Code Civil* und des BGB eingegangen, um die Gemeinsamkeiten und Unterschiede in den beiden Rechtsordnungen zu ermitteln und sich kritisch mit den Ergebnissen auseinanderzusetzen. Zudem wird auf die Frage eingegangen, ob es sinnvoll wäre, die zum Beispiel im französischen Recht vorhandenen Rechtsinstitute, die im deutschen Recht jedoch gesetzlich nicht geregelt sind, ins BGB zu übernehmen. Es ist jedoch darauf hinzuweisen, dass nicht alle Rechtsfiguren des BGB und des *Code Civil*, die das Thema Vertrag und Dritte behandeln, analysiert werden. Die Arbeit wird sich auf die wesentlichen und klassischen Rechtsfiguren der beiden Rechtsordnungen bezüglich des Vertrages und des Dritten beschränken.

Ferner ist eine Analyse des Bereichs Vertrag und Dritter im deutsch-französischen Recht lohnenswert, weil nach der Reform von 2016 einige Jahre vergangen sind und nun Bilanz gezogen werden kann. Die Reform hat im Bereich des Vertrages und des Dritten im *Code Civil* zahlreiche Veränderungen

1 Rapport au président de la République relatif à l'ordonnance du 10 février 2016, *JO*, S. 25.

mit sich gebracht und es ist durchaus lehrreich herauszufinden, wie die beiden Rechtsordnungen diesen Bereich nun regeln.

Zudem arbeitet der französische Gesetzgeber an einer weiteren Reform des französischen Deliktsrechts. Die in diesem Zusammenhang bereits gemachten Vorschläge werden ebenfalls im Rahmen der Arbeit berücksichtigt.

§ 2. Hintergründe der Reformen des französischen Rechts

A. Reform des Vertragsrechts, allgemeine Regelungen und der Beweis der Rechtsgeschäfte

Napoléon Bonaparte sagte Folgendes in Saint-Hélène: «Mein wahrer Ruhm ist nicht vierzig Schlachten gewonnen zu haben. Waterloo wird die Erinnerung an so viele Siege löschen. Was niemals vergessen werden wird, was ewig leben wird, ist mein *Code Civil*».[2] Bezüglich des *Code Civil* hatte Napoléon durchaus recht. Der französische *Code Civil* von 1804 blieb im Kern unverändert und währte lange. Dieses hervorragende Werk wurde zumindest bezüglich einiger Rechtsfiguren sehr antiquiert und musste reformiert werden, um die Aufgaben der heutigen Zeit meistern zu können. Der französische Gesetzgeber wird den *Code Civil* reformieren, um ihn zugänglicher und wettbewerbsfähiger zu machen, so wie die Gesetzbücher der Nachbarländer.[3] In dem Bericht an den Präsidenten wurden auch die Rechtssicherheit und die Modernisierung des *Code Civil* als Gründe hervorgehoben.[4]

Um diesen Zweck zu erfüllen, werden die nach ihren Initiatoren genannten Reformprojekte *Catala*[5] und *Terré*[6] zahlreiche Vorschläge machen. Das erste Projekt wird eine Kodifikation der Rechtsprechung befürworten, ohne den *Code Civil* in seinem Kern reformieren zu wollen. Das zweite Projekt ist viel mutiger und wird auch auf die unbequemen Fragen und Probleme des *Code Civil* eingehen.

Das französische Justizministerium wird sich auf diese zwei Reformprojekte stützen, um sich seinerseits der Reform des französischen Vertragsrechts

---

2 *Wyssbrod*, De la coutume au code, S. 301.

3 Rapport au président de la République relatif à l'ordonnance du 10 février 2016, *JO*, S. 25.

4 Rapport au président de la République relatif à l'ordonnance du 10 février 2016, *JO*, S. 25.

5 *Catala*, Avant-projet de réforme du droit des obligations et de la prescription.

6 *Terré*, Pour une réforme du droit des contrats.

anzunehmen. Im Februar 2015 ermächtigte das Parlament die Exekutive, das französische Recht per Rechtsverordnung zu verabschieden. Nach dem Reformentwurf des Justizministeriums schloss sich diesem eine öffentliche Konsultation an, bei der Interessierte zu dem Entwurf Stellung nehmen konnten. Danach wurde der endgültige Text vom 10. Februar 2016 im Gesetzesblatt (*Journal officiel*) am 11. Februar 2016 veröffentlicht. Die Rechtsverordnung wurde anschließend per Gesetz[7] am 20. April 2018 ratifiziert. Das Ratifizierungsgesetz wird entgegen den Empfehlungen der Regierung die Rechtsverordnung zum Teil verändern und ergänzen.[8]

B. Reform des Deliktsrechts

Im März 2017 hat das Justizministerium einen Vorentwurf der Reform des französischen Deliktsrechts veröffentlicht.[9] In demselben Monat hat der Justizminister Interessierte aufgefordert, Stellung zu dem Reformprojekt des Deliktsrechts als zweite Etappe zur Modernisierung des französischen Rechts zu nehmen. Entgegen der Reform des Vertragsrechts soll die Reform des Deliktsrechts per Gesetz und nicht durch Rechtsverordnung erfolgen. Bei der vorliegenden Arbeit sollen einige Vorschriften über die Reform des Deliktsrechts berücksichtigt werden, obwohl diese noch kein geltendes Recht sind. Zurzeit beschäftigt sich der französische *Sénat* mit der Reform des französischen Deliktsrechts. In diesem Zusammenhang hat der *Sénat* bereits einen Gesetzentwurf hervorgebracht.[10]

§ 3. Präsentation des Themas

A. Allgemeines

Aus dem Grundsatz „*res inter alios acta aliis neque nocere neque prodesse potest*"[11] (das zwischen den einen Vereinbarte kann den anderen weder schaden noch nützen) kann die Relativität der Schuldverhältnisse hergeleitet werden.

---

7 Loi n° 2018-287 du 20 avril 2018.

8 *Porchy-Simon*, Les obligations, Rn. 5.

9 Projet de réforme de la responsabilité civile mars 2017, présenté le 13 mars 2017 par Jean-Jacques Urvoas, garde des sceaux, ministre de la justice suite à la consultation publique menée d'avril 2016, (http://www.textes.justice.gouv.fr/textes-soumis-a-concertation-10179/projet-de-reforme-du-droit-de-la-responsabilite-civile-29782.html, abgerufen am 14.Juli.2021).

10 Proposition de loi portant réforme de la responsabilité civile, n° 678 Sénat.

11 *Porchy-Simon*, Les obligations, Rn. 454.

Ein Schuldverhältnis ist als Sonderverbindung zwischen mindestens zwei Personen – dem Gläubiger und dem Schuldner – ein relatives Rechtsverhältnis.[12] Dies scheint eigentlich so selbstverständlich zu sein, dass manche Zivilgesetzbücher wie das niederländische *burgerlijk wetboek* sowie das deutsche BGB es nicht explizit formuliert haben.[13] Trotzdem ist zu berücksichtigen, dass der Gläubiger kraft des Schulverhältnisses nach § 241 Abs. 1 BGB berechtigt ist, von dem Schuldner eine Leistung zu fordern. Das BGB geht also zunächst von einer Zwei-Personen-Beziehung aus, nämlich einem Gläubiger und einem Schuldner. Das ist der Ausdruck des Prinzips der Relativität der Schuldverhältnisse, in denen eine Mitwirkung Dritter in den rechtlichen Beziehungen grundsätzlich nicht vorgesehen ist.[14] Um dieses Prinzip klarzustellen und hervorzuheben, sieht der französische *Code Civil* seinerseits in Art. 1199 Abs. 1 vor, dass der Vertrag Verpflichtungen nur zwischen den Parteien entstehen lässt.

Zusammenfassend lässt sich konstatieren, dass sowohl das französische als auch das deutsche Recht grundsätzlich den Grundsatz der Relativität der Schuldverhältnisse kennen und dies auch durch entsprechende Normen klarstellen.

Daraus folgt, dass Rechte aus dem Schuldverhältnis nur dem Gläubiger zustehen und Dritte deshalb keine Rechte aus dem Schuldverhältnis ableiten können. Umgekehrt treffen auch die aus dem Schuldverhältnis folgenden Pflichten grundsätzlich nur den Schuldner. Dritte werden regelmäßig nicht verpflichtet.

B. Vertragsparteien und Dritte

Da die Parteien nach beiden Rechtsordnungen von den Dritten zu unterscheiden sind, als Ausfluss der Relativität der Schuldverhältnisse, ist es notwendig zu definieren, was unter Parteien und Dritte zu verstehen ist. Ausgehend von § 241 Abs. BGB und Art. 1199 C. civ. kann man sagen, dass Vertragsparteien Gläubiger und Schuldner sind. Jedoch ist diese Definition sehr ungenau, denn es kann vorkommen, dass der Gläubiger oder der Schuldner nicht Vertragspartner sind, wie man im Laufe dieser Arbeit sehen wird. Und das vor allem, wenn man davon ausgeht, dass der Gläubiger jemand ist, der einen Anspruch hat, und der Schuldner derjenige ist, der in Anspruch genommen werden kann.[15] Man könnte den Begriff der Vertragsparteien wie folgt definieren: Vertragsparteien

---

12 *Medicus/Lorenz*, Schuldrecht AT, Rn. 30 ff.; *Looschelders/Makowsky*, JA 2012, 721; *Fages*, droit des obligations, Rn. 219.

13 *Borghetti*, Die Reform des französischen Vertragsrechts, S. 199.

14 *Looschelders/Makowsky*, JA 2012, 721.

15 MüKoBGB/*Bachmann*, § 241 Rn. 5.

sind diejenigen, für und gegen die der Vertrag alle seine Rechtswirkungen entfaltet, egal, ob sie selbst die erforderlichen Willenserklärungen abgegeben haben oder vertreten wurden. Für die Zwecke dieser Arbeit ist jedoch von einer negativen Definition des Dritten auszugehen. Ein Dritter ist keine Vertragspartei. Dritte sind die *penitus extranei*. Also die dem Vertrag fremd sind bzw. an ihrem Abschluss nicht teilgenommen haben. Trotz der Schwierigkeit der Definition von Vertragsparteien und Dritten definieren weder das BGB noch der *Code civil* diese Begriffe. Dies liegt möglicherweise daran, dass es sich grundsätzlich immer ermitteln lässt, wer Vertragspartei und wer Dritter ist, auch wenn die Definition der Begriffe schwierig erscheint. Im Laufe der Arbeit werden diese Begriffe keinerlei Schwierigkeiten bereiten. Es wird sich immer aus dem Kontext ergeben, wer Dritter und wer Vertragspartei ist.

C. Inhalt der Arbeit

Die Relativität der Schuldverhältnisse kennt in den beiden Rechtssystemen Ausnahmen. Sie wird nicht uneingeschränkt gewährleistet, sondern sie wird an verschiedenen Stellen durchbrochen. Der Kern der Arbeit besteht darin, die Ausnahmen zur Relativität der Schuldverhältnisse im deutsch-französischen Recht zu vergleichen. In der Arbeit sollen deshalb diese Ausnahmen wie folgt untersucht werden: die klassischen und die besonderen Ausnahmen.

I. Die klassischen Ausnahmen

Bei den klassischen Ausnahmen soll die Rechtsfigur des Vertrages mit Schutzwirkung zugunsten Dritter im deutschen Recht und die vergleichbare Rechtsfigur im französischen Recht analysiert werden. Diese Problematik wird im französischen Recht im Deliktsrecht behandelt,[16] und zwar im Zusammenhang mit der Haftung der Vertragsparteien gegenüber Dritten als Ausfluss des *„principe de non-cumul des responsabilités“*. Nach dem *„principe de non-cumul des responsabilités“* kann sich ein Vertragspartner nicht auf deliktische Ansprüche berufen, wenn sein Vertragspartner seine Vertragspflichten verletzt hat.[17] Wenn zwischen den Parteien ein Vertrag abgeschlossen wurde, können Pflichtverletzungen aus diesem Vertrag nur vertragsrechtlich geltend gemacht werden. Der

16 *Porschy-Simon*, Les obligations, Rn. 671.

17 Cass. com., 19 juin 2012, n° 11-13176, note M. Latina; Cass. com., 13 juill. 2010, n° 09-14985, note. G. Guerlin.

Gläubiger kann gegen den Schuldner nicht deliktsrechtlich vorgehen, auch wenn dieser Weg für ihn günstiger wäre.[18]

Was die Rechtsfigur des Vertrages mit Schutzwirkung zugunsten Dritter angeht, wird das französische Reformprojekt bezüglich des Deliktsrechts, das noch nicht in Kraft getreten ist, eine Rolle spielen. Dabei sollen nicht nur Gemeinsamkeiten und Unterschiede der beiden Rechtsfiguren herausgearbeitet werden, sondern es soll auch eine kritische Analyse durchgeführt werden.

Ferner soll unter den klassischen Ausnahmen eine kritische Auseinandersetzung mit der Rechtsfigur des Vertrages zugunsten Dritter gem. § 328 f. BGB (*la stipulation pour autrui* gem. Art. 1205 f. C. civ.) im deutsch-französischen Recht vorgenommen werden.

Zum Schluss soll bei den klassischen Ausnahmen auf die Rechtsfigur der *„promesse de porte-fort"* gem. Art. 1204 f. C. civ. eingegangen werden. Dabei soll vor allem der Sinn und Zweck, die Bedeutung und die Wichtigkeit der *„promesse de porte-fort"* analysiert werden. Darüber hinaus wird auf die Frage eingegangen, ob eine vergleichbare Rechtsfigur im BGB existiert oder, wie die Fälle der französischen *„promesse de porte-fort"* gem. Art. 1204 f. C. civ. in dem deutschen Recht gehandhabt werden bzw., ob diese Rechtsfigur in der deutschen Rechtsordnung in ihrer französischen Gestalt übernommen werden soll und gegebenenfalls ob dies sinnvoll wäre.

II. Die besonderen Ausnahmen

Bei den besonderen Ausnahmen soll der Austausch des Gläubigers und des Schuldners dargestellt werden. Dabei wird insbesondere auf die Forderungsabtretung und die Vertrags- und Schuldübernahme im deutsch-französischen Recht eingegangen. Ein Vergleich dieser Rechtsfiguren ist deshalb angebracht, weil die Reform von 2016 diese Rechtsfiguren im französischen Recht revolutioniert und grundlegend verändert hat.

Die Schuldübernahme war dem ursprünglichen *Code Civil* völlig unbekannt.[19] Mit der Reform von 2016 hat die Schuldübernahme ihren Eintritt in den *Code Civil* vollzogen und ist in den Art. 1327 ff. C. civ. geregelt. Die Vertragsübernahme (im französischen Recht als Vertragsabtretung bezeichnet) war vor der Reform von 2016 vom *Code Civil* nicht geregelt. Über ihre Zulässigkeit bestand jedoch Einigkeit, auch wenn ihre Voraussetzungen und Rechtsfolgen strittig

---

18 *Porschy-Simon*, Les obligations, Rn. 671.

19 *Borgehtti*, Die Reform des französischen Vertragsrechts, S. 201.

waren. Nun regelt der *Code Civil* in den Art. 1216 ff. die Vertragsübernahme. Im deutschen Recht hingegen ist die Schuldübernahme in den §§ 414 ff. BGB geregelt, aber die Vertragsübernahme hat noch keinen gesetzlichen Niederschlag im BGB gefunden. Es ist daher durchaus interessant zu ermitteln, wie diese Rechtsfiguren im französischen Recht kodifiziert wurden und welche Besonderheiten, Ähnlichkeiten und Unterschiede feststellbar sind, im Vergleich zum deutschen Recht.

Die Forderungsabtretung war zwar im französischen Recht in den Art. 1689 ff. C. civ. allgemein geregelt, allerdings kaum benutzt aufgrund ihres aufwendigen Formalismus.[20] Mit der Reform wurde die Forderungsabtretung unter Berücksichtigung der Kritik und Empfehlungen der Literatur modernisiert. Erstaunlicherweise wird die Reform jedoch die alten Rechtsmechanismen, die entwickelt waren, um die Makel der Forderungsabtretung zu korrigieren, beibehalten und anpassen. Dies betrifft vor allem die Novation, die *Délégation* und die *Subrogation*. In dieser Arbeit werden auch die Gründe der Beibehaltung der Novation, der *Délégation* und der *Subrogation* untersucht. Diese Rechtsfiguren dienten nicht nur als Alternativen zur Forderungsabtretung, sondern auch zur Schuld- und Vertragsübernahme.

Im deutschen Recht hingegen spielt die Forderungsabtretung seit Langem bei der Gestaltung vieler Rechtskonstruktionen eine große Rolle und hat sich längst bewährt. Was die Novation (im französischen Recht in den Art. 1329 C. civ. geregelt) angeht, wird ihr im deutschen Recht im Vergleich zu der Forderungsabtretung keine allzu hohe Bedeutung beigemessen und sie ist im BGB nicht kodifiziert.

Die *Délégation* und die *Subrogation*, wie sie im französischen Recht in den Art. 1336 C. civ. und Art. 1346 ff. C. civ. geregelt sind, sind nicht im BGB zu finden. Es wird in diesem Zusammenhang zu analysiere sein, warum die französische Forderungsabtretung keine praktische Rechtsfigur war und wie sie nun nach der Reform im Vergleich zu der deutschen Forderungsabtretung zu beurteilen ist.

Was die Novation angeht, soll sie mit der deutschen Novation verglichen werden, die zwar nicht gesetzlich geregelt, jedoch anerkannt ist. Außerdem sollen die Gemeinsamkeiten und Unterschiede untersucht sowie die Frage beantwortet werden, ob eine eventuelle Kodifikation der deutschen Novation erwünscht ist.

Bezüglich der *Délégation* und der *Subrogation* werden diese Rechtsfiguren dargelegt, anschließend soll eine kritische Auseinandersetzung mit diesen

---

20 *Kieninger*, Die Reform des französischen Vertragsrechts, S. 222.

Rechtsfiguren stattfinden sowie auf die Frage eingegangen werden, ob vergleichbare Rechtsfiguren im BGB vorhanden sind oder, ob diese Rechtsfiguren aufgrund der Vorteile, die sie mit sich bringen, ins BGB eingeführt werden sollten.

Teil I: Die Klassischen Ausnahmen

Kapitel I: Vertrag mit Schutzwirkung zugunsten Dritter

§ 1. Einführung

Gem. § 280 Abs. 1 S. 1 BGB kann der Gläubiger gegen den Schuldner einen Anspruch auf Schadenersatz geltend machen, wenn der Schuldner seine Pflicht aus dem Schuldverhältnis verletzt hat. Es kann allerdings Fälle geben, in denen der Schuldner neben dem Vertragsgläubiger Schutzpflichten gegenüber Drittpersonen zu beachten hat. Dies erklärt sich dadurch, dass ein Schuldverhältnis auch größere Einwirkungsmöglichkeiten auf die Rechtsgüter und Interessen eines Dritten schaffen kann, der mit dem Vertragspartner verbunden ist.[21] Der Dritte soll zwar nicht die Leistung erhalten, jedoch sollen ihm gegenüber die Schutzpflichten nach § 241 Abs. 2 BGB bestehen; insbesondere soll sein Integritätsinteresse vor Schäden aus einer schlechten Leistung geschützt sein.[22] Der Vertrag mit Schutzwirkung zugunsten Dritter führt demzufolge zu einer Haftungserweiterung des Schuldners.

Im deutschen Recht wurde das Rechtsinstitut des Vertrages mit Schutzwirkung zugunsten Dritter geschaffen, um vor allem dem Ausgleich der Härten des Deliktsrechts zu dienen.[23] Die Schwäche des Deliktsrechts kennzeichnet sich dadurch, dass sich im Rahmen des Deliktsrechts eine Haftung für Dritte hauptsächlich aus § 831 BGB ergibt. Diese Norm sieht aber in § 831 Abs. 1 S. 2 BGB eine Exkulpationsmöglichkeit vor, an der der Anspruch häufig scheitert. Bei einem vertraglichen Schadensersatzanspruch ist eine Entlastungsmöglichkeit wegen § 278 BGB nicht gegeben. Ferner bestehen bei Vermögensschäden regelmäßig keine deliktischen Schadensersatzansprüche, es sei denn, die Voraussetzungen der §§ 823 Abs. 2, 824 oder 826 BGB ausnahmsweise vorliegen. Dagegen ersetzt das vertragliche Schadenersatzrecht auch reine Vermögensschäden. Zudem ist eine Beweislastumkehr hinsichtlich des Vertretenmüssens nach § 280 Abs. 1 S. 2 BGB gegeben. Hingegen ist der Geschädigte im Deliktsrecht für das Verschulden des Schädigers darlegungs- und beweispflichtig.[24]

---

21 *Looschelders*, SchuldR AT, S. 65 Rn. 2.

22 BGH 49, 353; Palandt/*Grüneberg*, § 328 Rn. 13.

23 *Medicus/Lorenz*, SchuldR AT, Rn. 864; *Puhle*, Vertrag mit Schutzwirkung zugunsten Dritter und Drittschadensliquidation, S. 6.

24 Palandt/*Sprau*, § 823 Rn. 80.

Zu beachten ist trotzdem, dass die Haftung des Schuldners aus dem Deliktsrecht und die durch das Rechtsinstitut des Vertrags mit Schutzwirkung zugunsten Dritter geschaffene vertragliche Haftung nebeneinander bestehen.[25]

Im französischen Recht werden die Lebenssachverhalte, die im deutschen Recht mit dem Rechtsinstitut des Vertrages mit Schutzwirkung zugunsten Dritter behandelt werden, nach geltendem Recht ausschließlich deliktsrechtlich gelöst. Die revolutionäre Entscheidung *Myr'Ho/Bootshop* der französischen *Cour de Cassation* hat eine gefestigte Voraussetzung geschaffen, wonach die Vertragsparteien gegenüber Vertragsdritten auch haften können.[26] Diese Entscheidung besagt Folgendes: „Der Vertragsdritte kann sich auf eine Vertragspflichtverletzung berufen, um deliktsrechtliche Ansprüche geltend zu machen, wenn die Vertragspflichtverletzung ihm einen Schaden zugefügt hat".

Diese Entscheidung führt zur Durchbrechung der Relativität der Schuldverhältnisse. Aus diesem Grund wurde vor der leitenden Entscheidung *Myr'Ho/Bootshop* kontrovers diskutiert, ob eine solche Haftung der Vertragsparteien gegenüber Dritten zuzulassen ist.[27] Die *Cour de Cassation* räumt jeden Zweifel mit ihrer Entscheidung dieser Frage nun aus. Allerdings ist die Rechtslösung der *Cour de Cassation* massiver Kritik ausgesetzt.

Dies führte dazu, dass im Rahmen des Reformprojekts des französischen Deliktsrechts[28] eine Korrektur der Entscheidung *Myr'Ho/Bootshop* vorgeschlagen wird. Dieses Projekt gibt klare Hinweise, wie der Drittschutz in dem französischen Recht geregelt werden soll.

Aus rechtsvergleichender Sicht kann man festhalten, dass sich sowohl das französische als auch das deutsche Recht darüber einig sind, dass den Vertragsdritten in bestimmten Situationen ein Anspruch gegen die Vertragsparteien zustehen soll. Und dass dies notwendigerweise zur Durchbrechung der Relativität der Schuldverhältnisse führt. Beide Rechtsordnungen wollen das gleiche Ziel erreichen, aber auf unterschiedlichen Wegen.

Das deutsche Recht will den Dritten dadurch besser schützen, dass es ihm neben dem Deliktsrecht auch den vertraglichen Weg zugänglich macht. Um dieses Ziel zu erreichen, wurde das Rechtsinstitut des Vertrages mit Schutzwirkung

---

25 Vgl. MüKoBGB/*Gottwald*, § 328 Rn. 166.

26 Ass. plén., 6 oct. 2006, D. 2006, 2825, note G. Viney.

27 *Fages*, Droit des obligations, Rn. 230.

28 *Bénabent*, Droit des obligations, Rn. 694; Art. 1234 des Reform-Projekts des Deliktsrechts von März 2017; http://www.justice.gouv.fr/publication/Projet_de_reforme_de_la_responsabilite_civile_13032017.pdf (abgerufen am: 17. 04.2021).

zugunsten Dritter geschaffen. Erstaunlicherweise tritt das Gegenteil ein, nämlich: Das französische Recht fingiert die vertragliche Pflichtverletzung als deliktische, um dem Dritten einen besseren Schutz zu gewährleisten, wie im Laufe dieses Kapitel erläutert wird. Dementsprechend findet lediglich das Deliktsrecht Anwendung, um Fälle des Vertrages mit Schutzwirkung zugunsten Dritter zu lösen, was das deutsche Recht durch Schaffung des Rechtsinstituts des Vertrages mit Schutzwirkung zugunsten Dritter vermeiden wollte. Dies führt dazu, herauszufinden, welche der beiden Rechtstechniken ihre Funktion besser erfüllt und ob ein vergleichbares Rechtsinstitut des Vertrages mit Schutzwirkung zugunsten Dritter im französischen Recht überhaupt nötig ist.

§ 2. Rechtliche Grundlage und Erklärung

A. Im deutschen Recht

Das Rechtsinstitut des Vertrages mit Schutzwirkung zugunsten Dritter hat im deutschen Recht zwar keinen ausdrücklichen Niederschlag im Gesetz gefunden, es ist jedoch seit Langem anerkannt. Hinsichtlich der dogmatischen Herleitung herrscht allerdings Uneinigkeit.

Zu Beginn wurde das Rechtsinstitut nach einer Analogie zu den Vorschriften über den Vertrag zugunsten Dritter gem. § 328 BGB von der Rechtsprechung konstruiert.[29] In neuerer Zeit stellt die Rechtsprechung dieses Rechtsinstitut auf die Regeln der ergänzenden Vertragsauslegung gem. §§ 133, 157 BGB ab.[30] Was das Schrifttum betrifft, führt es teilweise den Vertrag mit Schutzwirkung zugunsten Dritter auf eine lückenausfüllende Rechtsfortbildung nach der Grundlage von Treu und Glauben[31] sowie auf Gewohnheitsrecht[32] zurück. Andererseits wird teilweise das Rechtsinstitut auf den durch die Schuldrechtsmodernisierung geschaffenen § 311 Abs. 3 S. 1 BGB gestützt.[33]

Auch wenn im deutschen Recht Streit über die dogmatische Begründung des Rechtsinstituts des Vertrages mit Schutzwirkung zugunsten Dritter besteht, hat

29 Staudinger/*Klumpp*, BGB § 328 Rn. 97.

30 BGH NJW 14, 2345; *Puhle*, Vertrag mit Schutzwirkung zugunsten Dritter und Drittschadensliquidation, S. 35 ff.

31 *Zenner* NJW 09, 1030; *Puhle*, Vertrag mit Schutzwirkung zugunsten Dritter und Drittschadensliquidation, S. 35 ff.

32 *Medicus/Lorenz*, SchuldR AT, Rn. 867.

33 BGH MDR 17, 73; *Looschelders*, SchuldR AT, S. 67 Rn. 6; *Saar*, JuS, 220; *Pinger/Behme*, JA 2008, 675.

dies zumindest keine praktischen Auswirkungen, da über die Voraussetzungen des Drittschutzes im Wesentlichen Einigkeit besteht.

B. Im französischen Recht

Im französischen Recht werden die Fälle des Vertrages mit Schutzwirkung zugunsten Dritter auf die deliktsrechtliche Generalklausel des Art. 1240 des C. Civ. (Art. 1382 a. F.) gestützt.[34] Art. 1240 C. civ. sieht Folgendes vor: «Tout fait quelconque de l'homme, qui cause à autrui un dommage, oblige celui par la faute duquel il est arrivé à le réparer».[35]

Im Gegensatz zum deutschen Recht kennt das französische Recht kein Enumerationsprinzip. Dies führt dazu, dass die weit gefasste Generalklausel dem Geschädigten ermöglicht, den Schädiger grundsätzlich für jedes Verhalten in Anspruch zu nehmen. Dieses Deliktsrecht ersetzt des Weiteren den Vermögensschaden. Dies erklärt womöglich, warum im französischen Recht keine Notwendigkeit besteht, dem Geschädigten zusätzlich den vertraglichen Weg zu eröffnen.

Als weiterer Grund für die französische Vorgehensweise kann das *„principe de non-cumul des responsabilités"* herangezogen werden. Dieses Prinzip wird im französischen Recht grundsätzlich sehr streng aufgefasst. Nach diesem Prinzip können nur vertragliche Ansprüche geltend gemacht werden, wenn eine vertragliche Sonderverbindung zwischen dem Schädiger und dem Geschädigten gegeben ist.[36] Anderenfalls stehen dem Geschädigten lediglich deliktsrechtliche Ansprüche zur Verfügung. Demzufolge steht dem Geschädigten auch kein Wahlrecht zu, wenn er seine Ansprüche sowohl deliktsrechtlich als auch vertragsrechtlich durchsetzen könnte.[37]

Der Art. 1233 des Reformprojekts des Deliktsrechts sieht jetzt das *„principe de non-cumul des responsabilités"* ausdrücklich vor.[38] Dem kann Folgendes

34 BeckOGK/*Mäsch*, BGB § 328 Rn. 245; Fages, droit des obligations, Rn. 230.

35 Art. 1240 C. civ.: «Jedes menschliche Verhalten, welches einem anderen einen Schaden zufügt, verpflichtet denjenigen, durch dessen Verschulden dieser eingetreten ist, ihn zu ersetzen».

36 *Cabrillac*, Droit des obligations, Rn. 220.

37 *Porchy-Simon*, Les obligations, Rn. 672; *Bénabent*, Droit des obligations, Rn. 510; *Laithier*, RDC 2019, 158.

38 Art. 1233 des Reformprojekts von März 2017: «Im Fall einer Vertragspflichtverletzung können weder der Schuldner noch der Gläubiger die Regelungen über die vertragsrechtliche Haftung umgehen, um sich auf Normen der deliktsrechtlichen Haftung zu berufen».

entnommen werden: «En cas d'inexécution d'une obligation contractuelle, ni le débiteur ni le créancier ne peuvent se soustraire à l'application des dispositions propres à la responsabilité contractuelle pour opter en faveur des règles spécifiques à la responsabilité extracontractuelle».

Dies erklärt, warum das französische Recht dem Geschädigten grundsätzlich keine vertraglichen Ansprüche zusprechen will. Anderseits scheint das französische Recht mit dem Reformprojekt des Deliktsrechts[39] in seinem Art. 1234 Lockerungen vorzunehmen, um dem Geschädigten womöglich doch vertragsrechtliche Ansprüche zuzusprechen. Dieser Art. 1234 wird in diesem Kapitel noch umfassend erläutert.[40] Auch ein Gesetzentwurf[41] von Juli 2020, der zum größten Teil Art. 1234 des Reformprojekts von März 2017 übernommen hat, geht auch den gleichen Weg und will auch den Dritten den vertraglichen Weg eröffnen.

Es lässt sich Folgendes zusammenfassen: Im französischen Recht liefert das *„principe de non-cumul des responsabilités"* sowie die große deliktische Generalklausel eine Erklärung über seine Vorgehensweise. Trotzdem versucht die Reform des französischen Deliktsrechts einen anderen Lösungsweg des Drittschutzes einzuführen, um die Makel an der bisherigen Vorgehensweise zu korrigieren.

§ 3. Voraussetzungen des Drittschutzes im Einzelnen

Die Voraussetzungen des Vertrages mit Schutzwirkung zugunsten Dritter unterscheiden sich im deutschen und im französischen Recht wesentlich.

A. Voraussetzungen im deutschen Recht

„Offenbar darf der Drittschutz nicht einfach jedem gewährt werden, der auf irgendeine Weise durch die mangelhafte Erfüllung eines Vertrages beeinträchtigt wird".[42] Es ist deshalb notwendig, dass der Schutzbereich eines Schuldverhältnisses nur unter strengen Voraussetzungen auf Dritte erstreckt werden darf.[43] Diese strenge Vorgehensweise lässt sich zudem dadurch erklären, dass

39 a. a. S. 39.
40 a. a. S. 61 ff.
41 Proposition de loi portant réforme de la responsabilité civile, n° 678 Sénat.
42 *Medicus/Lorenz*, SchuldR AT, Rn. 866.
43 *Looschelders*, SchuldR AT, S. 67 Rn. 8.

das Rechtsinstitut des Vertrages mit Schutzwirkung zugunsten Dritter eine klare Durchbrechung der Relativität der Schuldverhältnisse darstellt.

Um ein uferloses Haftungsrisiko des Schädigers zu vermeiden, hat die Rechtsprechung vier Kriterien entwickelt, bei deren Vorliegen der Dritte in den Schutzbereich des Vertrages einbezogen werden darf. Die Rechtsprechung hat diese vier Voraussetzungen wie folgt zusammengefasst: „Der geschützte Dritte muss zunächst mit der Hauptleistung des Schutzpflichtigen bestimmungsgemäß in Berührung kommen. Zu dieser Leistungsnähe muss ein schutzwürdiges Interesse des Gläubigers an der Einbeziehung des Dritten in den Schutzbereich des Vertrages hinzukommen. Dem Schutzpflichtigen muss die Einbeziehung Dritter in sein vertragliches Haftungsrisiko erkennbar sein. Der Dritte muss für diese Haftungserstreckung letztlich selbst schutzwürdig sein“.[44]

I. Leistungsnähe des Dritten

Der Dritte ist lediglich schutzwürdig, wenn er derart mit einer vertraglichen Leistung in Berührung kommt, dass er den gleichen Gefahren ausgesetzt ist, wie der Gläubiger der Leistung und deshalb nach Treu und Glauben ebenso wie dieser zu schützen ist.[45] Der Dritte muss sich also in Leistungsnähe befinden.[46] Das ist dann nicht der Fall, wenn der Dritte rein zufällig oder unbefugt mit den Gefahren aus dem Schuldverhältnis in Berührung kommt.[47]

Beispielsweise wurde die bestimmungsgemäße Leistungsnähe bei Besuchern und Gästen des Mieters verneint.[48] Hingegen für Angehörigen des Mieters[49], Lebensgefährten[50], Hausangestellte[51], Gewerbeangestellte[52] und Arbeitnehmer wurde die Leistungsnähe bereits bejaht.[53] Die Annahme der Leistungsnähe hängt daher von den Umständen des Einzelfalles unter Berücksichtigung der Art des Schuldverhältnisses sowie der konkreten Person ab, die zu schützen ist.

---

44 BGH, NJW 2012, 3165; BeckOGK/*Mäsch*, BGB § 328 Rn. 169.1.
45 *Puhle*, Vertrag mit Schutzwirkung zugunsten Dritter und Drittschadensliquidation, S. 58.
46 Medicus/*Lorenz*, SchuldR AT, Rn. 868.
47 H-K-BGB/*Schulze*, § 328 Rn. 13.
48 BGHZ 2, 94 (97).
49 BGHZ 49, 350 (353); *Brockmann/Künnen*, JA 2019, S. 729.
50 OLG Hamburg NJW-RR 1988, 1482.
51 BGHZ 61, 233 = NJW 1973, 2059.
52 BGH, ZMR 2011, 360.
53 *Medicus/Petersen*, BürgerlR, Rn. 844.

II. Einbeziehungsinteresse des Gläubigers

Des Weiteren muss der Gläubiger ein schutzwürdiges Interesse an der Einbeziehung des Dritten in den Schutzbereich des Vertrages haben. Dieses Erfordernis wird als Gläubiger-, Einbeziehungs- oder Schutzinteresse bezeichnet.[54] Aufgrund der Vertragsfreiheit können die Parteien den Schutzbereich eines Vertrages in beliebiger Weise ausdehnen, indem sie zum Beispiel die Schutz- und Obhutspflichten aus § 241 Abs. 2 BGB auf bestimmte vertragsfremde Personen ausweite.[55]

Soweit der Kreis der Geschützten dagegen ohne konkrete Anhaltspunkte in den Erklärungen oder sonstigem Verhalten der Parteien zu bestimmen ist, hat die Rechtsprechung früher darauf abgestellt, ob den Vertragsgläubiger eine Fürsorgepflicht gegenüber dem Dritten trifft.[56] Das ist dann der Fall, wenn der Gläubiger für das Wohl und Wehe des Dritten mitverantwortlich ist.[57] Dieses Interesse ist jedenfalls dann gegeben, wenn bei Schädigung des Dritten der Gläubiger selbst zum Handeln verpflichtet wäre. Eine solche Nähebeziehung oder Fürsorgepflicht wird bei einer Rechtsbeziehung mit persönlichem Einschlag angenommen.[58] Zum Beispiel kann dies aus einer familien-, miet- oder arbeitsvertraglichen Beziehungen abgeleitet werden; womit Familienangehörige, Mieter und Arbeitnehmer des Vertragsgläubigers erfasst sind.[59]

Die Begrenzung des Drittschutzes auf die Fälle der persönlichen Fürsorge- und Obhutspflichten im Innenverhältnis ist aber sehr eng gefasst. Denn der Gläubiger könnte durchaus ein Interesse daran haben, seine Geschäftspartner zum Beispiel zu schützen, obwohl er für deren Wohl und Wehe nicht mitverantwortlich ist.

Aus diesem Grund hat die Rechtsprechung inzwischen ausdrücklich anerkannt, dass die persönliche Fürsorgepflicht im Innenverhältnis keine notwendige Voraussetzung für die Erstreckung des vertraglichen Schutzbereichs sei.[60] „Im Wege der ergänzenden Vertragsauslegung könne auch in anderen Fällen ein Schutz Dritter bejaht werden“.[61] Dies wird grundsätzlich angenommen, wenn die Leistung dem Dritten zugutekommen soll.[62]

---

54 Erman/*Bayer*, § 328 Rn. 69; Medicus/*Lorenz*, SchuldR AT, Rn. 869.
55 MüKoBGB/*Gottwald*, § 328 Rn. 185; *Medicus/Lorenz*, SchuldR AT, Rn. 865.
56 MüKoBGB/*Gottwald*, § 328 Rn. 185.
57 Palandt/*Grüneberg*, § 328 Rn. 17a; *Larenz* NJW 1956, 1194.
58 *Medicus/Lorenz*, SchuldR AT, Rn. 869.
59 BeckOGK/*Mäsch*, BGB § 328 Rn. 175.
60 BGH NJW 1976, 1843 (1844).
61 MüKoBGB/*Gottwald*, § 328 Rn. 186.
62 Vgl. BGH NJW-RR 2017.

III. Erkennbarkeit für den Schuldner

Weiterhin müssen die Leistungs- und Gläubigernähe für den Schuldner erkennbar sein.[63] Denn nur dann kann der Schuldner das ihm zugemutete höhere Haftungsrisiko kalkulieren.[64] Andernfalls wäre eine vertragliche Haftung des Schuldners unbillig. Allerdings setzt die Erkennbarkeit nicht voraus, dass der Schuldner die Namen oder die Zahl des betroffenen Dritten kennt.[65] Es reicht aus, wenn beim Abschluss des Vertrages das Haftungsrisiko für ihn übersehbar, kalkulierbar und gegebenenfalls versicherbar ist.[66]

IV. Schutzbedürfnis des Dritten

Nimmt man an, dass der Sinn und Zweck des Vertrages mit Schutzwirkung zugunsten Dritter darin besteht, den Dritten in den Schutzbereich des Vertrages, in dem er nicht Vertragspartei ist, einzubeziehen, um ihn aufgrund der Schutzlücken des Deliktsrechts besser zu schützen. Wenn dem Dritten für den erlittenen Schaden bereits eigene, im Wesentlichen gleichwertige vertragliche Ansprüche gegen den Schuldner oder eine andere Person zustehen, dann kann dieses Rechtsinstitut keine Anwendung finden.[67]

B. Die Voraussetzung im französischen Recht

Das französische Recht erkennt das Relativitätsprinzip der Verträge an. Dies bedeutet hingegen nicht, dass die Dritten den Vertrag komplett ignorieren können.[68] Sie müssen nicht nur die durch den Vertrag geschaffene neue rechtliche Lage beachten, sondern dieser Vertrag kann ihnen gegebenenfalls entgegengehalten werden („*principe d'opposabilité*").[69] Diese Rechtsprechung wurde mit der Reform von 2016 legislatorisch im *Code Civil* festgeschrieben. Art. 1200 Abs. 1 C. civ. sieht Folgendes vor: «Les tiers doivent respecter la situation juridique créée par le contrat».[70] Dieses Prinzip basiert auf einer Reziprozität.

---

63 *Puhle*, Vertrag mit Schutzwirkung zugunsten Dritter und Drittschadensliquidation, S. 72.

64 MüKoBGB/*Gottwald*, § 328 Rn. 190; *Medicus/Lorenz*, SchuldR AT, Rn. 872.

65 BGH NJW 1984, 335; *Looschelders*, SchuldR AT, S. 69 Rn. 13.

66 MüKoBGB/*Gottwald*, § 328 Rn. 190; *Medicus/Lorenz*, SchuldR AT, Rn. 872.

67 *Medicus/Lorenz*, SchuldR AT, Rn. 872; BeckOGK/*Mäsch*, BGB § 328 Rn. 180.

68 *Porchy-Simon*, Les obligations, Rn. 500.

69 Cass. com., 22. oct. 1991, D. 1993. S. 181, note J. Ghestin; *Malinvaud/Mekki/Seube*, Droit des obligations, Rn. 499; mwN.

70 Art. 1200 Abs. 1 C. civ.: «Dritte müssen die vom Vertrag geschaffene rechtliche Situation beachten».

Konsequenterweise können Dritte ebenfalls den Vertragsparteien ihren Vertrag entgegenhalten. Deswegen sieht Art. 1200 Abs. 2 C. civ. vor, dass Dritte sich auf den Vertrag berufen können, um den Beweis über eine Tatsache zu erbringen. Dieses Reziprozitätsprinzip wurde bereits vor der Reform von der Rechtsprechung anerkannt[71] und mit der Reform in den *Code Civil* aufgenommen. Dem Art. 1200 Abs. 2 C. civ. kann man Folgendes entnehmen: Sie können sich insbesondere darauf berufen, um den Beweis einer Tatsache zu erbringen.

Aus dem Vertrag als „rechtliche Tatsache" können juristische Folgen zugunsten Dritter hergeleitet werden.[72] Die Rechtsprechung leitet dementsprechend drei Folgen zugunsten Dritter aus dem Vertrag ab:

- Erstens können sich Dritte auf den Vertrag als Beweis berufen („Der Vertrag als Datenbank für Dritte").[73]
- Zweitens können sich Dritte auf den Vertrag berufen, um sich von ihrer Verpflichtung zu befreien („Vertrag als Schuldbefreiungsquelle für Dritte").[74]
- Drittens kann sich der Dritte auf die Schlechtleistung einer Vertragspartei berufen, wenn diese Vertragspflichtverletzung ihm einen Schaden zugefügt hat.[75]

  Letzteres wird vorliegend näher analysiert.

Wenn im französischen Recht Einigkeit darüber bestand, dass der Dritte in bestimmten Fällen schutzwürdig ist und dafür die deliktsrechtliche Generalklausel des Art. 1240 C. civ. (Art. 1382 a. F.) heranzuziehen ist, so bestand über die genaueren Voraussetzungen allerdings Uneinigkeit, bis die *Myr'Ho/Bootshop* Entscheidung in gewisser Weise für Klarheit sorgte.

Zu untersuchen sind zunächst die Ansichten, die vor der *Myr'Ho/Bootshop* Entscheidung vertreten wurden. Ferner ist die Antwort zu analysieren, die die höchstrichterliche Rechtsprechung auf die Frage des Drittschutzes gegeben hat.

---

71 Cass. com., 10 mai 2005, D. 2006 S. 1156; *Malinvaud/Mekki/Seube*, Droit des obligations, Rn. 500.

72 Cass. 1ière civ., 10 mai 2005, Bull. civ. 2005, I, n° 205.

73 Cass. 1ière civ., 3 janv. 1996, n°93-20404, Bull. civ., I, n°7; *Fages*, Droit des obligations, Rn. 229.

74 Cass. 1ière civ., 23 juin 1998, Bull. civ., I, n°224.

75 *Cabrillac*, Droit des obligations, Rn. 130.

I. Die bisherigen Voraussetzungen nach der Myr'Ho/Bootshop Entscheidung

Nach der *Myr'Ho/Bootshop* Entscheidung „kann sich der Vertragsdritte auf eine Vertragspflichtverletzung berufen, um deliktsrechtliche Ansprüche geltend zu machen, wenn die Vertragspflichtverletzung ihm einen Schaden zugefügt hat". Vor dieser Rechtsprechung war die Rechtslage nicht uniform und über die Voraussetzungen des Drittschutzes wurde kontrovers diskutiert.

1. Die Rechtslage vor der Myr'Ho/Bootshop Entscheidung

Die zu beantwortende rechtliche Frage lautete, ob eine vertragliche Pflichtverletzung ausreicht, um den deliktsrechtlichen Anspruch des Drittgeschädigten nach Art. 1240 C. civ. (Art. 1382 a. F.) zu begründen oder muss der Drittgeschädigte notwendigerweise darlegen, dass die vertragliche Pflichtverletzung ihm gegenüber eine unerlaubte Handlung (*faute delictuelle*) darstellt.[76]

Der Begriff der *„faute delictuelle"* wird hier mit „unerlaubte Handlungen" übersetzt. Er wird nicht gesetzlich definiert. Vielmehr wird die *„faute delictuelle"* angenommen, wenn gegen Verhaltenspflichten verstoßen wird, die sich aus dem Gesetz, Gewohnheitsrecht und den guten Sitten ergeben. Die *„faute delictuelle"* muss vom Richter *in abstracto* ermittelt werden.[77] Dabei orientiert sich der Richter danach, wie ein guter „Familienvater" bzw. „vernünftiger Dritter" in der gleichen Situation gehandelt hätte.[78]

Man könnte hinzufügen, dass das französische Recht das Verschulden und die Verletzungshandlung unter dem Begriff *„faute delictuelle"* – hier als unerlaubte Handlung zu verstehen – zusammenfasst. Denn bei der Prüfung nach Art. 1240 C. civ. (Art. 1382 a. F.) wird lediglich eine unerlaubte Handlung (*faute delictuelle*), ein Schaden und eine Kausalität zwischen Schaden und unerlaubter Handlung vorausgesetzt, obwohl es sich bei dieser Norm um eine verschuldensabhängige Haftung handelt.

Zu der oben gestellten Frage: Nach Auffassung der Kammer für Handelsrecht der *Cour de Cassation* reicht die vertragliche Pflichtverletzung nicht aus, um den deliktsrechtlichen Anspruch des Dritten zu begründen.[79] Als Begründung wird angeführt, dass der Dritte aus einer vertraglichen Pflichtverletzung keine

---

76 *Malaurie*, Droit des obligations, Rn. 1000.
77 *Cabrillac*, Droit des obligations, Rn. 241.
78 *Porchy-Simon*, Les obligations, Rn. 708.
79 Cass. com, 5 avr. 2005, n° 03-19370, Bull. civ., IV, n°81, RDC 2005, p. 687.

unerlaubte Handlung unter Berücksichtigung des Relativitätsprinzips automatisch ableiten kann. Die unerlaubte Handlung muss von der vertragsrechtlichen Pflichtverletzung getrennt werden. Das Darlegen einer spezifischen unerlaubten Handlung, die außerhalb des Vertrages zu finden bzw. von der vertraglichen Pflichtverletzung zu trennen ist, ist unverzichtbar, um den Anspruch des Dritten zu begründen.[80]

Entgegen der Auffassung der Kammer für Handelsrecht ließ die erste Kammer für Zivilsachen der *Cour de Cassation* die vertragliche Pflichtverletzung für die Begründung des deliktsrechtlichen Anspruchs des Dritten genügen.[81] Nach dieser Entscheidung führt die vertragliche Pflichtverletzung *ipso facto* zu einer unerlaubten Handlung gegenüber Dritten.[82] Diese Auffassung ist sicherlich vertretbar, wenn der Vertragsschuldner Verkehrssicherungspflichten verletzt hat, die gegenüber jedermann bestehen. Diese Entscheidung ist allerdings nicht überzeugend, wenn eine nur gegenüber dem Gläubiger bestehende spezifische Pflichtverletzung gegeben ist.[83]

Um Rechtsklarheit bezüglich des Rechtsstreites zu schaffen, entschied die Plenarversammlung der *Cour de Cassation* mit ihrer leitenden Entscheidung *Myr'Ho/Bootshop*, dass allein die vertragliche Pflichtverletzung ausreicht, um den deliktischen Anspruch des Dritten zu begründen. Der Rechtsauffassung ihrer ersten Kammer folgend hat die höchstrichterliche Rechtsprechung die Relativität der vertraglichen Pflichtverletzung aufgegeben.[84]

2. *Darstellung der Myr'Ho/Bootshop Entscheidung*

Das Unternehmen *Myr'Ho* hatte einen Gewerberaummietvertrag mit dem Vermieter X. Das Unternehmen *Myr'Ho* verpachtete dem Unternehmen *Bootshop* sein Unternehmen. Die Immobilie, in der sich das verpachtete Unternehmen befand, wies viele unterschiedliche Mängel auf. Aus diesem Grund verklagte *Bootshop* den Vermieter X auf Behebung der Mängel sowie Zahlung von Schadensersatz. Da *Bootshop* selbst keinerlei vertragliche Beziehungen zu dem Vermieter X hatte, stütze es seinen Anspruch auf die deliktsrechtliche Generalklausel des Art. 1240 C. civ. (Art. 1382 a. F.). Für *Bootshop* hatte X durch das

80 *Porchy-Simon*, Les obligations, Rn. 507.

81 Cass. 1ière civ., 18 juill. 2000, JCP 2000, II, n°10415.

82 *Porchy-Simon*, Les obligations, Rn. 507.

83 *Fages*, Droit des obligations, Rn. 230.

84 *Borghetti*, RDC 2017, 425.

Unterlassen der Instandhaltung der Immobilie seine vertraglichen Pflichten gegenüber *Myr'Ho* verletzt.

Nach der Auffassung von *Bootshop* führte diese vertragliche Pflichtverletzung ihm gegenüber automatisch zu einer unerlaubten Handlung *(faute delictuelle)* i.S.v § 1240 C. civ. (1382 a. F.). Der Vermieter dagegen vertrat die Ansicht, dass *Bootshop* eine ihm gegenüber spezifische unerlaubte Handlung beweisen müsse. Die vertragliche Pflichtverletzung reiche hierfür nicht aus. Vielmehr müsse *Bootshop* darlegen, inwiefern die vertragliche Pflichtverletzung ihm gegenüber als unerlaubte Handlung zu sehen sei.

Die *Cour d'Appel* als Berufungsgericht entschied zugunsten *Bootshop* und verurteilte X nach dessen Antrag. Dies führte dazu, dass der unterlegene Vermieter X vor die *Cour de Cassation* als letztes Instanzgericht in die Revision ging.

In einem Urteil der Plenarversammlung vom 6. Oktober 2006 wiesen die Richter der *Cour de Cassation* die Revision zurück und erklärten, dass sich der Vertragsdritte auf eine Vertragspflichtverletzung berufen kann, um deliktsrechtliche Ansprüche geltend zu machen, wenn die Vertragspflichtverletzung ihm einen Schaden zugefügt hat".

3. *Voraussetzungen im Einzelnen*

Nach dem französischen Recht sind die Fälle des Vertrages mit Schutzwirkung zugunsten Dritter nach der deliktsrechtlichen Generalklausel zu lösen.

Diese Norm setzt grundsätzlich drei Tatbestandsvoraussetzungen voraus: namentlich eine unerlaubte Handlung, einen Schaden sowie eine Kausalität zwischen Schaden und unerlaubter Handlung. Streit im französischen Recht bestand überwiegend über die Tatbestandsvoraussetzung der unerlaubten Handlung.

Nach der *Myr'Ho/Bootshop* Entscheidung bestehen keine Zweideutigkeiten mehr bezüglich der Voraussetzungen. Erforderlich sind eine unerlaubte Handlung – die vertragliche Pflichtverletzung reicht aus, um die unerlaubte Handlung gegenüber Dritten zu begründen –, ein Schaden und schließlich eine Kausalität zwischen unerlaubter Handlung und Schaden.

Die höchstrichterliche Rechtsprechung hat sich für die extensive Lösung entschieden und stellt damit keine höheren Anforderungen an das Merkmal der unerlaubten Handlung.

4. *Würdigung der Entscheidung*

Mit der *Myr'Ho/Bootshop* Entscheidung hat sich die Rechtsprechung der Rechtsauffassung der 1. Kammer der *Cour de Cassation* für Zivilsachen angeschlossen.

Diese Entscheidung führt zu einer uferlosen Ausweitung der Haftung des Schuldners. Auch trifft die Rechtsprechung keine Vorkehrungen, um den Schuldner zu schützen. Sein Haftungsumfang, der hauptsächlich gegenüber seinem Vertragspartner zum Zeitpunkt des Vertragsabschlusses bestand, wird auf Dritte ohne Einschränkungen erweitert.

Diese Entscheidung wurde massiver Kritik ausgesetzt, weil sie gegen das Relativitätsprinzip erheblich verstößt.[85] Diese Rechtsprechung wird nicht nur als „schlecht" bezeichnet, sondern auch als unhaltbar.[86] Der Rechtsprechung wird vorgeworfen, die Grenzen zwischen der vertraglichen und der deliktischen Haftung zu missachten.[87] Diese Entscheidung der *Cour de Cassation* führt zu der Gleichstellung der deliktischen und vertraglichen Pflichtverletzung. Das bedeutet Folgendes: Wer seine vertraglichen Pflichten verletzt, begeht gegebenenfalls gegenüber Dritten automatisch eine unerlaubte Handlung.[88] Der Dritte beruft sich in einem solchen Fall auf die vertragliche Pflichtverletzung, um seinen deliktischen Anspruch zu begründen. Entgegen der Auffassung der Kammer der *Cour de Cassation* für Handelssachen muss der Dritte keine spezifische, außervertragliche, nicht mit dem Vertrag in Verbindung stehende unerlaubte Handlung darlegen. Die vertragliche Pflichtverletzung als solche reicht aus, obwohl der Dritte nicht Vertragspartner ist. Diese Rechtsprechung mag unter Berücksichtigung des Relativitätsprinzips überraschen und deswegen nicht alle überzeugen. Fraglich ist jedoch, ob sie deshalb unhaltbar ist.

Unter Berücksichtigung des französischen Rechts könnte diese Kritik als unbegründet gesehen werden. Nach dem „*principe de non-cumul des responsabilités*" kann der Geschädigte seine Ansprüche grundsätzlich nur deliktsrechtlich geltend machen, wenn zwischen ihm und dem Schädiger keine vertragliche Sonderverbindung existiert.

Die Anspruchsgrundlage des Dritten, seine Ansprüche gegen den Schuldner geltend zu machen, ergibt sich aus Art. 1240 C. civ. (Art. 1382 a. F.). Der Wortlaut dieser Norm ist sehr weit gefasst und darunter kann jedes beliebige Verhalten subsumiert werden. Der Sinn und Zweck dieser Norm ist es eben, jeden Schaden zu ersetzen, der durch unerlaubte Handlung verursacht wurde. Das französische Verfassungsgericht hat diese Regelung sogar als verfassungsrechtlichen Grundsatz eingestuft.[89]

---

85 *Porchy-Simon*, Les obligations, Rn. 507.
86 *Borghetti*, RDC 2017, 425.
87 *Viney*, RDC 2019, 20.
88 Vgl. *Deshayes*, RDC 2017, 238.
89 Cons. Const., 22 oct. 1982, D. 1983, 89, note F. Luchaire.

Subsumiert man die Lebenssachverhalte unter dieser Norm, kann durchaus jedes Ergebnis vertretbar sein. Die Rechtsprechung hat die Voraussetzungen des Drittschutzes im französischen Recht lediglich näher präzisiert. Sehr bedauerlich ist allerdings, dass die *Cour de Cassation* die *Myr'Ho/Bootshop* Entscheidung in keiner Weise begründet. Es ist nicht nachvollziehbar, wie das Gericht zu seinem Ergebnis gekommen ist. Es erklärt lediglich Folgendes: Der Vertragsdritte kann sich auf eine Vertragspflichtverletzung berufen, um deliktsrechtliche Ansprüche geltend zu machen, wenn die Vertragspflichtverletzung ihm einen Schaden zugefügt hat.

Ferner setzt sich das Gericht nicht mit den durchaus vertretbaren Argumenten der Kammer für Handelssachen auseinander. Auch nach der *Myr'Ho/Bootshop* Entscheidung hat das Gericht die Gelegenheit nicht genutzt, seine Entscheidung ausführlich zu begründen.

Diese mangelnde Begründung macht die Entscheidung durchaus angreifbar und lässt sie als unhaltbar einstufen. Es ist darauf hinzuweisen, dass die mangelnde Begründung der *Myr'Ho/Bootshop* Entscheidungen keinen Einzelfall darstellt. Die *Cour de Cassation* begründet generell ihre Entscheidungen nicht ausführlich.[90] Diese Vorgehensweise wird dadurch begründet, dass die *Cour de Cassation* die Fakten des Rechtsstreits nicht würdigt, sondern nur Recht spricht (*la Cour de cassation n'apprecie pas le fait, mais dit le droit*).[91] Indem die *Cour de Cassation* Recht spricht, sagt sie nicht, welche Argumentation sie ihrer Entscheidung zugrunde legt.[92]

Die Entscheidungen der *Cour de Cassation* führen aufgrund ihres Begründungsmangels nicht nur bei Laien zur Verwirrung, sondern manchmal auch bei Rechtsanwälten und Richtern.[93] Die Entscheidungen des EGMR bezüglich der Begründungspflicht der Gerichtsentscheidungen hat auch nicht viel geändert, weil nach dem EMGR Art. 6 § 1 nicht unbedingt voraussetzt, dass Gerichtsentscheidungen ausführlich zu begründen sind, wenn die Gerichtsentscheidungen unter Heranziehung anderer Quellen nachvollziehbar sind. [94] Unter Berücksichtigung der Kritiken gewährt die *Cour de Cassation* nun jedoch in einigen Fällen

90 BeckOGK/*Mäsch*, BGB § 328 Rn. 245.

91 *Weber*, Comprendre un arrêt de la Cour de cassation rendu en matière civile, BICC 2009, S. 6.

92 *Weber*, Comprendre un arrêt de la Cour de cassation rendu en matière civile, BICC 2009, S. 6.

93 *Weber*, Comprendre un arrêt de la Cour de cassation rendu en matière civile, BICC 2009, S. 6.

94 CEDH, 15 mai 2018, Ider c. France, req. n°20933/13.

Einsicht in die Zusammenfassungen des Berichterstatters (*conseiller rapporteur*) und des Generalanwalts (*l'avocat général*) bei der *Cour de Cassation*, um das Verständnis ihrer Entscheidungen zu erleichtern.[95] Zwar wird diese Einsichtnahme in den Vorarbeiten der *Cour de Cassation* nicht für alle Entscheidungen gewährt, aber die *Cour de Cassation* kommt bezüglich der Kritik der mangelnden Begründung ihrer Entscheidungen langsam entgegen. Angebrachter wäre, wenn die *Cour de Cassation* ihre Entscheidungen begründen und diese Begründungen in ihre Entscheidungen aufnehmen würde, anstatt auf Vorarbeiten des Gerichts zu verweisen.

Was allerdings der *Myr'Ho/Bootshop* Entscheidung unter Berücksichtigung des Relativitätsprinzips und aus deutscher Sicht vorgeworfen werden kann, ist die uferlose Ausweitung der Haftung des Schuldners, ohne Schutzmöglichkeiten des Schuldners vorzusehen. Diesem Umstand trägt das deutsche Rechtsinstitut des Vertrages mit Schutzwirkung zugunsten Dritter Rechnung, indem es enge Voraussetzungen vorsieht, unter welchen der Dritte zu schützen ist. Konsequenterweise ist das Haftungsrisiko des Schuldners im französischen Recht entgegen dem deutschen nicht kalkulierbar und daher nicht versicherbar.

Die Kammer für Handelssachen der *Cour de Cassation* hat sich der *Myr'Ho/Bootshop* Entscheidung angeschlossen und die anderen Kammern – insbesondere die erste Kammer für Zivilsachen – haben ihre Rechtsposition bestätigt. Dennoch hält eine verbreitete Auffassung in der Literatur die Rechtsauffassung der *Cour de cassation* für korrekturbedürftig.[96]

Die Gelegenheit für eine solche Korrektur bietet sich mit der Reform des Deliktsrechts an. Eine neue Norm ist im Reformprojekt vorgesehen, um einen besseren, aber auch dem Schuldner gegenüber gerechten Schutz des Dritten zu gewährleisten.

II. Die Voraussetzungen nach Art. 1234 des Projekts der Reform des Deliktsrechts vom 13. März 2017

Nach der Reform des Vertragsrechts im Jahr 2016 sind gegenwärtig alle Blicke auf die Reform des Deliktsrechts gerichtet. Das aktuelle zustande gekommene Reformprojekt ist das vom März 2017.[97] Dieses Projekt inspiriert sich mehr oder

95 *Weber*, Comprendre un arrêt de la Cour de cassation rendu en matière civile, BICC 2009, S. 6.

96 a. a. S. 58 f.

97 1234 des Reform-Projekts des Deliktsrechts von März 2017: http://www.justice.gouv.fr/publication/Projet_de_reforme_de_la_responsabilite_civile_13032017.pdf, (abgerufen am: 17.04.2021).

weniger von den vorausgegangenen wissenschaftlichen Reformvorschlägen. Vorliegend wird das Augenmerk zunächst auf den Drittschutz in den vorausgegangenen Vorschlägen der Reform des Deliktsrechts gerichtet und im Anschluss wird es um den Drittschutz in dem Projekt vom März 2017 gehen.

1. Reformvorschläge des Drittschutzes vor Art. 1234 des Reformprojekts des Deliktsrechts vom 13. März 2017

Die zwei wichtigsten Reformvorschläge des französischen Deliktsrechts waren das Catala- und das Terré-Projekt.[98] Diese Reformvorschläge wurden von zahlreichen namhaften Juristen formuliert und die Arbeitsgemeinschaften, die diese Reformvorschläge gemacht haben, tragen jeweils den Namen ihrer Hauptinitiatoren.

a. Artikel 1342 des Catala-Projekts[99]

Im Art. 1342 des Catala-Projekts heißt es: «Lorsque l'inexécution d'une obligation contractuelle est la cause directe d'un dommage subi par un tiers, celui-ci peut demander réparation au débiteur sur le fondement des articles 1362 à 1366. Il est alors soumis à toutes les limites et conditions qui s'imposent au créancier pour obtenir réparation de son propre dommage.Il peut également obtenir réparation sur le fondement de la responsabilité extracontractuelle, mais à charge pour lui de rapporter la preuve d'un faits générateurs visés aux articles 1352 à 1362».[100]

Dem Art. 1342 Abs. 1 S. 1 der Catala-Norm kann man entnehmen, dass der Dritte vertragsrechtlich gegen den Vertragsschuldner vorgehen kann, wenn dieser eine Vertragspflichtverletzung begangen hat. Die Normen 1362 bis 1366, worauf Art. 1342 verweist, regeln die vertragliche Haftung. Es handelt sich bei diesem Absatz unter Berücksichtigung der *Myr'Ho/Bootshop* Entscheidung um

---

98 *Catala*, Avant-projet de réforme du droit des obligations et de la prescription; *Terré*, pour une réforme du droit des contrats.

99 *Catala*, Avant-projet de réforme du droit des obligations et de la prescription.

100 Art. 1342 des Catala-Projekts: «Wenn eine vertragliche Pflichtverletzung unmittelbar für den Schaden eines Dritten kausal ist, dann kann dieser von dem Schuldner nach den Artikeln 1362 bis 1366 Schadenersatz verlangen. Er unterliegt dann allen Einschränkungen und Bedingungen, die dem Gläubiger auferlegt werden können, wenn dieser seinen eigenen Schaden geltend machen will. Er kann gleichfalls einen außervertraglichen Anspruch geltend machen, wenn er eine nach den Artikeln 1352 bis 1362 erforderliche unerlaubte Handlung nachweisen kann».

einen innovativen und mutigen Vorschlag in der Frage des Drittschutzes. Entgegen der *Myr'Ho/Bootshop* Entscheidung, die aus der vertraglichen eine deliktische Pflichtverletzung machte, bleibt der Catala-Vorschlag auf dem Terrain des Vertrages. Dieser Vorschlag ähnelt dem deutschen Rechtsinstitut des Vertrages mit Schutzwirkung zugunsten Dritter insofern, als er dem Dritten den vertraglichen Weg eröffnet.

Fraglich ist allerdings, wie der Dritte nach dem Catala-Vorschlag seinen Anspruch praktisch durchsetzen wird. Im Grunde genommen ist er keine Vertragspartei, und ein Schadensersatz auf vertraglicher Grundlage setzt stets einen Vertrag voraus. Das deutsche Recht regelt dieses Problem dadurch, dass es durch das Rechtsinstitut des Vertrages mit Schutzwirkung zugunsten Dritter den Dritten in den Schutzbereich des Vertrages einbezieht. Die praktische Durchsetzung des Catala-Vorschlages könnte problematisch sein, weil dem Dritten vertragliche Ansprüche gegen den Schuldner gegeben werden, ohne dass ein Vertrag vorliegt und vor allem wird nichts darüber gesagt, wie diese Hürde überwunden werden soll.

Weiterhin sieht der Catala-Vorschlag in dem zweiten Absatz des Art. 1342 vor, dass der Dritte gegen den Schuldner ebenfalls deliktsrechtlich vorgehen kann, wenn er eine unerlaubte Handlung des Schuldners ihm gegenüber nachweisen kann. Dieser Absatz ist in zweierlei Hinsicht bemerkenswert.

Erstens lässt er entgegen der *Myr'Ho/Bootshop* Entscheidung die vertragliche Pflichtverletzung nicht genügen, um den deliktsrechtlichen Anspruch des Dritten zu begründen. Der Dritte muss eine außervertragliche Pflichtverletzung nachweisen. Dies folgt eigentlich der Auffassung der Kammer für Handelssachen der *Cour de Cassation*. Durch diesen Absatz wollte der Catala-Vorschlag die Relativität der Schuldverhältnisse wiederherstellen.

Zweitens führt der Art. 1342 zu einer Derogation zu dem *„principe de non-çumul des responsabilités“*.[101] Der Dritte hat ein Wahlrecht. Er kann entweder vertragsrechtlich oder deliktsrechtlich gegen den Schuldner vorgehen. Denn grundsätzlich ist im französischen Recht nur dann der vertragliche Weg eröffnet, wenn ein Vertrag vorliegt. Der Geschädigte kann nicht deliktsrechtlich vorgehen, auch wenn dies für ihn günstiger wäre. Dieser Vorrang des Vertragsrechts wird mit dem Catala-Vorschlag durchbrochen. Noch einmal führt dieser Absatz zu einer Annäherung des französischen Rechts an das deutsche bezüglich der Dritten gegebenen Anspruchskonkurrenz. Im deutschen Recht kann der Dritte sowohl vertragsrechtlich mithilfe des Rechtsinstituts des Vertrags

101 a. a. S. 41.

mit Schutzwirkung zugunsten Dritter als auch deliktsrechtlich – auch wenn das Deliktsrecht keinen ausreichenden Schutz gewährleistet – gegen den Schuldner vorgehen.

Unter Berücksichtigung der *Myr'Ho/Bootshop* Entscheidung war schwer vorstellbar, dass der Catala-Vorschlag übernommen wird. Die Reform ist zwar noch nicht abgeschlossen, aber andere Reformvorschläge weichen von dem des Catala-Vorschlags ab. Die Kohärenz der Norm wird teilweise infrage gestellt.[102]

b. Artikel 125 Absatz 2 des Terré-Projekts

Art. 125 Abs. 2 sieht Folgendes vor: «La seule existence d'un dommage subi par un tiers du fait de l'inexécution d'une obligation par un contractant n'engage pas la responsabilité délictuelle celui-ci à l'égard du tiers».[103]

Der Terré-Vorschlag stützt sich im Kern auf die vor *Myr'Ho/Bootshop* vertretene Rechtsauffassung der Kammer für Handelssachen der *Cour de Cassation.* Die diesem Vorschlag zugrunde liegende Idee war, dem Dritten zu ermöglichen, den Vertragsparteien ihren Vertrag entgegenhalten zu können („*principe d'opposabilité des contrats*") und dabei eine Korrektur der *Myr'Ho/Bootshop* Entscheidung, die als unhaltbar und widersprüchlich gesehen wird, zu erwirken, ohne auf den komplexen Catala-Vorschlag zurückzugreifen.[104] Dem Catala-Vorschlag wird vor allem vorgeworfen, dem Dritten ein Optionsrecht zu gewähren, obwohl die Vertragsparteien selbst über ein solches nicht verfügen. Der Terré-Vorschlag ist zwar einfacher anzuwenden und er korrigiert auch die *Myr'Ho/Bootshop* Entscheidung, allerdings wäre das Ergebnis viel innovativer gewesen, wenn der Terré-Vorschlag den Catala-Vorschlag weiterentwickelt hätte.

Letztendlich vermag keiner der beiden Vorschläge das komplexe Problem des Drittschutzes im französischen Recht befriedigend zu lösen. Aus diesem Grund wurde ein anderer Vorschlag von der *Chancellerie*[105] in Form eines Reformprojekts im März 2017 bekannt gegeben.

---

102 *Hécart*, l'article 1342 de l'avant projet Catala: quelle Cohérence?, S. 2268.

103 Art. 125 al. 2 du projet Terré: «Der Schaden eines Dritten, der aufgrund einer Vertragspflichtverletzung durch eine Vertragspartei entstanden ist, führt alleine nicht zu seiner deliktischen Haftung gegenüber dem Dritten».

104 *Terré*, pour une réforme du droit des contrats, S. 291.

105 Das französische Justizministerium.

2. *Analyse der neuen Norm*

Im März 2017 hat die *Chancellerie* ein neues Reformprojekt der Deliktshaftung des französischen Rechts präsentiert. Dieses Projekt enthält unter anderem Art. 1234 über den Drittschutz. Die Norm besteht aus zwei Absätzen, die dem Drittschutz ein neues Gesicht geben will, auch wenn das Ergebnis immer noch keine einheitliche Zustimmung findet. Gem. Art. 1234 heißt es: «Lorsque l'inexécution du contrat cause un dommage à un tiers, celui-ci peut demander réparation de ses conséquences au débiteur que sur le fondement de la responsabilité extracontractuelle, à charge pour lui de rapporter la preuve de l'un des faits générateurs visés à la section II du chapitre II.Toutefois, le tiers ayant un intérêt légitime à la bonne exécution d'un contrat peut également invoquer, sur le fondement de la responsabilité contractuelle, un manquement contractuel dès lors que celui-ci lui a causé un dommage. Les conditions et limites de la responsabilité qui s'appliquent dans les relations entre les contractants lui sont opposables. Toutes clauses qui limite la responsabilité contractuelle d'un contractant à l'égard des tiers est réputée non écrite».[106]

a. *Art. 1234 Abs. 1: Bestätigung der Relativität der vertraglichen Pflichtverletzung*

Im Namen des Relativitätsprinzips will der erste Absatz des Art. 1234 der *Myr'Ho/Bootshop* Entscheidung entgegentreten.[107] Die Vertragspflichtverletzung soll nicht ausreichen, um die unerlaubte Handlung gegenüber dem Dritten zu bejahen. Der Dritte muss sozusagen eine außervertragliche, spezifische, unerlaubte Handlung darlegen können. Dieser Absatz entspricht in seinem Wesen sowohl dem Catala- als auch dem Terré-Vorschlag, die der Rechtsauffassung der Kammer für Handelssachen vor der *Myr'Ho/Bootshop* Entscheidung folgen. Die

106 Art. 1234 des Reformprojekts von März 2017: «Wenn die Vertragspflichtverletzung einem Dritten einen Schaden zugefügt hat, kann dieser deliktsrechtlich Schadensersatz für die Folgen verlangen, wenn er Beweis über eine unerlaubte Handlung nach Sektion II des Kapitels II erbringen kann.
Dennoch kann ein Dritter, der ein berechtigtes Interesse an der ordnungsgemäßen Erfüllung des Vertrages hat, sich vertragsrechtlich auf eine Vertragspflichtverletzung berufen, wenn diese ihm einen Schaden zugefügt hat. Die Haftungsbedingungen und Einschränkungen, die zwischen den Vertragsparteien gelten, können ihm auch entgegengehalten werden. Jede Klausel, die die vertragliche Haftung einer Vertragspartei gegenüber dem Dritten einschränkt, ist als unwirksam anzusehen».

107 Vgl. *Stoffel-Munck*, RDC 2019, 166.

Wiederherstellung der Relativität der Schuldverhältnisse wird nach verbreiteter Auffassung in der Literatur begrüßt.[108]

Die *Cour de Cassation* schien ebenfalls dem Ergebnis des Reformprojekts zuvorzukommen und entschied im Januar 2017 vor der Bekanntmachung des Reformprojekts, dass sich ein Dritter auf die Pflichtverletzung des Schuldners aus einem Forderungsabtretungsvertrag nicht berufen kann, um ihm gegenüber eine unerlaubte Handlung zu begründen.[109] Man fragte sich nun, ob die *Cour de Cassation* endlich bereit war, die *Myr'Ho/Bootshop* Entscheidung, die sie über mehr als ein Jahrzehnt verteidigt und bestätigt hatte, aufzugeben.[110] Dies schien sich zu bestätigen, indem die *Cour de Cassation* am 18. Mai 2017 wieder entschied, dass „die Vertragspflichtverletzung im Rahmen eines Werkvertrages durch Lieferung eines mangelhaften Werkes ungeeignet ist, um eine unerlaubte Handlung zugunsten des Dritten anzunehmen i. S. v. Art. 1240 C. civ. (1382 a. F.)".[111] Diese Vorfreude wurde allerdings von zwei Entscheidungen der 3. Kammer für Zivilsachen der *Cour de Cassation* zerstört, indem sich das Gericht explizit und unmissverständlich auf die *Myr'Ho/Bootshop* Entscheidung berief und die daraus ergebende Rechtsfolge anwandte.[112]

Führen diese unterschiedlichen Entscheidungen wiederum zu einem Meinungsstreit zwischen den Kammern der *Cour de Cassation*, der die Intervention der Plenarversammlung erfordern wird? Oder sind die sich von vornherein widersprechenden Entscheidungen nur im Schein kontradiktorisch?

Die Unstimmigkeit der verschiedenen Kammern der *Cour de Cassation* bezüglich der Frage des Drittschutzes besteht tatsächlich. Die *Myr'Ho/Bootshop* Entscheidung der Plenarversammlung hat also nicht alle überzeugt und dies zu Recht.[113] Die *Cour de Cassation* wird sich wahrscheinlich noch mit der Frage des Drittschutzes im französischen Recht in den kommenden Jahren erneut auseinandersetzen müssen. Wenn Art. 1234 Abs. 1 nach einer überwiegenden Rechtsauffassung in der Literatur und anscheinend auch in einigen Kammern der *Cour de Cassation* Zustimmung gefunden hat, wird überwiegend dafür plädiert, den zweiten Absatz umzuformulieren oder gar zu entfernen.

---

108 *Borghetti*, D. 2017, 770; *Deshayes*, RDC 2017, 238.

109 Cass. com., 18. Janv. 2017, n°14-16442 und 14-18832.

110 *Borghetti*, RDC 2017, 425.

111 Cass. 3ième civ., 18 mai 2017, n°16-11203.

112 Cass. 1^{ière} civ., 24 mai 2017, n°16-14371; Cass. 1^{ière} civ., 9 juin 2017, n°16-14096.

113 *Borghetti*, RDC 2017, 425.

b. *Art. 1234 Abs. 2: Relativierung der Relativität der vertraglichen Pflichtverletzung*

Nach Art. 1234 Abs. 2 kann ein Dritter, der ein berechtigtes Interesse an der ordnungsgemäßen Erfüllung des Vertrages hat, sich auf eine Vertragspflichtverletzung berufen, wenn diese ihm einen Schaden zugefügt hat. Dieser Absatz erweitert die Rechte des Dritten, der ein legitimes Interesse hat.[114] Er kann sowohl deliktsrechtlich als auch vertragsrechtlich gegen den Schuldner vorgehen. Die durch den ersten Absatz wiederhergestellte Relativität der Schuldverhältnisse wird durch eine Hintertür der Substanz entkräftet.[115] Diesem Absatz werden deswegen ebenfalls Unklarheiten vorgeworfen.

Der Schlüsselbegriff des Absatzes ist das „berechtigte Interesse" bzw. „legitimes Interesse" des Dritten. Mit diesem Begriff wollen die Verfasser des Reformprojekts den Kreis des Dritten einschränken, um die uferlose Ausweitung des Haftungsrisikos zu verhindern.

Fraglich ist allerdings, was unter „berechtigtes Interesse" zu verstehen ist. Man kann es als etwas, das mit den Bestimmungen des Gesetzes vereinbar bzw. gesetzmäßig ist, verstehen.[116] Dieses müsste der Richter festlegen. Allerdings muss er einen Begriff interpretieren, der jedoch sehr vage ist. Der Gesetzgeber sollte den Kreis des Dritten näher spezifizieren, anstatt dies dem Richter zu überlassen.[117] Es wird auch vorgeschlagen, den Absatz 2 zu entfernen oder umzuformulieren, um den Drittschutz nicht auszudehnen. Dieser Absatz verleiht dem Dritten eine vertragliche oder eine quasivertragliche Stellung.

3. *Würdigung aus Sicht des deutschen Rechts*

Analysiert man Art. 1234, kann Folgendes festgehalten werden: Der Absatz 1 gewährt dem Dritten lediglich einen rein deliktischen Anspruch. Der Dritte müsste alle Voraussetzungen des deliktischen Anspruches darlegen, um seinen Anspruch zu begründen. Hervorzuheben ist vor allem, dass sich der Dritte nicht auf die zwischen den Vertragsparteien bestehende Vertragspflichtverletzung berufen kann, um ihm gegenüber die unerlaubte Handlung zu beweisen. Würde man denselben Sachverhalt mit dem deutschen Deliktsrecht lösen, würde man zum Ergebnis kommen, dass ein Anspruch nach § 823 Abs. 1 BGB nicht entstanden ist. Nur die im § 823 BGB vorgesehenen Rechtsgüter werden geschützt. Das

---

114 *Mazeaud*, Lamy 2018, 9; *Borghetti*, D. 2017, 770.
115 *Viney*, RDC 2019, 20, vgl. *Juen*, RDC 2017, 533.
116 *Mazeaud*, Lamy 2018, 6.
117 *Mazeaud*, Lamy 2018, 6.

reine Vermögen wird vom Schutzbereich des § 823 Abs. 1 BGB nicht erfasst.[118] Das liegt teilweise daran, dass die Rechtsfigur des Vertrages mit Schutzwirkung zugunsten Dritter geschaffen wurde, um dem Dritten einen besseren Schutz zu gewährleisten.

Aus deutscher Sicht ist Art. 1234 Abs. 1 BGB nicht zufriedenstellend, um dem Dritten einen besseren Schutz zu gewährleisten. Unter der großen französischen deliktischen Generalklausel kann die französische Vorgehensweise nachvollzogen werden, jedoch erscheint der Drittschutz unter diesen Bedingungen sehr schwer durchsetzbar.

Entgegen der verbreiteten Ansicht in der französischen Literatur könnte Art. 1234 Abs. 2 den Dritten besser schützen. Aus deutscher Sicht würde sich der Drittschutz im französischen Recht, dem deutschen im Kern nähern, nämlich dem Dritten den vertragsrechtlichen Weg zu eröffnen. Das Hauptproblem bei diesem Absatz scheint der Begriff des „berechtigten Interesses" zu sein. Unter Berücksichtigung des Sinns und Zwecks dieser Norm, nämlich das Haftungsrisiko des Dritten einzuschränken, und unter Berücksichtigung des geschichtlichen Hintergrunds des Drittschutzes im französischen Recht könnte der französische Richter auf das deutsche Rechtsinstitut des Vertrages mit Schutzwirkung zugunsten Dritter zurückgreifen.

Es wäre möglich, den Begriff derart zu interpretieren, dass eine Leistungsnähe des Dritten dargelegt wird. Ist der Dritte den Gefahren einer Schlechtleistung nicht genauso wie der Gläubiger ausgesetzt, hat er kein berechtigtes Interesse. Man könnte sogar weitergehen, indem man die drei anderen Voraussetzungen des Vertrages mit Schutzwirkung zugunsten Dritter heranzieht, da das französische Recht das Relativitätsprinzip sehr streng auffasst. Eine solche Interpretation des „berechtigten Interesses" wird aus diesem Grund bereits vorgeschlagen[119], auch wenn manche Autoren gegenüber dem deutschen Rechtsinstitut skeptisch sind.[120]

Dieser Begriff „des berechtigten Interesses" ist zwar auslegungsbedürftig, aber er ist auch auslegungsfähig. Dem französischen Richter sollte man die Aufgabe

118 Palandt/*Sprau*, § 823 Rn. 11.

119 Rapport du groupe de travail, Cour d'Appel de Paris, La réforme française du droit de la responsabilité et les relations économiques, Avril 2019, S. 21. Unter: «http://www.justice.gouv.fr/art_pix/Rapport_CA_PARIS_reforme_responsabilite_civile.pdf», (abgerufen am 06.06.2020).

120 Ancel, RDC 2004, S. 471.

überlassen, den Begriff zu konkretisieren und den Kreis der geschützten Dritten festzulegen.

III. Voraussetzungen nach dem Gesetzentwurf vom Juli 2020

Im Juli 2020 wurde dem französischen Senat ein Gesetzentwurf über die Reform des Deliktsrechts vorgelegt.[121] In diesem Gesetzesentwurf wurde Artikel 1234 des Reformprojekts vom März 2017 zum größten Teil übernommen.

Artikel 1234 des Gesetzesentwurfs sieht Folgendes vor: «Lorsque l'inexécution du contrat cause un dommage à un tiers, celui-ci ne peut demander réparation de ses conséquences au débiteur que sur le fondement de la responsabilité extracontractuelle, à charge pour lui de rapporter la preuve de l'un des faits générateurs mentionnés à la section 2 du chapitre II du présent sous-titre.

Toutefois, le tiers ayant un intérêt légitime à la bonne exécution d'un contrat et ne disposant d'aucune autre action en réparation pour le préjudice subi du fait de sa mauvaise exécution, peut également invoquer, sur le fondement de la responsabilité contractuelle, un manquement contractuel dès lors que celui-ci lui a causé un dommage. Les conditions et limites de la responsabilité qui s'appliquent dans les relations entre les contractants lui sont opposables».[122]

Der zweite Absatz des Art. 1234 des Gesetzesentwurfes hat Art. 1234 des Reformprojekts vom März 2017 umformuliert und nun besteht er nur noch aus zwei Sätzen. Der Inhalt bleibt jedoch grundsätzlich der gleiche.

Mit dem Art. 1234 Abs. 1 des Gesetzesentwurfes kann der Dritte gegen den Schuldner deliktsrechtlich vorgehen, indem er darlegt, dass alle Voraussetzungen des Deliktsrechts erfüllt sind. Nach dem Absatz 2 der gleichen Norm kann der Dritte gegen den Schuldner vertragsrechtlich vorgehen, wenn er ein legitimes

---

121 Proposition de loi portant réforme de la responsabilité civile, n° 678 Sénat.

122 Artikel 1234 des Gesetzentwurfes: «Wenn die Vertragspflichtverletzung einem Dritten einen Schaden zugefügt hat, kann dieser deliktsrechtlich Schadensersatz für die Folgen verlangen, wenn er Beweis über eine unerlaubte Handlung nach Sektion II des Kapitels II erbringen kann.
Dennoch kann ein Dritter, der ein berechtigtes Interesse an der ordnungsgemäßen Erfüllung des Vertrages hat, sich auf eine Vertragspflichtverletzung berufen, wenn diese ihm einen Schaden zugefügt hat und ihm keine anderen Möglichkeiten zur Verfügung stehen, um seinen Anspruch geltend zu machen.
Die Haftungsbedingungen und Einschränkungen, die zwischen den Vertragsparteien gelten, können ihm auch entgegengehalten werden».

Interesse hat und der vertragsrechtliche Weg die einzige Möglichkeit ist, seinen Anspruch durchzusetzen.

§ 4. Rechtsfolgen der Einbeziehung des Dritten in den Schutzbereich des Vertrages

A. Die Rechtsfolgen im deutschen Recht

Wenn die Voraussetzungen des Vertrages mit Schutzwirkung zugunsten Dritter vorliegen, wird der Dritte in den Schutzbereich des Vertrages einbezogen, damit ihm ein besserer Schutz gewährleistet wird. Daraus folgt, dass der Schuldner dem Dritten gegenüber die gleichen Schutzpflichten wie gegenüber dem Gläubiger hat.[123] Verletzt der Schuldner diese Pflichten, dann kann der Dritte gegen ihn vertragsrechtlich vorgehen. Dies führt allerdings nicht dazu, dass der Dritte Primärleistungsansprüche erwirbt. Seine Rechte beschränken sich lediglich auf Sekundäransprüche.[124]

Wenn sich der Dritte nach verbreiteter Ansicht ein etwaiges Mitverschulden des Gläubigers anrechnen lassen muss, besteht in einem solchen Fall Uneinigkeit bezüglich der Rechtsgrundlage.[125] Dies würde zu einer Anspruchskürzung des Dritten nach § 254 Abs. 1 BGB führen. Zu berücksichtigen ist allerdings, dass § 254 Abs. 1 BGB ein eigenes Mitverschulden voraussetzt. Eine Anwendung des § 254 Abs. 1 BGB kommt deshalb nur über § 334 BGB in Betracht. Dadurch soll erreicht werden, dass dem geschädigten Dritten nicht mehr Rechte zugesprochen werden, als sie dem Gläubiger zustehen würden.[126] § 334 BGB wird deshalb entsprechend herangezogen, um dem Dritten das Mitverschulden des Gläubigers zuzurechnen.

Andere hingegen wollen die §§ 254 Abs. 2, 278 BGB anwenden. Als Argument wird angeführt, dass sich § 334 BGB auf den Leistungsanspruch bezieht. Da sich der Leistungsanspruch aus dem Vertrag zwischen dem Gläubiger und dem Schuldner ergibt, müssen dem Schuldner insoweit die Einwendungen gegenüber dem Gläubiger erhalten bleiben.[127] Wichtig ist hier vor allem hervorzuheben, dass im Allgemeinen die Einwendungen, die der Schuldner dem Gläubiger

---

123 *Looschelders*, SchuldR AT, S. 70 Rn. 15.

124 H-K-BGB/*Schulze*, § 328 Rn. 12.

125 BGHZ 33, 247 (250); Palandt/*Grüneberg*, § 328 Rn. 56; MüKoBGB/*Gottwald*, § 328 Rn. 202.

126 BGHZ 56, 269 (272f.).

127 *Looschelders*, SchuldR AT, S. 70 Rn. 16; *Brockmann/Künnen*, JA 2019, 729.

entgegenhalten konnte, dem Dritten gegenüber gleichfalls bestehen. Dies ist ein wichtiges Element des deutschen Rechts im Vergleich zum französischen.

B. Die Rechtsfolgen im französischen Recht

Die Rechtsfolgen, die sich aus der *Myr'Ho/Bootshop* Entscheidung ergeben, haben überwiegend zu Ihrer Ablehnung beigetragen.

I. Rechtsfolgen nach der Myr'Ho/Bootshop Entscheidung

Liegen die Voraussetzungen des Art. 1240 C. civ. (Art. 1382 a. F.) vor, ist der Schuldner verpflichtet, dem Dritten seinen Schaden zu ersetzen. Fraglich ist allerdings, ob der Schuldner dem Dritten die Einwendungen, die er gegen den Gläubiger geltend machen kann, ebenfalls entgegenhalten kann. Da der Drittschutz bis jetzt nach dem französischen Recht deliktsrechtlich geregelt ist, kann der Schuldner die Einwendungen, die er gegen den Gläubiger hätte geltend machen können, nicht entgegenhalten.[128]

Dies führt dazu, dass der Dritte bessergestellt wird als der Vertragsgläubiger. Der Dritte, der nicht Vertragspartei ist, kann sich auf eine Vertragspflichtverletzung berufen, ohne dass ihm gegenüber die Einwendungen aus dem Vertrag entgegenhalten werden können. In diesem Fall ist es vorteilhafter Dritter zu sein als Vertragspartei.[129] Der Dritte beruft sich auf die Vertragspflichtverletzung, um seinen deliktischen Anspruch, insbesondere die unerlaubte Handlung, zu begründen.

Es wird deshalb die Meinung vertreten, den Vertrag in seiner Gesamtheit zur Anwendung zu bringen. Beruft sich der Dritte auf die Vertragspflichtverletzung, müssen ihm gegenüber die Einwendungen entgegengehalten werden, damit diese nicht ins Leere laufen bzw. bezüglich des Dritten überflüssig werden.[130] Konsequenterweise ist die Haftung des Schuldners viel größer gegenüber dem Dritten als gegenüber seinem eigenen Vertragspartner. Ein etwaiges Mitverschulden des Gläubigers kann dem Dritten nicht entgegengehalten werden.

128 *Carval*, RDC 2014, 365.
129 *Mazeaud*, Lamy, 2018, 5.
130 *Viney*, RDC 2019, 20.

II. Rechtsfolgen nach Art. 1234 des Projekts der Reform des Deliktsrechts vom 13. März 2017

Art. 1234 Abs. 2 sieht Folgendes vor: «Toutefois, le tiers ayant un intérêt légitime à la bonne exécution d'un contrat peut également invoquer, sur le fondement de la responsabilité contractuelle, un manquement contractuel dès lors que celui-ci lui a causé un dommage. Les conditions et limites de la responsabilité qui s'appliquent dans les relations entre les contractants lui sont opposables. Toutes clauses qui limite la responsabilité contractuelle d'un contractant à l'égard des tiers est réputée non écrite».[131]

Art. 1234 Abs. 2 will die *Myr'Ho/Bootshop* Rechtsfolge korrigieren. Dem Dritten wird zwar der vertragliche Weg eröffnet, aber dafür stehen dem Schuldner die Einwendungen dem Dritten gegenüber, die dieser gegen den Gläubiger hätte geltend machen können, ebenfalls zu. Diese Vorgehensweise ist logisch und nachvollziehbar. Der Dritte wird quasi zum Vertragspartner gemacht. Er wird, wie im deutschen Recht gesagt, im Schutzbereich des Vertrages einbezogen. Die Einwendungen aus dem Vertrag stehen dem Schuldner als Folge der Einbeziehung des Dritten in den Schutzbereich des Vertrages auch gegenüber dem Dritten zu.

Auch wenn eine Entfernung des Art. 1234 Abs. 2 nach verbreiteter Auffassung in der Literatur befürwortet wird, sind sich die Autoren über diese Korrektur einig.[132] Ferner, da die Bestimmungen des Vertrages dem Dritten entgegengehalten werden können, können die Vertragsparteien Ihre Haftung gegenüber dem Dritten durch eine vertragliche Klausel einschränken und sich dann gegenüber dem Dritten auf diese Klausel berufen. Um ein solches Vorgehen zu verhindern – ansonsten wäre der mit dem zweiten Absatz verfolgte Zweck unerreichbar gewesen –, sieht Art. 1234 Abs. 2 S. 2 vor, dass die Vertragsklauseln, die eine Haftungsbeschränkung der Vertragsparteien vorsehen, unwirksam sind.

---

131 Art. 1234 Abs. 2 des Reform-Projekts: «Dennoch kann ein Dritter, der ein berechtigtes Interesse an der ordnungsgemäßen Erfüllung des Vertrages hat, sich vertragsrechtlich auf eine Vertragspflichtverletzung berufen, wenn diese ihm einen Schaden zugefügt hat. Die Haftungsbedingungen und Einschränkungen, die zwischen den Vertragsparteien gelten, können ihm entgegengehalten werden. Jede Klausel, die die vertragliche Haftung einer Vertragspartei gegenüber dem Dritten einschränkt, ist als unwirksam anzusehen».

132 *Borghetti*, D. 2017, 770.

III. Rechtsfolgen nach dem Gesetzesentwurf von Juli 2020

Die Rechtsfolgen des Art. 1234 des Gesetzesentwurfes vom Juli 2020 sind die gleichen, wie die des Reformprojekts des Deliktsrechts vom März 2017. Zwar hat der Gesetzesentwurf vom Juli 2020 Art. 1234 des Reformprojekts von 2017 umformuliert, aber die Kernregelung ist dieselbe geblieben.

C. Würdigung der Rechtsfolge in den beiden Rechtsordnungen

Verlangt der Dritte Schadensersatz im deutschen Recht nach § 823 Abs. 1 BGB von dem Schuldner – falls die Voraussetzungen erfüllt sind –, kann grundsätzlich nur sein eigenes Mitverschulden zur Anspruchsverkürzung führen. Es gibt allerdings Fälle, in denen ihm ein Mitverschulden seiner Erfüllungsgehilfen oder gesetzlicher Vertreter zugerechnet werden kann nach § 254 Abs. 2 i.V.m. § 278 BGB. Denn nach verbreiteter Auffassung ist § 254 Abs. 2 als ein dritter Absatz zu sehen.[133]

Der Dritte macht aber im Rahmen des § 823 Abs. 1 BGB einen eigenen selbstständigen, von dem Vertrag zu trennenden Anspruch geltend. Fraglich ist allerdings, ob ihm ein etwaiges Mitverschulden des Gläubigers zurechenbar sein kann. Auch wenn die Voraussetzungen des Vertrages mit Schutzwirkung zugunsten Dritter vorliegen, würde dies den Dritten berechtigterweise belasten, wenn ihm ein Mitverschulden des Gläubigers bei seinen deliktsrechtlichen Ansprüchen entgegengehalten werden könnte. Aus diesem Grund wird ein Mitverschulden des Gläubigers dem Dritten nicht zugerechnet, es sei denn, die Voraussetzungen des § 254 Abs. 2 S. 2 BGB liegen vor.

Wird der Dritte jedoch in den Schutzbereich des Vertrages einbezogen und nimmt dadurch eine quasivertragliche Stellung ein, dann werden ihm logischer- und konsequenterweise all die sich aus dem Vertrag ergebenden Einwendungen nach § 334 BGB oder entsprechend §§ 254 Abs. 2, 278 BGB entgegengehalten. Ist man in Rom, wird man wie die Römer behandelt.

Die Rechtsfolge der *Myr'Ho/Bootshop* Entscheidung ist im französischen Recht bedenklich. Macht der Drittgeschädigte seinen Anspruch nach Art. 1240 C. civ. deliktsrechtlich geltend, können ihm weder Einwendungen noch ein Mitverschulden des Gläubigers entgegengehalten werden. Der Dritte genießt einen besseren Schutz als die Vertragspartner. Man könnte dies zwar dadurch rechtfertigen, dass der Dritte einen eigenen deliktischen Anspruch geltend macht. Das führt dazu, dass nur ein eigenes Mitverschulden bzw. die

133 Palandt/*Grüneberg*, § 254 Rn. 48.

zwischen ihm und dem Schuldner bestehenden Einwendungen zu berücksichtigen sind. Dies würde überzeugen, wenn der Drittschutz über die deliktsrechtliche Generalklausel ganz normal ablaufen würde. Der Dritte beruft sich im französischen Recht aber auf die Vertragspflichtverletzung, um seinen Anspruch bzw. die unerlaubte Handlung zu begründen. Allein die Vertragspflichtverletzung reicht dafür aus. Es gibt hier also eine starke Verbindung zwischen dem Vertrags- und dem Deliktsrecht. Konsequenterweise muss man dem Dritten die Einwendungen, die sich aus dem Vertrag ergeben, oder ein Mitverschulden des Gläubigers zumindest entgegenhalten können. Ansonsten wird er bessergestellt als die Vertragspartner. Wer eine quasivertragliche Stellung einnimmt bzw. in den Schutzbereich des Vertrages einbezogen wird, sollte auch mit den Folgen des Vertrages rechnen.

Die überwiegende Auffassung in der Literatur und teilweise auch in der Rechtsprechung lehnt diese Vorgehensweise des französischen Rechts zu Recht ab.[134] Der Dritte profitiert unangemessen von einem Vertrag, an dem er nicht teilgenommen hat. Der Vertrag ist für ihn eine Art Bedienort, wo er sich das für ihn Beste auswählen kann.

Dieser Makel macht die *Myr'Ho/Bootshop* Entscheidung berechtigterweise angreifbar. Will der Dritte rein deliktsrechtlich vorgehen, indem er – wie von der Kammer für Handelssachen der *Cour de Cassation* einst gefordert – darlegt, dass ihm gegenüber eine unerlaubte Handlung vorliegt, ohne dass die bloße und simple Vertragspflichtverletzung ausreicht, dann würde die jetzige Vorgehensweise des französischen Rechts befriedigend sein. Da sich der Dritte auf die bloße Vertragspflichtverletzung berufen darf und konkret gesehen eine quasivertragliche Stellung einnimmt, sollten ihm die Einwendungen bzw. ein Mitverschulden des Gläubigers entgegengehalten werden können.

Das Haftungsrisiko des Schuldners wird nicht nur uferlos ausgeweitet, sondern er darf diesem neuen quasivertraglichen Partner die Einwendungen, die er hätte, gegenüber seiner eigenen ausgesuchten Vertragspartei geltend machen können, nicht entgegenhalten. Diese Durchbrechung des Relativitätsprinzips nimmt keinerlei Rücksicht auf den Schuldner.

Dieses Problem versucht die Reform zu lösen, indem sie vorsieht, dass dem Dritten die Einwendungen entgegengehalten werden. Dies würde zu einer Kohärenz der französischen Vorgehensweise führen.

---

134 Cass, com., 5 avr. 2005, RTD civ. 2005, p. 602; *Dugué*, RDC 2021, 26; *Porchy-Simon*, Les obligations, Rn. 505 ff.; *Terré/Simler/Lequette/Chénedé*, Droit civil, les obligations, Rn. 680 ff.

An dieser Stelle fällt Folgendes auf: Das Rechtsinstitut des Vertrages mit Schutzwirkung zugunsten Dritter ist im deutschen Recht in seiner Methode konsequenter. Handelt der Dritte deliktsrechtlich, finden grundsätzlich die deliktsrechtlichen Regelungen Anwendung. Wird der Dritte in den Schutzbereich des Vertrages einbezogen, kann er sich in einem solchen Fall den Konsequenzen des Vertrages nicht unberechtigterweise entziehen.

Die Reform des Deliktsrechts trägt diesem Umstand in dem französischen Recht Rechnung und korrigiert die jetzige Rechtslage, auch wenn der Absatz, der diese Regelung enthält, aus anderen Gründen abgelehnt wird.

§ 5. Der Vertrag mit Schutzwirkung zugunsten Dritter und das vorvertragliche Schuldverhältnis

A. Im deutschen Recht

Das Rechtsinstitut des Vertrages mit Schutzwirkung zugunsten Dritter findet nicht nur Anwendung bei einem bereits bestehenden Vertrag, sondern auch beim vorvertraglichen Schuldverhältnis.[135] Liegen die Voraussetzungen des Vertrages mit Schutzwirkung zugunsten Dritter vor, kann der Dritte gegen den Schuldner nach §§ 280 Abs. 1, 311 Abs. 2, 241 Abs. 2 BGB vorgehen. Dieser Mechanismus führt dazu, dass sich der Dritte auf § 280 Abs. 1 S. 2 und § 278 berufen kann.

B. Im französischen Recht

Auch auf vorvertraglicher Ebene bleibt die Haftung im französischen Recht deliktsrechtlich. Die Rechtsprechung und die Literatur im französischen Recht vertreten die Auffassung, dass die vertragliche Haftung im Fall der *culpa in contrahendo* nicht greifen kann.[136] Die Haftung soll grundsätzlich deliktsrechtlich gestaltet sein. Ein Anspruch des Dritten ist auf Art. 1240 f. C. civ. zu stützen.

§ 6. Würdigung des Rechtsvergleiches des Vertrages mit Schutzwirkung zugunsten Dritter

Abschließend ergibt eine Analyse des Vertrages mit Schutzwirkung zugunsten Dritter im deutsch-französischen Recht Folgendes: Beide Rechtsordnungen sind

135 BGHZ 66, 51; *Medicus/Lorenz*, SchuldR AT, Rn. 874.

136 *Fages*, Die Reform des französischen Vertragsrechts, S. 25.

sich darüber einig, dass einem Vertragsdritten ein Schutz unter bestimmten Umständen zu gewähren ist. Auch führt dies notwendigerweise zu einer Durchbrechung des Relativitätsprinzips.

Bezüglich der Vorgehensweise beider Rechtsordnungen bestehen erhebliche Unterschiede. Auf der einen Seite kann der Dritte im deutschen Recht gegen den Schuldner deliktsrechtlich vorgehen. Auch wenn er einen schwächeren Schutz im Deliktsrecht genießt, steht ihm diese Möglichkeit offen. Darüber hinaus sieht das deutsche Recht vor, dass der Dritte unter bestimmten Voraussetzungen gegen den Schuldner ebenfalls vertragsrechtlich vorgehen kann. Sowohl der deliktische als auch der vertragliche Anspruch bleiben nebeneinander bestehen. Der vertragliche Schutz ist lediglich ein zusätzliches Angebot, das unter Berücksichtigung des deutschen Deliktsrechts den Dritten nur besser schützen soll.

Wird der Dritte in den Schutzbereich des Vertrages einbezogen, können die sich in dem Vertrag ergebenden Einwendungen, Einreden und Mitverschulden des Gläubigers dem Dritten entgegengehalten werden. Es besteht zwar Streit bezüglich einiger Punkte bei diesem Rechtsinstitut, aber diese haben keine schwerwiegende praktische Bedeutung. Dieses Rechtsinstitut hat zwar keinen ausdrücklichen Niederschlag im Gesetz gefunden, aber es ist in seiner Methode logisch, das heißt mit klaren Voraussetzungen und Rechtsfolgen. Es ist ein sehr wichtiges Rechtsinstitut in der Praxis und hat bis jetzt seine Aufgabe zufriedenstellend erfüllt.

Entgegen Cicero – als er das römische Recht mit dem fremden verglich – ist nicht anzunehmen, dass das fremde Recht „verworren und gerade lächerlich" ist.[137] Dies würde im konkreten Fall unter Berücksichtigung des großartigen Werkes des *Code Civil*, das als Inspirationsquelle für viele Länder diente, nicht zutreffen. Trotzdem ist hervorzuheben, dass die Vorgehensweise des französischen Rechts bezüglich des Drittschutzes bei dem Vertrag mit Schutzwirkung zugunsten Dritter verbesserungs- und reformbedürftig ist. Zu Recht wurde die Vorgehensweise der *Cour de Cassation* kontrovers diskutiert und es wurde nach einer kritischen Analyse ein Reformprojekt des gesamten französischen Deliktsrechts auf den Weg gebracht, welches eine Norm über den Drittschutz enthält. Diese Norm ist zwar nicht vollkommen und wird überwiegend für nicht geeignet angesehen, um die Rechtsprobleme des Drittschutzes endgültig zu

137 *Bien*, F., «Rechtsvergleichung II: Einzelne Institutionen», unter: https://www.jura.uni-wuerzburg.de/fileadmin/02140600/Lehre/Materialien/Rechtsvergleichung_und_internationale_Schiedsgerichtsbarkeit/Rechtsvergleichung_-_Einzelne_Institutionen.pdf (abgerufen am 05.05.2020).

lösen. Allerdings ist der Weg zur Diskussion geöffnet und dies könnte zu einem besseren und zufriedenstellenden Drittschutz führen und vor allem für mehr Rechtssicherheit sorgen. Der Drittschutz ist im französischen Recht aktuell eine Baustelle und die Juristenwelt wartet auf das Endprodukt.

Was vor allem zu korrigieren wäre, ist die durch die *Myr'Ho/Bootshop* Entscheidung eingeführte Konstruktion des Drittschutzes im französischen Recht. Der Dritte darf sich auf die Vertragspflichtverletzung berufen, und zwar ohne Weiteres, um eine deliktische Haftung nach Art. 1240 C. civ. (Art. 1382 a. F.) ihm zugunsten zu begründen. Auf der anderen Seite können ihm die Einwendungen, Einreden oder ein Mitverschulden des Gläubigers nicht entgegengehalten werden. Der Dritte wird bessergestellt als die Vertragsparteien.

Eine solche Reform wird sicherlich nicht einfach unter Hinsicht auf das im französischen Recht zu findendes *„principe de non-option"* und die strenge Relativität der Schuldverhältnisse durchzusetzen sein. Allerdings kann sich diese Reform auf das deutsche Rechtsinstitut stützen. Natürlich geht es nicht darum, das deutsche Rechtsinstitut zu übernehmen, sondern dieses sollte als Inspirationsquelle dienen.

Aus diesem Grund wird unter Berücksichtigung des deutschen Rechtsinstituts des Vertrages mit Schutzwirkung zugunsten Dritter folgende Formulierung des Art. 1234 des Reformprojekts des Deliktsrechts bezüglich des Drittschutzes vorgeschlagen:

Art. 1234 des Reformprojekts:

Wenn die Vertragspflichtverletzung einem Dritten einen Schaden zugefügt hat, kann dieser deliktsrechtlich Schadensersatz für die Folgen verlangen, wenn er Beweise über eine unerlaubte Handlung nach Sektion II des Kapitels II erbringen kann.

Dennoch kann ein Dritter, der ein berechtigtes Interesse an der ordnungsgemäßen Erfüllung des Vertrages hat, sich vertragsrechtlich auf eine Vertragspflichtverletzung berufen, wenn diese ihm einen Schaden zugefügt hat. Ein berechtigtes Interesse liegt vor, wenn ein mit der Leistung in Berührung kommender Dritter keinen eigenen gleichwertigen vertraglichen Anspruch hat und insbesondere

- *der Gläubiger für sein Wohl und Wehe mitverantwortlich ist oder*
- *die Leistung ihm zugutekommen soll*

und dies für den Schuldner erkennbar war.

Die Haftungsbedingungen und Einschränkungen, die zwischen den Vertragsparteien gelten, können ihm entgegengehalten werden. Jede Klausel, die die vertragliche Haftung einer Vertragspartei gegenüber dem Dritten einschränkt, ist als unwirksam anzusehen.

Diese Formulierung hat den Vorteil, dass sie den Begriff des „berechtigen Interesses" näher definiert und konkretisiert. Dabei räumt es mit dem Wort „insbesondere" Ermessensspielräume für die Rechtsprechung ein, um gegebenenfalls neue Situationen unter der Norm zu subsumieren.

Problematisch bleibt zwar, dass der Dritte immer noch eine Option hat: Er kann entscheiden, ob er delikts- oder vertragsrechtlich gegen den Schuldner vorgeht. Zu berücksichtigen ist aber, dass wenn der Dritte den Schuldner vertragsrechtlich in Anspruch nimmt, können ihm die Haftungsbedingungen und Einschränkungen aus dem Vertrag entgegengehalten werden, die zwischen den Vertragsparteien gelten. Macht der Dritte deliktsrechtliche Ansprüche geltend, muss er eine außervertragliche unerlaubte Handlung darlegen. Das Relativitätsprinzip und das Prinzip *„de non-option des responsabilités"* werden zwar verletzt, allerdings gibt es Schutzmaßnahmen zugunsten des Schuldners, um seine Haftung nicht uferlos zu erweitern. Ferner ist das Relativitätsprinzip kein Selbstzweck. Es soll dazu dienen, niemandem Pflichten aufzuerlegen ohne dessen Mitwirkung. Ausnahmen können also zugelassen werden, wenn dem Schuldnerschutz ausreichend Rechnung getragen wird.

Im deutschen Recht führt das Rechtsinstitut des Vertrages mit Schutzwirkung zugunsten Dritter ebenfalls zur Durchbrechung des Relativitätsprinzips. Dies führt jedoch nicht zu einer uferlosen Haftung des Dritten, weil die Rechtsprechung durch die Voraussetzungen des Rechtsinstituts Vorkehrungen getroffen hat, um dies zu verhindern. Allein eine Innovation des französischen Drittschutzes an dem Relativitätsprinzip bzw. *„principe de non-cumul des responsabilités"* scheitern zu lassen, wäre nicht überzeugend, wenn der Schuldner ausreichend geschützt wird. Und dies vor allem, wenn man berücksichtigt, dass das französische Recht bereits an anderen Stellen Ausnahmen zum Relativitätsprinzip der Schuldverhältnisse zulässt, wie zum Beispiel beim Vertrag zugunsten Dritter.

Die Reform des französischen Deliktsrechts bezüglich des Drittschutzes wird die Juristen noch beschäftigen. Die *Cour de Cassation* hat in ihrer neuen Entscheidung[138] vom 13. Januar 2020 trotz Kenntnis vom Reformprojekt die Rechtslösung der *Myr'Ho/Bootshop* Entscheidung angewendet und bestätigt. Ein Gesetzentwurf vom Juli 2020[139] übernimmt das Reformprojekt von 2017 zum größten Teil und will die *Myr'Ho/Bootshop* Entscheidung korrigieren.

138 Cass. Ass. plén., 13 jan. 2020, n°A17-19.963.

139 Proposition de loi portant réforme de la responsabilité civile, n° 678 Sénat.

Kapitel II: Vertrag zugunsten Dritter und *„la Promesse de porte-fort“*

§ 1. Der Vertrag zugunsten Dritter

A. Einführung

Dem römischen Recht konnte man folgenden Rechtsgrundsatz entnehmen: *„Alteri stipulari nemo protest“*.[140] Das heißt: Niemand kann sich zugunsten eines anderen etwas versprechen lassen.[141] Daraus folgt, dass der Vertrag zugunsten Dritter unzulässig war. Der Dritte konnte dadurch weder ein Recht erwerben noch wurde der Versprechende oder der Versprechensempfänger dem Dritten gegenüber verpflichtet, noch wurden die Letzteren gegenüber einander verpflichtet.

Das französische Recht ließ den Vertrag zugunsten Dritter vor der Reform des Schuldrechts von 2016 nur in bestimmten Ausnahmefällen zu. Eine Ausnahme war zum Beispiel bei einer Schenkung unter Auflage gem. Art. 1121 C. civ. (a. F.) gegeben.

Mittlerweile hat sich das Rechtsinstitut des Vertrags zugunsten Dritter wegen seiner praktischen Notwendigkeit in unterschiedlichen Ausformungen in fast allen Rechtsordnungen etabliert.[142] Mit der Reform des Schuldrechts von 2016 sieht das französische Recht in Art. 1205 Abs. 1 C. civ. nun ausdrücklich vor, dass der Vertrag zugunsten Dritter zulässig ist. Ferner sieht die neue Norm keine Bereichseinschränkungen mehr vor.[143] Das bedeutet, dass diese Rechtsfigur auch außerhalb des Schenkungsfalles mit Auflage angewendet werden kann. Was das deutsche Recht betrifft, regelt es den Vertrag zugunsten Dritter in den §§ 328 ff. BGB.

Das praktische Bedürfnis des Vertrages zugunsten Dritter ergibt sich daraus, dass die Vertragsparteien einem an dem Vertrag nicht beteiligten Dritten in bestimmten Fällen einen unmittelbaren Leistungsanspruch verschaffen

140 Vgl. Ulpianus libro 48 ad Sabinum D. 45, 1, 37, 17; *Terré/Simler/Lequette/Chénedé*, Droit civil, les obligations, Rn. 701.

141 Staudinger/*Klumpp*, BGB Vorbm. zu § 328 Rn. 101.

142 *Looschelders*, SchuldR AT, S. 420 Rn. 5.

143 *Cabrillac*, Droit des obligations, Rn. 133.

wollen.[144] Diese Rechtsfigur kommt zum Beispiel bei der Lebensversicherung als Vertrag mit Versorgungsfunktion zur Anwendung.[145]

Nach § 328 Abs. 1 BGB „kann durch Vertrag eine Leistung an einen Dritten mit der Wirkung bedungen werden, dass der Dritte unmittelbar das Recht erwirbt, die Leistung zu fordern“. Hält man diese Norm neben Art. 1205 Abs. 2 S. 1[146] i.V.m. Art. 1206 Abs. 1[147] C. civ., fällt auf, dass sowohl das französische als auch das deutsche Recht bezüglich dieses Rechtsinstitutes inhaltlich nahezu deckungsgleich sind. Wichtiger ist jedoch, dass es sich bei dem Rechtsinstitut in beiden Rechtsordnungen um ein trianguläres Rechtsverhältnis handelt. Der Schuldner der Leistung wird als „Versprechender“ (im französischen Recht als *„promettant“*) bezeichnet. Sein Vertragspartner ist der „Versprechensempfänger“ (im französischen Recht *„le stipulant“*) und der „Dritte“ (im französischen Recht *„le bénéficiaire“*) erhält die geschuldete Leistung.

Ferner ist eine Beeinträchtigung der Rechte und Interessen des Dritten durch eine belastende Vereinbarung zwischen den Vertragsparteien in beiden Rechtsordnungen unzulässig. Dies bedeutet, dass ein Vertrag zulasten Dritter in dem deutschen sowie in dem französischen Recht aufgrund des Eingriffs in die Vertrags- und Willensfreiheit des Dritten nicht möglich ist.[148]

Auch wenn die französische Rechtsprechung annimmt, dass ein Vertrag zulasten Dritter mit dessen Mitwirkung zulässig ist[149], ist dies nicht widersprüchlich zu dem Grundsatz, dass der Vertrag zulasten Dritter unzulässig ist. Hier ist zu berücksichtigen, dass dem Dritten Pflichten nur dann auferlegt werden können, wenn er mitwirkt. Er wird lediglich verpflichtet, wenn er eine entsprechende Willenserklärung abgibt. Daraus folgt, dass die Privatautonomie in keiner Weise verletzt wird. Etwas anderes ergibt sich auch nicht aus dem deutschen Recht. Aufgrund der Privatautonomie kann der Dritte mit dessen Mitwirkung verpflichtet werden.[150]

---

144 *Looschelders*, SchuldR AT, S. 419 Rn. 1.

145 *Porchy-Simon*, Les obligations, Rn. 488; *Looschelders*, SchuldR AT, S. 419 Rn. 1.

146 Art. 1205 Abs. 2 S. 1 C. civ.: «L'un des contractants, le stipulant, peut faire promettre à l'autre, le promettant, d'accomplir une prestation au profit d'un tiers, le bénéficiaire».

147 Art. 1206 Abs. 1 C. civ.: «Le bénéficiaire est investi d'un droit direct à la prestation contre le promettant dès la stipulation».

148 *Porchy-Simon*, Les obligations, Rn. 492; Palandt/*Grüneberg*, Einf. v. § 328 Rn. 10.

149 Cass. 1ière civ., 8 déc. 1987, D. 1989. Somm. 233 «La stipulation pour autrui n'exclut pas, dans le cas d'acceptation par le bénéficiaire, qu'il soit tenu de certaines obligations».

150 Vgl. *Paulus/Zenker*, JuS 2001, S. 1.

B. Rechtsstellung des Dritten

Die amtliche Überschrift des § 328 BGB lautet: Vertrag zugunsten Dritter. Im französischen Recht spricht man von „*stipulation pour autrui*" in den Art. 1205 ff. C. civ. Der Dritte ist zwar keine Vertragspartei, aber er steht im Vordergrund. Ohne ihn funktioniert das Rechtsinstitut nicht. Dies führt zu der Frage, was unter Dritte vorliegend zu verstehen ist.

I. Die Person des Dritten

1. Im deutschen Recht

Im deutschen Recht kann jeder Rechtsträger Dritter sein. Auch der *Nasciturus* oder eine geplante juristische Person kommt als Dritter in Betracht.[151] Der Dritte braucht beim Vertragsschluss nicht einmal gezeugt zu sein. [152] An die Person des Dritten sind also keine allzu hohen Anforderungen zu stellen. Des Weiteren muss die Person des Dritten beim Vertragsschluss nicht bestimmt sein. Es reicht aus, wenn sie zum Zeitpunkt der Erfüllung bestimmbar ist.[153]

2. Im französischen Recht

Entgegen dem deutschen Recht sieht das französische Recht ausdrücklich gesetzlich in Art. 1205 Abs. 2 S. 2 C. civ.[154] vor, dass der Dritte eine zukünftige Person sein kann, dennoch muss sie zum Zeitpunkt der Erfüllung des Versprechens bestimmt oder bestimmbar sein. Erst recht kann auch im französischen Recht jeder Rechtsträger auch Dritter sein i.S.v. Art. 1205 Abs. 2 C. civ.

2. Zusammenfassung

Auch wenn die Person des Dritten im deutschen Recht nicht gesetzlich allgemein wie im französischen Recht definiert ist, decken sich die Begriffe des Dritten in den beiden Rechtsordnungen. Dabei spielt die Geschäftsfähigkeit des Dritten keine Rolle. Sogar ein noch nicht gezeugtes Kind kommt als Dritter in Betracht. Ist die Person des Dritten hingegen unbestimmt, muss sie bei der Fälligkeit der Leistung bestimmbar sein.

---

151 BGHZ 129, 297 (305).

152 BGH NJW 15, 1672.

153 BGHZ 75, 75, 78f.; Erman/*Westermann*, § 328 Rn. 6.

154 Art. 1205 Abs. 2 S. 2 C. civ.: «Ce dernier peut être une personne future mais doit être mais doit être précisement désigné ou pouvoir être eterminé lors de l'exécution de la promesse».

II. Echter und unechter Vertrag zugunsten Dritter

1. Im deutschen Recht

Im deutschen Recht wird verbreitet nach dem echten und unechten Vertrag zugunsten Dritter unterschieden.[155] Beim echten Vertrag zugunsten Dritter hat der Dritte einen eigenen Anspruch auf die Leistung.[156] Der Dritte erwirbt gem. § 328 Abs. 1 BGB unmittelbar das Recht, die Leistung zu fordern. Wenn allerdings nur der Versprechensempfänger die geschuldete Leistung verlangen kann, spricht man von einem unechten Vertrag zugunsten Dritter.[157] Welcher der beiden Arten des Vertrages zugunsten Dritter vorliegt, ist anhand der Auslegung zu ermitteln.[158] Hierfür kann zur Hilfe auf die §§ 328 Abs. 2, 329 und 330 BGB zurückgegriffen werden.[159]

2. Im französischen Recht

Im französischen Recht ist zwar eine Unterscheidung zwischen dem echten und unechten Vertrag zugunsten Dritter nicht üblich, aber diese Unterscheidung kann sehr wohl auf das französische Recht übertragen werden. Art. 1206 Abs. 1 C. civ.[160] sieht Folgendes vor: «Le bénéficiaire est investi d'un droit direct à la prestation contre le promettant dès la stipulation». Aus dieser Norm kann man den echten Vertrag zugunsten Dritter ableiten, denn dem Dritten steht ein eigenes unmittelbares Forderungsrecht gegen den Versprechenden zu. Es ist trotzdem darauf hinzuweisen, dass der Versprechensempfänger auch in einem Fall des echten Vertrages zugunsten Dritter von dem Versprechenden verlangen kann, dass er an den Dritten leistet i. S. v. Art. 1209 C. civ.[161]

Dies ist allerdings kein Hindernis an der Übertragung der Unterscheidung zwischen dem echten und unechten Vertrag zugunsten Dritter auf das französische Recht, denn das deutsche Recht sieht ebenfalls vor, dass beim echten Vertrag zugunsten Dritter dem Versprechensempfänger ein eigenes Forderungsrecht auf

---

155 BeckOGK/*Mäsch*, BGB § 328 Rn. 1.

156 *Lorenz*, JuS 2021, 393.

157 *Medicus/Lorenz*, SchuldR AT, Rn. 856.

158 MüKoBGB/*Gottwald*, § 328 Rn. 9.

159 *Medicus/Lorenz*, SchuldR AT, Rn. 857.

160 Art. 1206 Abs. 1 C. civ.: «Der Begünstigte erwirbt ein direktes Forderungsrecht gegen den Versprechenden ab dem Abschluss des Deckungsverhältnisses».

161 Art. 1209 C. civ.: «Le stipulant peut lui-même exiger du promettant l'exécution de son engagement envers le bénéficiaire».

Leistung an den Dritten zusteht i.S.v § 335 BGB.[162] Wird ein solches unmittelbares eigenes Forderungsrecht des Dritten nicht vorgesehen, dann kann der Vertrag auch im französischen Recht als ein unechter Vertrag zugunsten Dritter qualifiziert werden.

Die Unterscheidung zwischen dem echten und unechten Vertrag zugunsten Dritter kann folglich in beiden Rechtsordnungen vorgenommen werden.

C. Trianguläres Rechtsverhältnis

Der Vertrag zugunsten Dritter führt zu einer dreipoligen Rechtsbeziehung. Technische Begriffe, die sonst nicht vom Gesetz vorgesehen sind, werden allgemein verwendet, um die jeweiligen Rechtsbeziehungen zu erfassen.[163] Die Bezeichnungen können auch auf das französische Recht übertragen werden, denn dieses hat die gleiche Aufbaustruktur, wie das deutsche Recht.

I. Das Deckungsverhältnis

1. Im deutschen Recht

Das Rechtsverhältnis zwischen dem Versprechenden und dem Versprechensempfänger wird als Deckungsverhältnis bezeichnet.[164] Es hat seinen Namen daher, weil der Versprechende aus diesem Deckungsverhältnis für seine Leistung an den Dritten die „Deckung" erhält.[165] Darin ist auch der Grund zu finden, warum der Versprechende die Leistung zusagt. Es handelt sich um das Grundverhältnis, das die Rechtsbeziehungen der Beteiligten regelt.[166] Des Weiteren handelt es sich bei dem Deckungsverhältnis nicht um einen besonderen Vertragstyp, und die Wirksamkeit des Vertrages richtet sich nach den allgemeinen Regeln.[167]

2. Im französischen Recht

Das Rechtsverhältnis zwischen dem „*stipulant*" (Versprechensempfänger) und dem „*promettant*" (Versprechenden) kann auch im französischen Recht als

162 BeckOGK/*Mäsch*, BGB § 335 Rn. 1.
163 *Medicus/Lorenz*, SchuldR AT, Rn. 851.
164 *Lorenz*, JuS 2021, 393 (394).
165 Soergel/*Hadding*, § 328 Rn. 18.
166 *Hornberger*, JA 2015, 7; Palandt/*Grüneberg*, Einf. v. § 328 Rn. 3.
167 *Looschelders*, SchuldR AT, S. 64 Rn. 3.

Deckungsverhältnis bezeichnet werden. Zwischen den beiden Beteiligten liegt ein Vertrag vor. Dieser Vertrag wird als *„contrat de base“ (Grundverhältnis)* bezeichnet, denn dieses regelt die Beziehungen zwischen den Beteiligten.[168] Die allgemeinen Regeln des *Code Civil* finden Anwendung bei dem Abschluss dieses Grundverhältnisses.

Unterschiede zwischen dem deutschen und dem französischen Recht bezüglich des Deckungsverhältnisses sind nicht ersichtlich.

II. Das Valutaverhältnis

1. Im deutschen Recht

Unter Valutaverhältnis versteht man die Rechtsbeziehung zwischen dem Versprechensempfänger und dem Dritten. Es ist der Rechtsgrund, warum der Versprechensempfänger dem Dritten durch den Versprechenden die Leistung zukommen lässt.[169] Aus dieser Rechtsbeziehung ergibt sich der Rechtsgrund für die Zuwendung an den Dritten.[170] Das kann eine Schenkung, eine Gegenleistung aus einem synallagmatischen Vertrag, aber auch eine gesetzliche Pflicht (z.B. Unterhalt) sein.[171]

2. Im französischen Recht

Das Rechtsverhältnis zwischen dem *stipulant* (Versprechensempfänger) und dem *tiers bénéficiaire* (Dritter) kann auch im französischen Recht als Valutaverhältnis bezeichnet werden.

Dieses Rechtsverhältnis ist der Grund, warum der Versprechensempfänger das Deckungsverhältnis abschließt. Dieser Rechtsgrund kann auch wie im deutschen Recht eine Schenkung, eine Pflichterfüllung aus einem Rechtsverhältnis zwischen dem Versprechensempfänger und dem Dritten sein.[172]

Auch hier sind keine Unterschiede zwischen dem deutschen und dem französischen Recht feststellbar.

---

168 *Terré/Simler/Lequette/Chénedé*, Droit civil, les obligations, Rn. 713.
169 *Bayer*, Der Vertrag zugunsten Dritter, 348 ff; *Lorenz*, JuS 2021, 393 (394).
170 Palandt/*Grüneberg*, § 328 Rn. 4.
171 *Medicus/Lorenz*, SchuldR AT, Rn. 853.
172 *Terré/Simler/Lequette/Chénedé*, Droit civil, les obligations, Rn. 718.

III. Das Zuwendungsverhältnis

1. Allgemeines

a. Im deutschen Recht

Die Beziehung zwischen dem Versprechenden und dem Dritten wird als Vollzugs-, Zuwendungs- oder Drittverhältnis bezeichnet.[173] Eine einheitliche Bezeichnung hat sich bis jetzt noch nicht durchgesetzt. Es wird sogar teilweise auf eine Sonderbezeichnung dieses Rechtsverhältnisses verzichtet.

Es wird zwischen dem Dritten und dem Versprechenden kein eigenständiges Vertragsverhältnis begründet.[174] Es kann aber als Schuldverhältnis im weiteren Sinn gesehen werden.[175] Bei dem unechten Vertrag zugunsten Dritter fehlt es an dieser Rechtsbeziehung, da der Dritte kein eigenes Forderungsrecht gegen den Versprechenden hat.[176]

b. Im französischen Recht

Das im deutschen Recht genannte Zuwendungsverhältnis zwischen dem *tiers bénéficiare* (Dritten) und dem *promettant* (Versprechenden) kann auch im französischen Recht identifiziert werden. Der Versprechende leistet auch an den Dritten im französischen Recht aufgrund des Deckungsverhältnisses. Wie im deutschen Recht wird kein eigenständiges Vertragsverhältnis zwischen den beiden begründet.[177] Der Dritte wird nicht zum Vertragspartner des Versprechenden. Er erwirbt lediglich einen direkten Anspruch gegen den Versprechenden.

2. Geltendmachung von Leistungsstörungen

a. Im deutschen Recht

Geht man richtigerweise davon aus, dass die Qualifikation des Zuwendungsverhältnisses vertragsähnlich[178] ist, dann könnten sich Leistungsstörungen aus diesem ergeben. Der Versprechende muss deshalb die Nebenpflichten aus § 241 II BGB auch gegenüber dem Dritten beachten.

---

173 *Medicus/Lorenz*, SchuldR AT, Rn. 854.

174 BGH NJW 2005, 3778 (3778); *Lorenz*, JuS 2021, 393 (394).

175 Soergel/*Hadding*, § 328 Rn. 14.

176 Staudinger/*Klumpp*, § 328 Rn. 22.

177 *Fages*, Droit des obligations, Rn. 251; *Malinvaud/Mekki/Seube*, Droit des obligations, Rn. 519.

178 BGH NJW 05, 3778.

Da der Dritte jedoch nicht Vertragspartei ist, kann er keine Rechte geltend machen, die den Vertrag im Ganzen berühren können.[179] Daraus folgt, dass der Dritte vom Vertrag beispielsweise nicht zurücktreten kann, weil der Rücktritt den Vertrag umgestaltet.[180]

Verletzt der Versprechende seine Leistungspflicht, können sowohl der Dritte als auch der Versprechensempfänger Schadensersatz verlangen.[181] Nimmt der Versprechensempfänger den Versprechenden in Anspruch, muss er jedoch verlangen, dass an den Dritten geleistet wird. Geht die Leistungsstörung hingegen von dem Versprechensempfänger aus, dann kann der Versprechende ihn gleichfalls in Anspruch nehmen. Mängel des Valutaverhältnisses gehen den Versprechenden nichts an.[182]

b. Im französischen Recht

Das französische Recht sieht auch vor, dass der Dritte direkt gegen den Versprechenden vorgehen kann, wenn dieser seiner Leitungspflicht aus dem Deckungsverhältnis nicht nachkommt. Dieses Recht des Dritten wird in Art. 1206 Abs. 1 C. civ. geregelt.

Wie im deutschen Recht kann der Dritte jedoch keine Handlungen vornehmen, die den Vertrag als Ganzes berühren. Er kann den Vertrag nicht auflösen oder von diesem zurücktreten.[183] Solche Rechte sind nur den Vertragspartnern vorbehalten.

4. Einwendungen des Versprechenden

a. Im deutschen Recht

Gem. § 334 BGB stehen dem Versprechenden Einwendungen aus dem Vertrag gegenüber dem Dritten zu. Mit Vertrag ist hier das Deckungsverhältnis gemeint und der Begriff der Einwendungen ist im weiteren Sinn zu verstehen.[184] Diese Verteidigungsmöglichkeit zugunsten des Versprechenden erklärt sich dadurch, dass der Dritte seinen Anspruch gegen den Versprechenden allein aus dem Deckungsverhältnis ableitet. Ferner soll der Versprechende allein deshalb nicht

---

179 *Porchy-Simon*, Les obligations, Rn. 496; *Looschelders*, SchuldR AT, S. 423 Rn. 15.

180 Palandt/*Grüneberg*, § 328 Rn. 5.

181 Art. 1209 C. civ.: «Le stipulant peut lui même exiger du promettant l'exécution de son engagement envers le bénéficiaire»; *Looschelders*, SchuldR AT, S. 423 Rn. 15.

182 *Lorenz*, JuS 2003, 839, 840 f.

183 *Bénabent*, Droit des obligations, Rn. 264.

184 *Medicus/Lorenz*, SchuldR AT, Rn. 860.

schlechter dastehen, weil er die Leistung dem Dritten und nicht seinem Vertragspartner, dem Versprechensempfänger, versprochen hat.[185] Es ist aber darauf aufmerksam zu machen, dass § 334 BGB dispositives Recht darstellt.[186] Das heißt, dass die Vertragsparteien diese Norm abbedingen können und dies ist sogar auch konkludent möglich.

b. Im französischen Recht

Etwas anderes ergibt sich auch nicht aus dem französischen Recht. Der Versprechende kann alle Einwendungen aus dem Deckungsverhältnis dem Dritten entgegenhalten. Der Versprechende leistet an den Dritten aufgrund des Deckungsverhältnisses. Deshalb kann er sich auf alle Einwendungen aus diesem Deckungsverhältnis berufen.[187]

Obwohl aus dem französischen Recht nicht ausdrücklich ersichtlich ist, ob das Einwendungsrecht des Versprechenden aus dem Deckungsverhältnis abdingbar ist. Denn eine solche Verteidigungsmöglichkeit des Versprechenden ist nicht wie im deutschen Recht gesetzlich geregelt. Aber unter Berücksichtigung des Sinns und Zweckes des Einwendungsrechtes zugunsten des Versprechenden kann das Einwendungsrecht zugunsten des Versprechenden gegenüber dem Dritten auch im französischen Recht als dispositives Recht gesehen werden. Dieses Recht soll den Versprechenden schützen und er soll nicht schlechter dastehen, als wenn er seinem Vertragspartner die Leistung versprochen hätte. Es ist ihm also überlassen, ob er auf diesen Schutz verzichten will.

IV. Formerfordernisse

1. Im deutschen Recht

Die Form des Vertrages zugunsten Dritter bestimmt sich nach dem Deckungsverhältnis, dabei gelten die allgemeinen Regeln, es sei denn, das Gesetz bestimmt ausnahmsweise etwas anderes.[188] § 311 b BGB ist anwendbar, wenn sich der Versprechende zur Übereignung eines Grundstückes an den Dritten verpflichtet; § 518 BGB gilt dann, wenn der Versprechende schenkungsweise eine Leistung verspricht, da das Valutaverhältnis für die zu wahrende Form keine Rolle spielt.[189]

---

185 BeckOGK/*Mäsch*, BGB § 334 Rn. 1.

186 *Lorenz*, JuS 2021, 393 (395).

187 *Porchy-Simon*, Les obligations, Rn. 498.

188 BGHZ 54, 145 (157); Vgl. *Looschelders*, SchuldR AT, S. 422 Rn. 11.

189 Vgl. MüKoBGB/*Gottwald*, § 333 Rn. 27.

2. *Im französischen Recht*

Wie in dem deutschen Recht gibt es im französischen Recht keine speziellen Regelungen bezüglich der Formerfordernisse des Vertrages zugunsten Dritter. Systematisch gesehen kann im französischen Recht also Art. 1172 C. civ.[190] herangezogen werden. Demnach können Verträge grundsätzlich formfrei geschlossen werden, es sei denn, das Gesetz sieht etwas anderes vor.

D. Zeitpunkt des Rechtserwerbes

I. *Im französischen Recht*

Nach Art. 1206 Abs. 1 C. civ. tritt der Rechtserwerb beim Dritten sofort ein. Das heißt: Mit dem Abschluss des Deckungsverhältnisses zwischen Versprechensempfänger und dem Versprechenden steht dem Dritten ein unmittelbarer Anspruch gegen Letzteren zu. Diese Lösung sah die *Cour de Cassation* vor der Reform vor.[191] Mit der Reform wurde diese Lösung in Art. 1206 Abs. 1 C. civ. kodifiziert.

Daraus folgt, dass die Gläubiger des Versprechensempfängers ab dem Abschluss des Deckungsverhältnisses keinen Zugriff mehr auf die Leistung haben, die an den Dritten zu erfolgen hat.[192]

II. *Im deutschen Recht*

Im deutschen Recht hingegen muss der Zeitpunkt des Rechtserwerbes durch Auslegung des Deckungsverhältnisses unter Berücksichtigung des Vertragszweckes nach § 328 Abs. 2 BGB ermittelt werden.[193] Allerdings ist im Zweifel anzunehmen, dass dem Dritten das Forderungsrecht gegen den Versprechenden sofort und endgültig zustehen soll.[194]

Schließlich ist auf die Sondervermutungsregelung des § 331 Abs. 1 BGB hinzuweisen. Diese Norm regelt den Vertrag zugunsten Dritter auf den Todesfall. Bezüglich des Zeitpunkts des Rechtserwerbes hat der Versprechensempfänger

---

190 Art. 1172 C. civ.: «Les contrats sont par principes consensuels. Par exception, la validité des contrats solennels est subordonné à l'observation de formes déterminées par la loi à défaut de laquelle le contrat est nul, sauf possible régularisation. En outre, la loi subordonne la formation de certrains contrats à la remise d'une chose».

191 Cass. 1ière civ., 12 juill. 1956, GAJC, vol. 2, n° 172.

192 *Porchy-Simon*, Les obligations, Rn. 497.

193 *Lorenz*, JuS 2021, 393 (395).

194 *Looschelders*, SchuldR AT, S. 424 Rn. 18.

das Forderungsrecht gegen den Versprechenden bis zu seinem Tod.[195] Erst danach erwirbt der Dritte das Forderungsrecht.[196]

Es lässt sich zusammenfassen, dass der Dritte im französischen Recht die Forderung mit dem Abschluss des Deckungsverhältnisses sofort erwirbt und im deutschen Recht ist der Zeitpunkt des Rechtserwerbes zunächst durch Auslegung zu ermitteln.

E. Zurückweisungsrecht des Dritten

I. Im deutschen Recht

§ 333 BGB sieht Folgendes vor: Weist der Dritte das aus dem Vertrag erworbene Recht dem Versprechenden gegenüber zurück, so gilt das Recht als nicht erworben. Dem Dritten steht also ein Zurückweisungsrecht zu. Diese Norm will verhindern, dass dem Dritten ein Recht aufgezwungen wird, denn er erwirbt die Forderung gem. § 328 Abs. 1 BGB ohne seine Mitwirkung. § 333 BGB räumt dem Dritten das Recht ein, auf diese Situation zu reagieren.[197] Es steht ihm aber frei, ob er von diesem Recht Gebrauch macht oder nicht.

Dieses Zurückweisungsrecht ist ein Gestaltungsrecht des Dritten. Dieses Gestaltungsrecht muss gem. § 333 BGB gegenüber dem Versprechenden ausgeübt werden, denn es handelt sich um eine empfangsbedürftige Erklärung. Die Zurückweisung kann grundsätzlich formfrei erfolgen.[198]

II. Im französischen Recht

Das Zurückweisungsrecht des Dritten regelt das französische Recht zwar nicht explizit, allerdings sieht es vor, dass der Dritte das erworbene Recht annehmen kann i. S. v. Art. 1206 Abs. 2 C. civ. *E contrario* ergibt sich aus dieser Norm denknotwendig ebenfalls ein Zurückweisungsrecht des Dritten.

Es ist darauf hinzuweisen, dass dieses Annahmerecht im französischen Recht keine Voraussetzung für die Entstehung des Vertrages zugunsten Dritter ist, sondern lediglich eine Rolle bei seiner Aufhebbarkeit spielt.

Diese Zurückweisung kann im französischen Recht auch formfrei erfolgen, weil das französische Recht grundsätzlich von der Formfreiheit der Rechtshandlungen ausgeht.

---

195 Vgl. BGH 81, 97.

196 Palandt/*Grüneberg*, § 331 Rn. 4.

197 MüKoBGB/*Gottwald*, § 333 Rn. 1.

198 Staudinger/*Jagmann*, § 333 Rn. 2.

F. Aufhebbarkeit und Änderbarkeit des Vertrages zugunsten Dritter

I. Im französischen Recht

Gem. Art. 1206 Abs. 2 C. civ. kann der Versprechensempfänger das Recht des Dritten frei widerrufen, solange dieser es nicht angenommen hat. Mit der Annahme durch den Dritten erlischt das Widerrufsrecht des Gläubigers. Diese Annahme kann entweder ausdrücklich oder konkludent erfolgen. Weiterhin können die Erben des Dritten das Forderungsrecht annehmen, falls dieser gem. Art. 1208 C. civ.[199] vor der Annahme verstirbt. Vor der Annahme durch den Dritten kann nur der Versprechensempfänger das Forderungsrecht nach Art. 1207 Abs. 1 C. civ.[200] widerrufen. Ein solches Recht haben seine Gläubiger nicht.

Was die Erben betrifft, können sie das Forderungsrecht des Dritten nach dem Tod des Versprechensempfängers widerrufen. Davor müssen sie zunächst den Dritten abmahnen, die Forderung anzunehmen. Nach drei Monaten ab Mahnung dürfen sie von ihrem Widerrufsrecht Gebrauch machen. Die Rechtsfolge des Widerrufs – das Forderungsrecht des Dritten erlischt ex tunc – tritt ab der Kenntnisnahme des Widerrufs durch den Dritten oder den Versprechenden ein. Erfolgt der Widerruf durch ein Testament, tritt die Rechtsfolge allerdings zum Zeitpunkt des Erbfalles ein gem. Art. 1207 Abs. 4 S. 1 C. civ.

II. Im deutschen Recht

Im Hinblick auf die Aufhebbarkeit und Änderbarkeit des Forderungsrechts des Dritten im deutschen Recht ist § 328 Abs. 2 BGB maßgeblich. Ausgangspunkt sind wieder die Parteienvereinbarung sowie die Umstände des Vertrages und des Vertragszwecks. Möglich ist auch, dass sich die Parteien eine Aufhebung oder Änderung des Rechts des Dritten vorbehalten. Dieser Vorbehalt kann sich aus einer ausdrücklichen Regelung, aber auch aus den Umständen und dem Zweck des Vertragsschlusses ergeben.[201]

---

199 Art. 1208 C. civ.: «L'acceptation peut émaner du bénéficiare ou, après son décès, de ses héritiers. Elle peut être expresse ou tacite. Elle peut intervenir même après le décès du stipulant ou du promettant».

200 Art. 1207 C. civ.: «La révocation ne peut émaner que du stipulant ou, après son décès, de ses héritiers. Ces derniers ne peuvent y procéder qu'à l'expiration d'un délai de trois mois à compter du jour où ils ont mis le bénéficiare en demeure de l'accepter (...)».

201 Palandt/*Grüneberg*, § 328 Rn. 4.

Ferner sieht § 332 BGB vor, dass, wenn dem Versprechensempfänger das Recht vorbehalten worden ist, die Person des Dritten einseitig zu bestimmen oder auszuwechseln, so kann er dieses Recht auch durch Verfügung von Todes wegen ausüben.[202]

Was die Erben betrifft, können sie das Recht des Dritten vor seiner Geburt nur widerrufen, wenn ihnen ein solches Recht gem. § 331 Abs. 2 BGB vorbehalten wurde. Da der Dritte noch nicht geboren wurde, erwirbt er nicht das Recht nach dem Tod des Versprechensempfängers entgegen der Vermutung des § 331 Abs. 1 BGB und erscheint deshalb schutzwürdig.[203]

G. Würdigung des Rechtsvergleichs des Vertrages zugunsten Dritter

Hier kann festgehalten werden, dass der Vertrag zugunsten Dritter in den beiden Rechtsordnungen den gleichen Zweck verfolgt, nämlich einem Dritten einen unmittelbaren Anspruch gegen den Schuldner zu verschaffen und vor allem seine Versorgung sicherzustellen. Zudem ist die Konstruktion des Rechtsinstituts in den beiden Rechtsordnungen identisch.

Auch können die im deutschen Recht entwickelten Bezeichnungen der verschiedenen Rechtsverhältnisse – auch wenn diese nicht gesetzlich vorgesehen sind – zwischen den an dem Vertrag zugunsten Dritten Beteiligten auf das französische Recht ohne Weiteres übertragen werden. Dies gilt auch für die Unterscheidung zwischen dem echten und dem unechten Vertrag zugunsten Dritter. Ausgenommen einiger Begrifflichkeiten gibt es weitgehend keinen Unterschied zwischen den beiden Rechtsordnungen, was das Rechtsinstitut des Vertrages zugunsten Dritter angeht.

Eine unerhebliche Abweichung in den beiden Rechtsordnungen bezüglich des Rechtsinstituts kann nur zu dem Zeitpunkt des Rechtserwerbes durch den Dritten und bei der Frage der Änderbarkeit und Aufhebbarkeit des Vertrages zugunsten Dritter konstatiert werden.

Wenn der Dritte das Forderungsrecht im französischen Recht sofort erwirbt, ermittelt das deutsche Recht den Zeitpunkt des Rechtserwerbes zuerst durch Auslegung, wenn nichts Besonderes vorgesehen ist. Im Zweifel erwirbt der Dritte aber das Recht sofort. Das französische Recht macht also eine antizipierte Auslegung und legt fest, dass der Dritte das Forderungsrecht sofort erwirbt.

202 Erman/*Westermann*, § 331 Rn. 1.
203 *Looschelders*, SchuldR AT, S. 425 Rn. 21.

Entgegen dem klaren Gesetzeswortlaut wird man wohl annehmen müssen, dass der sofortige Rechtserwerb allerdings nur dann gelten wird, wenn die Parteien nichts Besonderes geregelt haben. Ansonsten, wenn die Vertragsparteien etwas anderes bezüglich des Zeitpunkts des Rechtserwerbes vereinbart haben, kann der Versprechende dem Dritten – auch wenn man davon ausgeht, dass er das Forderungsrecht kraft Gesetzes sofort erwirbt – diese Vereinbarung gegebenenfalls als Einwendungen entgegenhalten.

Für die Aufhebung und Änderbarkeit des Vertrages zugunsten Dritter ist im französischen Recht die Annahme des Vertrages durch den Dritten ausschlaggebend. Diese Annahme hat Sperrwirkung im Hinblick auf die Aufhebbarkeit oder Änderbarkeit des Vertrages. Die Erben können ihrerseits dieses Recht nur dann aufheben, wenn sie den Dritten abmahnen, sodass der Dritte auch in dem Fall nicht schutzlos dasteht. Im deutschen Recht ist die Auslegung des Vertrages maßgeblich.

Diese Punkte führen nicht zu einem nennenswerten Unterschied bezüglich dieses Rechtsinstitutes in den beiden Rechtsordnungen. Das französische Recht hat die beiden Punkte näher geregelt und das deutsche Recht greift grundsätzlich auf die Auslegung zurück, dies verleiht ihm eine gewisse Flexibilität. Trotzdem erfüllt das Rechtsinstitut in den beiden Rechtsordnungen und vor allem nach der Reform des französischen Rechts seine Funktion und die Regelungen decken sich weitgehend in den beiden Rechtsordnungen.

§ 2. „*La promesse de porte-fort*“

A. Einführung

Gem. Art. 1203 C. civ.[204] kann man nur sich selbst, nicht aber einen Dritten verpflichten. Trotzdem kann man sich i. S. v. Art. 1204 C. civ. für einen Dritten stark machen. Das heißt, dass eine Vertragspartei dafür einstehen kann, dass ein Dritter eine bestimmte Leistung vornehmen oder eine bestimmte Verbindlichkeit erfüllen wird. Es handelt sich also um die „*promesse de porte-fort*“. Das bedeutet „sich stark machen für einen Dritten“.

Vor der Reform von 2016 war die „*promesse de porte-fort*“ als Ausnahme zum Relativitätsprinzip qualifiziert worden.[205] Dies war darauf zurückzuführen, dass die Formulierung des Art. 1120 C. civ (a. F.) missglückt war. Diese Norm sah Folgendes vor: «Néanmoins, on peut se porter fort pour un tiers, en promettant

204 Art. 1203 C. civ.: «On ne peut s'engager en son propre nom que pour soi-même».
205 *Malinvaud/Mekki/Seube*, Droit des obligations, Rn. 122.

le fait de celui-ci; sauf l'indemnité contre celui qui s'est porté fort ou qui a promis de faire ratifier, si le tiers refuse de tenir l'engagement».

Mit dem Wort *„néanmoins“* also „gleichwohl“ deutete der Wortlaut daraufhin, dass das französische Recht zwar das Relativitätsprinzip nach Art. 1203 C. civ. (Art. 1119 a. F.) kennt, gleichwohl ist die *„promesse de porte-fort“* eine Ausnahme zu diesem Prinzip.[206] Die Verfassung des Art. 1119 (a. F.) C. civ. wurde einstimmig als fehlerhaft gesehen.[207] Denn die *„promesse de porte-fort“* ist lediglich eine scheinbare Ausnahme zum Relativitätsprinzip.[208] Wenn sich eine Vertragspartei für den Dritten stark gemacht hat, indem sie verspricht, dass der Dritte eine Leistung vornehmen oder eine Verbindlichkeit erfüllen wird, ist dieser Dritte an das Versprechen nicht gebunden. Es steht ihm absolut frei, ob er das Versprechen erfüllt oder nicht. Das Sich-Stark-Machen für den Dritten ist eine eigenständige persönliche Verpflichtung des Vertragspartners, der das Handeln des Dritten versprochen hat.[209] Der Dritte ist nicht allein aufgrund des Versprechens des einen Vertragspartners verpflichtet.

Wenn A dem B verspricht, dass C ihm zugunsten ein Handeln vornehmen oder eine Verbindlichkeit erfüllen wird, ist C nicht an das Versprechen des A gebunden. Dies ist ein direkter Ausfluss des Relativitätsprinzips.

Diese redaktionelle Ungeschicklichkeit des Art. 1120 a. F. C. civ. hat nun die Reform von 2016 korrigiert und das Wort *„néanmoins“*, also „gleichwohl“ gestrichen. Der neue Art. 1204 C. civ. sieht jetzt Folgendes vor: «On peut se porter fort en promettant le fait d'un tiers. Le promettant est libéré de toute obligation si le tiers accomplit le fait promis. Dans le cas contraire, il peut être condamné à des dommages et intérêts. Lorsque le porte-fort a pour objet la ratification d'un engagement, celui-ci est retroactivement validé à la date à laquelle le porte-fort a été souscrit».[210]

Man unterscheidet die *„promesse de porte-fort de ratification“* (wenn der Vertragspartner dafür einsteht, dass der Dritte ein Rechtsgeschäft ratifizieren wird)

---

206 *Porchy-Simon*, Les obligations, Rn. 486.

207 *Malinvaud/Mekki/Seube*, Droit des obligations, Rn. 122; *Cabrillac*, Droit des obligations, Rn. 140.

208 *Cabrillac*, Droit des obligations, Rn. 140.

209 Cass. 1^{ière} civ., 16 avr. 2015, n°14-13694, Bull. civ. I, n°99.

210 Art. 1204 C. civ.: «Man kann sich für einen Dritten stark machen, indem man dessen Handeln verspricht. Der Versprechende ist von jeder Verbindlichkeit frei, wenn der Dritte das versprochene Handeln vornimmt. Anderenfalls kann er sich schadensersatzpflichtig machen. Wenn das Sich-Stark-machen für den Dritten zum Gegenstand der Ratifizierung eines Rechtsgeschäfts wird, wird diese ex tunc wirksam».

und *die „promesse d'exécution*" (wenn der Vertragspartner dafür einsteht, dass der Dritte eine Verbindlichkeit erfüllen wird).[211]

Weiterhin ist die „*promesse de porte-fort*" von der „*promesse de bons offices*" zu unterscheiden. Im ersten Fall verspricht der Vertragspartner, dass der Dritte ein Handeln – die Ratifizierung eines Rechtsgeschäftes oder Erfüllung einer Verbindlichkeit – vornehmen wird. Im zweiten Fall verpflichtet sich der Vertragspartner, dass er alles, was in seiner Macht steht, tun wird, damit der Dritte ein Handeln vornimmt. Bei der „*promesse de porte-fort*" ist ein Leistungserfolg geschuldet und bei der „*promesse de bon offices*" ist ein gewissenhaftes Tätigwerden erforderlich.[212]

Die Rechtsfigur der „*promesse de porte fort*" ist vor allem nützlich, wenn eine Person eine juristische Handlung im weiteren Sinn vornimmt, obwohl sie dafür keine Befugnis hat, die Handlung alleine vorzunehmen. Dies ist zum Beispiel dann der Fall, wenn ein Ehegatte über das Vermögen im Ganzen i. S. v. § 1365 BGB oder über Haushaltsgegenstände nach § 1369 BGB ohne Einwilligung des anderen Ehegatten verfügt oder sich zu einer solchen Verfügung verpflichtet, obwohl er in der Zugewinngemeinschaft lebt. Oder, wenn der Vormund ein Rechtsgeschäft allein abschließt, obwohl er dazu nicht befugt ist, und verspricht, dass das Familiengericht das Rechtsgeschäft genehmigen wird i. S. v. § 1822 BGB. Zudem kann es im Sicherungsrecht[213], Gesellschaftsrecht[214] usw. zur Anwendung kommen.

Eine Regelung der „*promesse de porte-fort*" ist im deutschen Recht nicht ausdrücklich geregelt. Sie hat noch keinen abstrakten gesetzlichen Niederschlag im BGB gefunden. Es ist jedoch darauf hinzuweisen, dass mit dem Garantievertrag im deutschen Recht möglicherweise die mit der „*promesse de porte-fort*" verfolgten Ziele ebenfalls erreicht werden könnten.

Ausgenommen des französischen Rechts findet man vergleichbare Regelungen der „*promesse de porte-fort*" auch in Italien (*Promessa dell'obligazione o del fatto del terzo gem. Art. 1381 Codice Civile*[215]), in Österreich (*die Erfolgszusage*

---

211 Vgl. Art. 1204 C. civ.

212 Cass. 3ième civ., 7 mars 1978, Bull. civ. III, n° 108, S. 84.

213 Cass. com. 1er avr. 2014, n°74-10356, Bull. civ. I, n°351.

214 Cass. 1ière civ., 18 avr. 2000, n°98-15360, Bull. civ. I, n°115.

215 Art. 1381 Codice Civile: «Promessa dell'obligazione o del fatto del terzo: Colui che ha promesso l'obbligazione o il fatto di un terzo è tenuto a indennizzare l'altro contraente, se il terzo rifiuta di obbigarsi o non compie il fatto promesso».

gem. § 880a ABGB[216]) und in der Schweiz (Der Vertrag zulasten Dritter gem. Art. 111 OR[217]).

Zu untersuchen sind also die Voraussetzungen und Rechtsfolgen dieses Rechtsinstituts. Danach ist zu analysieren, ob eine der *„promesse de forte-fort“* vergleichbare Rechtsfigur im deutschen Recht vorhanden ist oder, ob es sinnvoll wäre diese Rechtsfigur im deutschen Recht zu übernehmen.

B. Voraussetzungen

Die Voraussetzungen der *„promesse de porte-fort“* ergeben sich aus Art. 1204 Abs. 1 C. civ. Demnach müssen sich die Vertragsparteien für die Entstehung der *„promesse de porte-fort“* dahin gehend einigen, dass der Vertragsschuldner das Handeln eines Dritten verspricht. Dieses Versprechen hat als Inhalt entweder die Ratifizierung bzw. Genehmigung eines Rechtsgeschäfts oder die Erfüllung einer Verbindlichkeit durch den Dritten.[218]

Denknotwendig bedeutet dies also (auch wenn es sich nicht unmittelbar aus dem Gesetz ergibt, dass die Vertragsparteien bereits ein Rechtsgeschäft abgeschlossen haben müssen, welches der Dritte dann genehmigen muss): Die Vertragsparteien schließen ein Rechtsgeschäft, in dem der Dritte im Mittelpunkt steht, und der Vertragsschuldner *(porte-fort)* verspricht dem Vertragspartner, dass der Dritte dieses Rechtsgeschäft genehmigen wird. Oder dieser Vertrag kann als Inhalt haben, dass der Dritte eine eigene Verbindlichkeit, die er bereits gegenüber dem Vertragsschuldner hat, erfüllen wird.

Des Weiteren sind der Norm keine besonderen Formerfordernisse zu entnehmen, sodass das allgemeine Recht Anwendung findet.

C. Rechtsfolgen

Bezüglich der Rechtsfolgen der *„promesse de porte-fort“* ist die Reaktion des Dritten ausschlaggebend. Die sich aus dem Versprechen des Vertragsschuldners

---

216 § 880a ABGB: «Erfolgszusage: Hat jemand einem andern eine Leistung eines Dritten versprochen, so gilt dies als Zusage seiner Verwendung bei dem Dritten; ist er aber für den Erfolg eingestanden, so haftet er für volle Genugtuung, wenn die Leistung des Dritten ausbleibt».

217 Art. 111 OR: «B. Vertrag zulasten eines Dritten: Wer einem andern die Leistung eines Dritten verspricht, ist, wenn sie nicht erfolgt, zum Ersatze des hieraus entstandenen Schadens verpflichtet».

218 *Fages*, Droit des obligations, Rn. 93.

ergebenden Folgen hängen davon ab, ob der Dritte das Rechtsgeschäft genehmigt oder nicht, bzw. ob er die Verbindlichkeit erfüllt oder nicht.

I. „Promesse de porte-fort de ratification“

Die *„promesse de porte-fort de ratification“* liegt vor, wenn der Vertragsschuldner die Ratifizierung eines Rechtsgeschäfts durch den Dritten versprochen hat.[219] Das Wort Ratifizierung ist hier allerdings im weiteren Sinn zu verstehen. Das heißt, dass hier gegebenenfalls auch eine Genehmigung des Rechtsgeschäftes ausreichen würde. Das Rechtsgeschäft ist bis zur Genehmigung schwebend unwirksam.

1. Die Genehmigung des Rechtsgeschäfts durch den Dritten

Der Dritte kann das Rechtsgeschäft sogar stillschweigend genehmigen.[220] Die Genehmigung des Rechtsgeschäfts durch den Dritten führt zu zwei wesentlichen Rechtsfolgen gem. Art. 1204 Abs. 2 und 3 C. civ.[221]

Erstens gilt das von dem Vertragsschuldner abgeschlossene Rechtsgeschäft für und gegen den Dritten, als ob es durch den Vertragsschuldner vertreten worden wäre. Die Situation ist mit der des *falsus procurators* vergleichbar. Dies geht allerdings nicht soweit, um hier auch eine Stellvertretung anzunehmen.[222] Denn der Vertragsschuldner handelt im eigenen Namen. Hat der Vertragsschuldner zum Beispiel eine Sache für den Dritten gekauft und verspricht, dass der Dritte den Vertrag genehmigen wird, dann wird der Dritte ex tunc zum Vertragspartner, wenn er seine Genehmigung erteilt.

Zweitens, wenn der Dritte das Rechtsgeschäft genehmigt hat, tritt der vom Vertragsschuldner versprochene Rechtserfolg ein und der Vertragsschuldner wird dadurch von jeglicher Haftung befreit. Mit der Genehmigung durch den Dritten hat er sein Versprechen gehalten und kann haftungsrechtlich nicht belangt werden, auch wenn der Dritte das Rechtsgeschäft dann nicht erfüllt. Denn versprochen war lediglich die Genehmigung des Rechtsgeschäftes.

---

219 *Bénabent*, Droit des obligations, Rn. 62.

220 Cass. Ass. Plén., 22 avr. 2011, D. 2011, 1218, obs. X. Delpech.

221 Art. 1204 Abs. 2 und 3 C. civ.: «Le promettant est libéré de toute obligation si le tiers accomplit le fait promis. Dans le cas contraire, il peut être condamné à des dommages et intérêts.
Lorsque le porte-fort a pour objet la ratification d'un engagement, celui-ci est retroactivement validé à la date à laquelle le porte-fort a été souscrit».

222 *Fages*, Droit des obligations, Rn. 94.

2. *Die Nicht-Genehmigung des Rechtsgeschäfts durch den Dritten*

Die nicht Genehmigung des Rechtsgeschäfts führt zu umgekehrten Rechtsfolgen. Damit ist gemeint, dass das Rechtsgeschäft dann unwirksam wird. Der Dritte ist dann in keiner Weise verpflichtet, weil er das Rechtsgeschäft nicht genehmigt hat und der Vertragsschuldner auch nicht, weil er sich nicht verpflichtet hat, das Rechtsgeschäft selbst auszuführen.[223]

Auf der anderen Seite hat der Vertragsschuldner allerdings sein Versprechen nicht gehalten. Der Leistungserfolg ist nicht eingetreten. Er macht sich dadurch schadensersatzpflichtig gegenüber seinem Vertragspartner gem. Art. 1204 Abs. 2 S. 2 C. civ. Es gibt natürlich Fälle, in denen der Dritte zumindest, auch wenn nicht juristisch, *de facto* verpflichtet sein wird, das Rechtsgeschäft zu genehmigen, weil er zum Beispiel der Erbe des Vertragsschuldners ist.[224]

II. „Promesse de porte-fort d'exécution"

Die *„promesse de porte-fort d'exécution"* ist nicht unmittelbar gesetzlich geregelt. Sie ist dann gegeben, wenn der Vertragsschuldner verspricht, dass der Dritte eine Verbindlichkeit erfüllen wird.[225] Die Rechtsprechung hat die *„promesse de porte-fort d'exécution"* mittlerweile anerkannt.[226] Weiterhin wird angeführt, dass Art. 1204 C. civ. so ausgelegt werden kann, dass er auch die *„promesse de porte-fort d'exécution"* erfasst.[227] Die *„promesse de porte-fort d'exécution"* ist eine Art Sicherungsmechanismus.[228]

Legt man richtigerweise eine solche Auslegung zugrunde, dann macht sich der Vertragsschuldner (der *porte-fort* bzw. Versprechende) gegenüber dem Vertragsgläubiger (dem Versprechensempfänger) schadensersatzpflichtig, wenn der Dritte seine Verbindlichkeit gegenüber dem Vertragsgläubiger nicht erfüllt. Die *„promesse de porte-fort d'exécution"* ist eine Art atypische Bürgschaft.[229] Denn der Vertragsschuldner steht dafür ein, dass der Dritte eine Verbindlichkeit erfüllen wird. Kommt der Dritte dem nicht nach, dann macht sich der Vertragsschuldner schadenersatzpflichtig.[230] Eine echte Bürgschaft ist es allerdings nicht.

---

223 Vgl. *Cabrillac*, Droit des obligations, Rn. 140.
224 *Terré/Simler/Lequette/Chénedé*, Droit civil, les obligations, Rn. 698.
225 *Malaurie*, Droit des obligations, Rn. 821; *Genicon*, RDC 2018, 347.
226 Cass. com., 25 janv. 1994, Bull. civ. IV, n°34, S. 26, D. 1994, obs. Delebecque.
227 *Chantepie/Latina*, La réforme du droit des obligations, n° 563, S. 482.
228 *Fages*, Droit des obligations, Rn. 96.
229 *Terré/Simler/Lequette/Chénedé*, Droit civil, les obligations, Rn. 697.
230 *Malaurie*, Droit des obligations, Rn. 821.

D. Fazit

Die *„promesse de porte-fort"* ist eine nützliche Rechtsfigur, die es ermöglicht, Rechtsgeschäfte einfacher abzuschließen, indem man aufschiebend die erforderliche Mitwirkung eines Dritten umgeht. Es handelt sich dennoch um ein Risikogeschäft für den Vertragsschuldner, der sich gegenüber dem Vertragsgläubiger haftungspflichtig macht, wenn der Dritte nicht im Sinne der zwischen ihm und dem Gläubiger gemachten Vereinbarung handelt. Eine solche Haftung des Vertragsschuldners wird dadurch gerechtfertigt, da er meistens selbst ein Interesse daran hat, sich für den Dritten stark zu machen. Seine Haftung dient dann zum Schutz des Vertragsgläubigers und vor allem als Anreiz für ihn, sich auf ein solches Rechtsgeschäft einzulassen.

E. Die *„promesse de porte-fort"* und das Bürgerliche Gesetzbuch

I. Vergleichbare Rechtsfiguren im BGB

Mangels einer ausdrücklich gleichen Rechtsfigur der *„promesse de porte-fort"* im BGB – wie es sie in dem französischen, italienischen, österreichischen und schweizerischen Recht gibt – ist es fraglich, ob zumindest eine vergleichbare Rechtsfigur im deutschen Recht zu finden ist.

1. Vertrag zulasten Dritter

Man könnte die *„promesse de porte-fort"* mit dem Vertrag zulasten Dritter vergleichen. Der Vertrag zulasten Dritter ist kein vom BGB eigenständig geregeltes Rechtsinstitut, aber er wird im Zusammenhang mit dem Vertrag zugunsten Dritter im deutschen Recht behandelt. Ein solcher Vertrag liegt vor, wenn durch Vertragsschluss unmittelbar eine Rechtspflicht gegen einen am Vertrag nicht beteiligten Dritten ohne seine Autorisierung begründet wird.[231] Aufgrund des Verstoßes des Vertrages zulasten Dritter gegen die Privatautonomie und Vertragsfreiheit als Ausfluss der allgemeinen Handlungsfreiheit gem. Art. 2 Abs. 1 GG ist er unzulässig.[232]

Zu berücksichtigen ist allerdings, dass durch die *„promesse de porte-fort"* der Dritte nicht unmittelbar verpflichtet wird. Er ist in keiner Weise gebunden. Es steht ihm frei, ob er das ihn betreffende Rechtsgeschäft zwischen dem

231 BGH NJW 2004, 3326 (3327); Soergel/*Hadding*, § 328 Rn. 118.
232 BeckOGK/*Mäsch*, BGB § 328 Rn. 123.

Vertragsschuldner und Gläubiger genehmigt oder nicht. Das letzte Wort steht ihm zu. Die *„promesse de Porte-fort“* ist somit kein Vertrag zulasten Dritter.

2. Die Bürgschaft

Die *„promesse de porte-fort d'exécution“* könnte als Bürgschaft zu sehen sein. Bei dieser Form der *„promesse de porte-fort“* steht der Vertragsschuldner dafür ein, dass der Dritte eine Verbindlichkeit erfüllen wird. Kommt der Dritte dem nicht nach, dann macht sich der Vertragsschuldner schadensersatzpflichtig. Hat der Vertragsgläubiger dem Dritten ein Darlehen gewährt, das er nicht zurückzahlen kann, und der Vertragsschuldner sich für eine solche Rückzahlung eingesetzt hat, macht er sich schadensersatzpflichtig. Möglicherweise könnte der Vertragsschuldner dann das Darlehen als Schaden zurückzahlen.

Es ist jedoch darauf hinzuweisen, dass bei der Bürgschaft gem. § 765 BGB der Bürge sich für die Verbindlichkeit des Schuldners einzustehen verpflichtet.[233] Er verspricht nicht nur, dass der Schuldner seiner Verpflichtung nachkommen wird. Mit anderen Worten: Bei der *„promesse de porte-fort“* verspricht der Vertragsschuldner, dass der Dritte seine Verbindlichkeit erfüllen wird. Andernfalls ersetzt der Vertragsschuldner den Schaden, der dem Vertragsgläubiger durch die Nichterfüllung der Verbindlichkeit durch den Dritten entstanden ist. Bei der Bürgschaft hingegen muss der Bürge selbst die Verbindlichkeit erfüllen bzw. die Darlehenssumme zurückzahlen. Es handelt sich nicht um einen Schadensersatz.

Wichtiger ist vor allem die fehlende Akzessorietät bei der *„promesse de porte-fort“*. Ersetzt der Vertragsschuldner den Schaden des Vertragsgläubigers, kann er seinerseits grundsätzlich den Dritten ohne Weiteres nicht in Anspruch nehmen. Mangels Mitwirkung des Dritten hat der Vertragsgläubiger keinen Anspruch gegen ihn. Hat der Bürge den Vertragsgläubiger befriedigt, geht die Forderung des Vertragsgläubigers gegen den Vertragsschuldner gem. § 774 BGB grundsätzlich auf ihn über. Der Bürge kann seinerseits den Vertragsschuldner in Anspruch nehmen.

Zudem regelt das französische Recht ausführlich die Bürgschaft[234] in den Art. 2288 ff. C. civ. Es wäre also inkonsequent, wenn der *Code civil* mit der *„promesse de porte-fort”* wiederholt die Fälle der Bürgschaft regeln würde. Die *„promesse de porte-fort d'exécution“* ist folglich keine Bürgschaft.

---

233 *Rimmelspacher/Stürner*, Kreditsicherungsrecht, S. 10 Rn. 24.

234 *Albiges/Dumont-Leferand*, Droit des sûretés, Rn. 14.

3. *Stellvertretung*

Die *„promesse de porte-fort“* könnte als Stellvertretung zu sehen sein. Bei der Genehmigung des Rechtsgeschäfts durch den Dritten tritt die Wirkung der Stellvertretung gem. Art. 1204 Abs. 3 C. civ. ein. Der zwischen dem Vertragsgläubiger und dem Schuldner abgeschlossene Vertrag gilt *ex tunc* für und gegen den Dritten ab der Genehmigung. Zu berücksichtigen ist jedoch, dass der Vertreter innerhalb der ihm zustehenden Vertretungsmacht im Namen des Vertretenen handelt und dadurch wird der Dritte unmittelbar verpflichtet. Bei der *„promesse de porte-fort“* handelt der Vertragsschuldner ohne Vertretungsmacht und der Dritte wird nicht gebunden, zumindest nicht automatisch. Außerdem wird die Stellvertretung im französischen Recht ausführlich geregelt. Aus diesem Grund soll das Rechtsinstitut der *„promesse de porte-fort“* andere Sachverhalte regeln. Trotzdem könnte die *„promesse de porte-fort“* als atypische Stellvertretung gesehen werden; atypische Stellvertretung, weil der Vertreter ein *falsus procurator* ist und sein Schicksal von der Genehmigung des Vertrages durch den Dritten abhängt. Eine solche atypische Stellvertretung ist allerdings im BGB nicht vorgesehen.

4. *Dritthaftung nach § 311 Abs. 3 S. 2 BGB*

Dritte können ausnahmsweise unter bestimmten Voraussetzungen gem. § 311 Abs. 3 BGB haften, auch wenn sie nicht selbst Vertragspartei werden sollen. Dafür muss der Dritte durch Inanspruchnahme des persönlichen Vertrauens im besonders hohen Maß die Vertragsverhandlungen oder den Vertragsschluss beeinflusst haben.[235] Es handelt sich zumeist um einen Stellvertreter, einen bloßen Gehilfen oder einen Vermittler.[236] Diese werden als Sachwalter bezeichnet.[237] Gegebenenfalls kommt auch eine Haftung des *„procurator quasi in rem suam“* in Betracht.[238] Dies ist dann der Fall, wenn ein an der Vertragsanbahnung als Verhandlungsgehilfe, Stellvertreter oder Vermittler Beteiligter ein eigenes unmittelbares wirtschaftliches Interesse am Vertragsschluss hat.[239] Die Dritteigenhaftung in einem solchen Fall wird allerdings sehr restriktiv angenommen.[240]

---

235 *Medicus/Lorenz,* SchuldR AT, Rn. 541.
236 *Looschelders,* SchuldR AT, S. 72 Rn. 22.
237 BeckOGK/*Herresthal,* BGB § 311 Rn. 515.
238 *Medicus/Lorenz,* SchuldR AT, Rn. 542.
239 Vgl. BGH NJW 2002, 208, 212.
240 *Musielak,* JuS 2017, 949.

Entgegen der Dritthaftung nach § 311 Abs. 3 S. 2 BGB schließt der Vertragsschuldner (der *porte-fort*) bei der *„promesse de porte-fort"* einen eigenständigen Vertrag mit dem Vertragsgläubiger (dem Versprechensempfänger), indem er für ein bestimmtes Handeln des Dritten einsteht. Die Haftung des Vertragsschuldners ergibt sich direkt aus diesem Vertrag. Weiterhin haftet der Vertragsschuldner nicht ausnahmsweise, sondern immer, wenn der von ihm versprochene Leistungserfolg nicht eintritt. Schließlich gibt es bei der Dritthaftung grundsätzlich ein Näheverhältnis zwischen dem Dritten und dem Vertragsschuldner. Entweder er ist sein Stellvertreter, sein Gehilfe oder Vermittler. Dies ist allerdings bei der *„promesse de porte-fort"* grundsätzlich nicht erforderlich. Somit ist die *„promesse de porte-fort"* keine Dritthaftung i. S. v. § 311 Abs. 3 S. 2 BGB.

5. „La promesse de porte-fort" durch Vertragsfreiheit nach § 311 I BGB

Die *„promesse de porte-fort"* könnte im deutschen Recht aufgrund der Vertragsfreiheit i. S. v. § 311 Abs. 1 BGB abgeschlossen werden. Dieser Freiheitsgrundsatz ist ein prägendes Merkmal des Privatrechts und kommt mit dem Begriff der Privatautonomie im Zivilrecht zum Ausdruck.[241] Durch die Privatautonomie wird dem Einzelnen das Recht eingeräumt, seine privaten Lebensverhältnisse frei zu gestalten.[242] Das heißt, Verträge zu schließen und auch deren Inhalt zu bestimmen. Die Abschluss- und Gestaltungsfreiheit ist verfassungsrechtlich garantiert und ist Ausfluss des Grundrechts der allgemeinen Handlungsfreiheit sowie der Selbstbestimmung des Einzelnen im Privatrecht gem. Art. 2 Abs. 1 GG.[243]

Dieses Recht ist logischerweise nicht schrankenlos gewährleistet. Dies erklärt sich dadurch, dass der Einzelne in einer Gemeinschaft lebt und deshalb notwendigerweise anerkennen muss, dass andere auch von ihrem Freiheitsrecht Gebrauch machen können und einige Einschränkungen für ein gedeihliches Zusammenleben hinnehmen müssen.[244] Zudem können Interessen der Allgemeinheit zu solchen Einschränkungen führen. Daraus folgt, dass die Vertragsparteien bei der Ausübung ihrer Vertragsfreiheit beispielsweise zwingende Rechte wie das Sachenrecht, gesetzliche und Sittenverstoße, sowie zwingende Formerfordernisse zu beachten haben.[245]

241 H-K-BGB/*Schulze*, § 328 Rn. 13; *Paulus/Zenker*, JuS 2001, 1.
242 *Musielak*, JuS 2017, 949.
243 Vgl. BeckOGK/*Herresthal*, BGB § 311 Rn. 2.
244 *Musielak*, JuS 2017, 949.
245 *Paulus/Zenker*, JuS 2001, 1.

Stützend auf die gemachten Ausführungen kann ein Vertrag mit dem Inhalt abgeschlossen werden, dass ein Dritter den geschlossenen Vertrag genehmigen oder seine eigene Verbindlichkeit erfüllen wird. Die „*promesse de porte-fort*“ kann also aufgrund der Vertragsfreiheit unter Berücksichtigung einiger Einschränkungen auch im deutschen Recht abgeschlossen werden. Der Garantievertrag der mit der „*promesse de porte-fort*“ vergleichbar sein könnte wird deswegen auch auf § 311 Abs. 1 BGB gestützt.

6. *Garantievertrag*

Der Garantievertrag ist nicht gesetzlich geregelt, sondern hat sich aufgrund der Vertragsfreiheit gem. § 311 Abs. 1 BGB in der Praxis entwickelt und ist ein Vertrag eigener Art.[246] Darunter verstehet man ein „Vertrag, durch den sich jemand verpflichtet hat, für den Eintritt eines bestimmten Erfolges einzustehen oder die Gefahr eines künftigen Schadens zu übernehmen“.[247]

Im deutschen Recht ist zwischen dem selbstständigen und dem unselbstständigen Garantievertrag zu unterscheiden. Der selbstständige Garantievertrag liegt vor, wenn sich zum Beispiel ein Dritter verpflichtet für einen eigenständigen Erfolg einzustehen.[248] Tritt dieser Erfolg nicht ein, kann der Garantienehmer den Garanten in Anspruch nehmen. Dieser selbstständige Garantievertrag schafft einen neuen vertraglichen Anspruch.

Die Garantie ist dann unselbstständig, wenn sie sich auf eine vertragliche Pflicht bezieht.[249] Der selbstständige Garantievertrag schafft keinen neuen vertraglichen Anspruch. Dieser Garantievertrag modifiziert lediglich die dispositiven gesetzlichen Regelungen, die zum Beispiel auf einen Vertrag Anwendung finden.

Der selbstständige Garantievertrag ist also mit der „*promesse de porte-fort*“ vergleichbar. Bei den beiden Rechtsfiguren steht der Garant für den Eintritt eines Erfolges ein. Auch wenn dieser Erfolg nicht in der Definition des Garantievertrages näher spezifiziert ist, kann man wohl annehmen, dass der Erfolg darin bestehen kann, dass der Dritte ein Rechtsgeschäft genehmigt oder eine Verbindlichkeit erfüllt. Handelt der Dritte nicht wie vom Garanten versprochen, dann kann der Vertragspartner den Garanten in Anspruch nehmen. Das

---

246 *Rimmelspacher/Stürner*, Kreditsicherungsrecht, S. 10 Rn. 11.

247 BGH, 13 Juni 1996, IX ZR 172/95, NJW 1996, 2570; Palandt/*Sprau*, Einf. v. § 765 Rn. 25.

248 Staudinger/*Stürner*, Vorbem. zu §§ 765 ff. Rn. 212.

249 MüKoBGB/*Heinemeyer*, vor § 414 Rn. 23.

Pendant der *„promesse de porte-fort“* im deutschen Recht ist also der selbstständige Garantievertrag.

Der unselbstständige Garantievertrag reicht jedoch für eine *„promesse de porte-fort“* nicht aus. Denn beim *„promesse de porte-fort“* entsteht ein eigenständiger Anspruch des Vertragspartners gegen seinen Vertragspartner. Dies ist jedoch nicht der Fall beim unselbstständigen Garantievertrag.

II. Anwendungsfall der „promesse de porte-fort“ im französischen Recht: Analyse aus deutscher Sicht

1. Sachverhalt: Verkauf einer Immobilie durch einen Ehegatten[250]

Ein Ehegatte hatte allein durch eine Immobilienagentur das Familienhaus verkauft und dabei für die Genehmigung des Verkaufsgeschäftes durch seine Frau eingestanden (*„promesse de porte-fort de ratification“*). Die Ehefrau weigerte sich allerdings, das Verkaufsgeschäft ihres Mannes zu genehmigen. Daraufhin nahm der Käufer den Ehemann in Anspruch auf der Grundlage der *„promesse de porte-fort“*.

Die *Cour d'Appel* von Amiens als Berufungsgericht entschied zugunsten des Käufers und verurteilte den Ehemann zum Schadensersatz aufgrund fehlender Genehmigung des Verkaufsgeschäftes durch seine Ehefrau. Der von ihm versprochene Erfolg, nämlich die Genehmigung durch seine Frau, ist nicht eingetreten.

Die *Cour de Cassation* als Revisionsgericht gab der Revision des Ehemannes statt und entschied, dass die *„promesse de porte-fort“* ungültig war, weil es gegen Art. 215 Abs. 3 C. civ. verstieß.

2. Analyse aus deutscher Sicht

Zunächst ist darauf hinzuweisen, dass wenn man sich streng an dem Rechtsinstitut der *„promesse de porte-fort“* orientiert, hat die *Cour d'Appel* von Amiens in der Sache richtig entschieden. Mangels Genehmigung durch die Ehefrau war der Ehemann schadensersatzpflichtig. Berücksichtigt man jedoch die Besonderheit des Familienrechts, ist die Entscheidung der *Cour de Cassation* vorzugswürdig.

Bevor man auf diesen Fall aus deutscher Sicht eingeht, ist darauf aufmerksam zu machen, dass das gesetzliche Güterrecht in Frankreich das der Gütergemeinschaft ist gem. Art. 1400 ff. C. civ. In Deutschland hingegen gilt das Güterrecht der Zugewinngemeinschaft gem. § 1363 BGB.

---

250 Cass. 1ière civ., 11 oct. 1989, Bull. civ. I, n° 315, D. 1990.310, note R. Le Guidec.

Im deutschen Recht wäre das Verkaufsgeschäft des Ehemannes gleichwohl gem. § 1427 Abs. 1 i.V.m. § 1366 Abs. 4 BGB unwirksam gewesen. Hier wäre sowohl das Verpflichtungs- als auch das Verfügungsgeschäft unwirksam, denn eine Einwilligung des anderen Ehegatten ist nicht nur für das Verpflichtungs-, sondern auch das Verfügungsgeschäft gem. § 1424 BGB erforderlich.[251] Des Weiteren ist eine Garantieverpflichtung des Ehemannes zur Beschaffung der Zustimmung des anderen Ehegatten oder entsprechende Vertragsvereinbarungen werden allgemein als unwirksam bewertet.[252] Folglich hätte der Käufer im deutschen Recht auch kein Eigentum erworben.

Fraglich ist allerdings, ob der Käufer wegen des Fehlschlags des Eigentumserwerbes den Ehemann nun in Anspruch nehmen kann, um Schadensersatz zu verlangen. Als Anspruchsgrundlage kommen möglicherweise das *c.i.c* und das Deliktsrecht in Betracht. Mangels Schädigungsvorsatz bzw. Sittenwidrigkeit gem. § 826 BGB sowie einer tauglichen Rechtsgutverletzung nach § 823 BGB ist ein Anspruch aus Deliktsrecht abzulehnen.

Unabhängig davon, ob die Voraussetzungen einer Haftung aus *c.i.c* gegeben sind, könnte diesem Anspruch der Sinn und Zweck des § 1424 BGB entgegenstehen. Diese Norm bezweckt nämlich, die Existenzgrundlage der Familie zu sichern.[253] Es ist genau aus demselben Grund, warum der *Cour de Cassation* der Revision des Käufers nicht stattgegeben hat. Der Schutz der wirtschaftlichen Existenz der Familie verdient Vorrang. Nach deutschem Recht hätte der Käufer auch keinen Schadensersatz erlangt.

F. Würdigung des Rechtsvergleiches der „*promesse de porte-fort*"

Auch wenn der Rechtsfigur der „*promesse de porte-fort*" lediglich der Art. 1204 im *Code Civil* gewidmet ist, hat diese Norm klare Voraussetzungen und Rechtsfolgen. Sie erleichtert den Abschluss von Rechtsgeschäften, die unter normalen Umständen nicht zustande gekommen wären. Dabei wird dem Vertragsgläubiger die nötige Sicherheit gegeben, indem ihm eine Inanspruchnahme des Vertragsschuldners für seine eventuellen Schäden ermöglicht wird. Diese Rechtsfigur kommt in verschiedenen Rechtsgebieten zur Anwendung und hat sich im französischen Recht bereits bewährt.

Eine vergleichbare Rechtsfigur der „*promesse de porte-fort*" wie im französischen, im österreichischen, im italienischen und im schweizerischen Recht

---

251 *Palandt/Brudermüller,* § 1424 Rn. 2 und 3.

252 Jauernig/*Budzikiewicz,* Anmerk. zu §§ 1423–1428 Rn. 15.

253 H-K-BGB/*Kemper*, § 1424 Rn. 1.

ist zwar im deutschen Recht nicht gesetzlich geregelt, aber anerkannt. Mit dem selbstständigen Garantievertrag im deutschen Recht kann in gleicher Weise der Zweck erreicht werden, der mit der französischen *„promesse de porte-fort“* verfolgt wird. Dieser selbstständige Garantievertrag im deutschen Recht wurde von der Praxis aufgrund der Vertragsfreiheit als Ausfluss der Privatautonomie und der grundgesetzlich garantierten allgemeinen Handlungsfreiheit gem. Art. 2 Abs. 1 GG entwickelt.

Es ist hier also festzuhalten, dass bezüglich der Rechtsfigur der *„promesse de porte-fort“* keine Unterschiede im deutsch-französischen Recht feststellbar sind. Die *„promesse de porte-fort“* ist daher nicht im deutschen Recht einzuführen, da eine vergleichbare Rechtsfigur im deutschen Recht bereits vorhanden ist.

Teil II: Die besonderen Ausnahmen

Kapitel I: Die Forderungsabtretung

§ 1. Einführung

Normalerweise wartet der Gläubiger bis zur Fälligkeit seiner Forderung und verlangt Erfüllung von dem Schuldner. Der Gläubiger kann sich allerdings entscheiden, seine Forderung auf eine andere Person zu übertragen. Heutzutage kommt es häufig zu einer solchen Forderungsabtretung. Sie spielt in dem heutigen Wirtschaftsleben eine große Bedeutung. „Für Rechtsgeschäfte wie das Factoring, das *cash pooling* im Konzern, *securisations* und *asset backed securities* steht die Forderungsabtretung im Mittelpunkt".[254] Zum Beispiel kann ein Käufer dem Verkäufer anstatt der Kaufpreiszahlung mit dessen Einverständnis eine ihm gegen einen Drittschuldner zustehende Forderung abtreten. Ferner sind die Sicherungszession und Inkassozession im Wirtschaftsleben nicht mehr wegzudenken.[255]

Die Forderungsabtretung regelt das deutsche Recht in § 398 ff. BGB. Die Abtretung (auch „Zession" von lat. *„cedere")*[256] wird in § 398 S. 1 BGB legal definiert. Danach kann eine Forderung vom Gläubiger durch Vertrag mit einem anderen auf diesem übertragen werden. Etwas anderes ergibt sich nicht aus dem französischen Recht. Der Inhalt des Art. 1321 Abs. 1 C. civ. deckt sich im Kern mit dem des § 398 S. 1 BGB. Beide Rechtsordnungen sehen vor, dass der Gläubiger seine Forderung durch Vertrag einem Dritten übertragen kann.

Außer der gerade beschriebenen rechtsgeschäftlichen Abtretung gibt es auch den gesetzlichen Forderungsübergang *(cessio legis)*. Die Normen bezüglich der Legalzession sind im gesamten BGB und *Code Civil* verstreut. Sie dienen vor allem dem Regress. Hat jemand beispielsweise eine Schuld erfüllt, für die letztlich ein anderer hätte aufkommen sollen, dann kann sich der Leistende seinerseits an den befreiten Schuldner halten.[257]

Die Forderungsabtretung betrifft drei Parteien in den beiden Rechtsordnungen und kann als trianguläres Rechtsverhältnis bezeichnet werden. Der Abtretungsvertrag wird zwischen dem neuen Gläubiger (Zessionar; fr. *cesionnaire*) und dem bisherigen Gläubiger (Zedent, fr. *cédant)* geschlossen; passiv betroffen

---

254 *Kieninger*, Die Reform des französischen Vertragsrechts, S. 217.

255 Vgl. *Kieninger*, Die Reform des französischen Vertragsrechts, S. 217.

256 *Lorenz*, JuS 2009, 891.

257 *Medicus/Lorenz*, SchuldR AT, Rn. 779.

ist der Schuldner (fr. *cédé*; übersetzt mit „Zedierte") der abgetretenen Forderung und seine Mitwirkung zur Zession ist nicht erforderlich.[258]

Die Forderungsabtretung stand im Mittelpunkt der Reform des französischen Vertragsrechts von 2016. Mit der Reform wurde der *Code Civil* in diesem Bereich erheblich modernisiert. Das Abtretungsrecht des *Code Civil* wie von 1804 gekannt, gehört nun zur Vergangenheit. Es ist also lohnenswert die Neuerungen bezüglich dieses Abtretungsrechts zu betrachten und zudem zu analysieren, welches Ergebnis sich bei einem Vergleich des neuen französischen Abtretungsrechts mit dem des deutschen ergibt.

§ 2. Struktur der Abtretung

A. Allgemeines

§ 398 S. 1 BGB sieht vor, dass eine Forderung vom Gläubiger durch einen Vertrag mit einem anderen auf diesem übertragen werden kann (Abtretung). Art. 1321 Abs. 1 C. civ.[259] regelt seinerseits, dass die Abtretung ein Vertrag ist, durch den der Gläubiger (der Zedent) seine Forderung gegen den Schuldner entgeltlich oder unentgeltlich an einen Dritten (den Zessionar) überträgt. Der Zessionar erwirbt eine Forderung vom Inhaber durch Rechtsgeschäft. Jedoch gibt es in der „Konstruktion" der Forderungsabtretung in den beiden Rechtsordnungen grundlegende Unterschiede.[260]

B. Im deutschen Recht

Mit der Abtretung wird die Inhaberschaft der Forderung unmittelbar übertragen. Die Forderungsabtretung im deutschen Recht ist daher ein schuldrechtliches Verfügungsgeschäft.[261] Dieses Verfügungsgeschäft ist von dem Verpflichtungsgeschäft zu unterscheiden.[262] Das Verpflichtungsgeschäft ist das Kausalgeschäft, meistens ein Kaufvertrag, Sicherungsvertrag oder Schenkungsvertrag usw.[263] Dieses Verpflichtungsgeschäft allein reicht nicht aus, um

---

258 *Cabrillac*, Droit des obligations, Rn. 407; Staudinger/*Busche*, BGB § 398 Rn. 15.

259 Art. 1321 Abs. 1 C. civ.: «La cession de créance est un contrat par lequel le créancier cédant transmet, à titre onéreux ou gratuit, tout ou partie de sa créance contre le débiteur cédé à un tiers appelé le cessionnaire».

260 *Kieninger*, Die Reform des französischen Vertragsrechts, S. 218.

261 *Lorenz*, JuS 2009, 891.

262 *Lorenz*, JuS 2009, 489.

263 MüKoBGB/*Roth/Kieninger*, § 398 Rn. 24 und 26.

die Forderung zu erwerben. Erforderlich ist weiterhin die Einigung zwischen den Vertragsparteien, dass die Forderung auf den Erwerber übergeht. Das Verpflichtungs- und das Verfügungsgeschäft bilden keine Einheit. Man spricht vom Trennungsprinzip.[264]

Ferner kann die Abtretung wirksam sein, wenn das zugrunde liegende Kausalgeschäft (z.B. Kaufvertrag) unwirksam ist.[265] Mit anderen Worten ist die Wirksamkeit der Abtretung als Verfügungsgeschäft unabhängig von der Wirksamkeit des Kausalgeschäfts. Man spricht hierbei von Abstraktionsprinzip.[266]

C. Im französischen Recht

Das französische Recht hingegen nimmt keine Unterscheidung zwischen dem Verpflichtungs- und dem Verfügungsgeschäft vor, wie auch bei der Übertragung von Eigentum an beweglichen Sachen. Dem Art. 1321 C. civ. kann man entnehmen, dass die Forderung durch einen entgeltlichen oder unentgeltlichen Vertrag übertragen wird. Anders ausgedrückt: Der Vertrag überträgt die Forderung *(„Le contrat transmet la créance“)*.[267] Derselbe Vertrag wird ebenfalls in Art. 1326 C. civ. angesprochen, in dem die Haftung des Zedenten für die Existenz der Forderung und die Solvabilität des Schuldners geregelt wird.[268] Im deutschen Recht dagegen ist diese Frage Teil des Kausalgeschäfts.[269]

Der im deutschen Recht mit dem Trennungs- und Abstraktionsprinzip verfolgte Zweck könnte im französischen Recht möglicherweise mit dem *„principe d'opposabilité“* (Prinzip der Entgegenhaltbarkeit bzw. Wirksamkeit eines Rechtsgeschäfts gegenüber anderen) erreicht werden.

§ 3. Voraussetzungen der Abtretung

A. Abtretungsvertrag

I. Im deutschen Recht

Die Abtretung einer Forderung erfordert eine Einigung zwischen dem Altgläubiger und dem Neugläubiger mit dem Inhalt, dass die Forderung auf den

---

264 *Lorenz*, JuS 2009, 489.
265 *Medicus/Lorenz*, SchuldR AT, Rn. 789.
266 Palandt/*Grüneberg*, § 398 Rn. 2.
267 *Kieninger*, Die Reform des französischen Vertragsrechts, S. 219.
268 *Kieninger*, Die Reform des französischen Vertragsrechts, S. 219.
269 *Kieninger*, Die Reform des französischen Vertragsrechts, S. 219.

Neugläubiger übergeht.[270] Es handelt sich um einen Verfügungsvertrag. Eine Mitwirkung des Schuldners ist nicht erforderlich.[271] Weiterhin gelten die allgemeinen Regeln der Rechtsgeschäfte i. S. v. §§ 104 ff. BGB.[272]

Die Abtretung der Forderung muss das Bestimmtheitsprinzip beachten.[273] Aus Gründen der Rechtssicherheit muss erkennbar bzw. vorstellbar sein, welche Forderung abgetreten wird. Zudem ist die Abtretung von zukünftigen Forderungen im deutschen Recht zulässig.[274] In einem solchen Fall wird die Zession erst mit der Entstehung der Forderung wirksam.

II. Im französischen Recht

Im französischen Recht ergeben sich keine Besonderheiten bezüglich des Abtretungsvertrages. Ein Vertrag zwischen dem Zedenten und dem Zessionar mit dem Inhalt der Abtretung der Forderung ist erforderlich. Auch im französischen Recht ist eine Mitwirkung des Schuldners nicht notwendig.[275] Ferner finden auf den Abtretungsvertrag die allgemeinen Regelungen über die Rechtsgeschäfte i.S.v. Art. 1128 ff. C. civ. Anwendung. Des Weiteren sieht Art. 1321 Abs. 2 C. civ. vor, dass die abzutretende Forderung bestimmt oder bestimmbar sein muss. Dieses Bestimmtheitsgebot hatte die Rechtsprechung[276] vor der Reform bereits für erforderlich erklärt und diese Lösung wurde mit der Reform in den *Code Civil* aufgenommen.[277]

Besondere Bedeutung hatte die Frage der Abtretbarkeit von künftigen Forderungen. Vor der Reform von 2016 waren künftige Forderungen im französischen Recht nicht abtretbar.[278] Die Gerichte hatten Schwierigkeiten mit solchen Forderungen, weil die Höhe der Forderung und der Schuldner noch nicht feststanden.[279] Das neue Recht sieht jetzt in Art. 1321 Abs. 2 C. civ. vor, dass künftige Forderungen abtretbar sind. Mit der Reform befindet sich nun das französische

---

270 *Looschelders*, SchuldR AT S. 434 Rn. 11.
271 Palandt/*Grüneberg*, § 398 Rn. 3.
272 *Looschelders*, SchuldR AT S. 434 Rn. 11.
273 BGH NJW 11, 2713.
274 BGH NJW 88, 3204.
275 *Porchy-Simon*, Les obligations, Rn. 1140.
276 Cass. 1ière civ., 28 oct. 1981, Bull. civ. I, n° 317.
277 *Deshayes*, La transmission des obligations en droit franco-belge, S. 20 Rn. 30
278 Vgl. *Conte*, LPA 2018, S. 7 ff.
279 *Kieninger*, Die Reform des französischen Vertragsrechts, S. 224.

Recht mit dem deutschen, das schon seit Langem die Abtretung künftiger Forderungen grundsätzlich erlaubt, im Einklang.[280]

Im Grunde genommen gibt es keine Unterschiede zwischen dem französischen und dem deutschen Recht bezüglich des Abtretungsvertrages. Trotzdem ist darauf hinzuweisen, dass der Abtretungsvertrag im deutschen Recht einen Verfügungsvertrag, der mit Verpflichtungsgeschäft nicht zu verwechseln ist, darstellt. Eine solche Unterscheidung wird im französischen Recht nicht vorgenommen.

B. Berechtigung

I. Im deutschen Recht

Um eine Forderung abzutreten, muss diese nicht nur bestehen, sondern auch dem Altgläubiger zustehen.[281] Ist dies nicht der Fall, erwirbt der vermeintliche Neugläubiger keine Forderung. Das Zessionsrecht kennt grundsätzlich keinen gutgläubigen Forderungserwerb.[282] Allerdings könnte er gegen den Zedenten einen Anspruch auf Schadensersatz geltend machen. Es ist die sogenannte Veritätshaftung.[283] Wurde die Forderung mehrmals abgetreten, erwirbt der erste Zessionar die Forderung nach dem Prioritätsgrundsatz.[284]

II. Im französischen Recht

Auch im französischen Recht muss der Zedent Inhaber der Forderungen sein.[285] Dies wird zudem von Art. 1321 Abs. 1 C. civ. mit den Worten *„le cédant transmet sa créance"* betonnt. Der Zedent muss also seine eigene Forderung abtreten. Ausnahmen zu dieser Regelung scheint das französische Recht nicht vorzusehen. Die Forderung muss nicht nur bestehen, sondern sie muss auch dem Zedenten zustehen. Es gibt im französischen Recht auch keinen gutgläubigen Erwerb einer Forderung.[286]

---

280 *Kieninger*, Die Reform des französischen Vertragsrechts, S. 224.

281 *Medicus/Lorenz,* SchuldR AT, Rn. 790.

282 *Lorenz*, JuS 2009, 891.

283 MüKoBGB/*Westermann*, § 453 Rn. 20.

284 *Medicus/Lorenz,* SchuldR AT, Rn. 791.

285 *Malaurie*, Droit des obligations, Rn. 1423.

286 Vgl. *Terré/Simler/Lequette/Chénedé*, Droit civil, les obligations, Rn. 1642 ; *Porchy-Simon,* Les obligations, Rn. 1160.

Ferner sieht Art. 1326 C. civ. Folgendes vor: «Celui qui cède une créance à titre onéreux garantit l'existence de la créance et de ses accessoires...». Wer also eine Forderung abtritt, übernimmt auch die Garantie dafür, dass die Forderung besteht.

Der Zedent haftet zwar für die Verität der Forderung, jedoch nicht für die Bonität des Schuldners.[287] Etwas anderes ist nur dann anzunehmen, wenn sich der Zedent hierzu verpflichtet hat gem. Art. 1326 Abs. 2 C. civ. Des Weiteren haftet der Zedent für die Verität der Forderung nicht, wenn der Zessionar die Forderung auf eigenes Risiko erworben hat gem. Art. 1326 Abs. 1 C. civ.

Wenn die Forderung mehrmals abgetreten wurde, gilt der Prioritätsgrundsatz. Der Erstzessionar erwirbt die Forderung gem. Art. 1325 C. civ. Gem. Art. 1325 Hs. 2 kann der Erstzessionar deswegen gegen den anderen Zessionar vorgehen, an den der Schuldner gezahlt hat.

Hier sind keine Unterschiede zwischen den beiden Rechtsordnungen ersichtlich. Die Berechtigung des Zedenten zur Abtretung der Forderung ist Kernbestandteil der Forderungsabtretung in dem deutschen und französischen Recht.

C. Formerfordernisse

I. Im französischen Recht

Bezüglich der Formerfordernisse gibt es grundlegende Unterschiede zwischen dem deutschen und dem französischen Forderungsabtretungsrecht. Vor der Reform des Vertragsrechts von 2016 war die Forderungsabtretung im französischen Recht formfrei möglich.[288] Mit der Reform sieht Art. 1322 C. civ.[289] nun vor, dass der Abtretungsvertrag der Schriftform bedarf. Die Nicht-Beachtung dieses Formerfordernisses führt zur Nichtigkeit des Abtretungsvertrages.[290]

Der neuen Norm kann man allerdings nicht entnehmen, ob die Nichtigkeit relativ oder absolut ist, sowie wer sich auf diese Nichtigkeit berufen kann. Da das öffentliche Interesse nicht betroffen ist, wird vermutet, dass es sich um eine relative Nichtigkeit handelt.[291] Eine solche Nichtigkeit ist gem. Art. 1179 Abs. 2 C. civ. anzunehmen, wenn die verletzte Norm lediglich Privatinteressen schützen

---

287 *Porchy-Simon,* Les obligations, Rn. 1160.

288 *Porchy-Simon,* Les obligations, Rn. 1144.

289 Art. 1322 C. civ.: «La cession de creánce doit être constaté par écrit, à peine de nullité».

290 *Fages*, Droit des obligations, Rn. 549.

291 *Terré/Simler/Lequette/Chénedé,* Droit civil, les obligations, Rn. 1632.

will. In einem solchen Fall dürfen sich nur die von der Norm geschützten Personen auf diese Nichtigkeit berufen gem. Art. 1181 Abs. 1 C. civ.

Das Schriftformerfordernis genügt, wenn der Abtretungsvertrag entweder als öffentliche oder privatschriftliche Urkunde verfasst wurde.[292] Art. 1222 C. civ. ist konsequenterweise als *lex specialis* zu sehen, weil das französische Recht mit der Reform grundsätzlich von der Formfreiheit der Verträge ausgeht.[293]

Fraglich ist also, warum der französische Gesetzgeber entgegen aller Vorstellungen – da dieses Formerfordernis von keinem Reformprojekt vorgesehen war [294] – die schriftliche Form eingeführt hat. Als Erklärung wird angeführt, dass der schriftliche Abschluss des Abtretungsvertrags deswegen notwendig war, weil die Entgegenhaltbarkeitsvoraussetzungen bzw. Wirkungsentfaltung (*opposabilité*) der Abtretung vereinfacht wurden.[295]

II. Im deutschen Recht

Im deutschen Recht hingegen bedarf der Abtretungsvertrag grundsätzlich keiner Form.[296] Das gilt auch dann, wenn die Begründung der Forderung von einem formbedürftigen Rechtsgeschäft abhängig ist wie bei einem Grundstückskaufvertrag gem. § 311b Abs. 1 BGB.[297] Allerdings gibt es Ausnahmen zu diesem Grundsatz. Wichtige Ausnahmen bestehen für die Abtretung einer hypothekengesicherten Forderung gem. § 1154 BGB, die Abtretung von GmbH-Anteilen gem. § 15 Abs. 3 GmbHG sowie im Wertpapierrecht.

D. Ausschluss der Abtretbarkeit

I. Allgemeines

In den beiden Rechtsordnungen sind grundsätzlich alle Forderungen abtretbar, und wenn die Forderung teilbar ist, dann ist auch eine nur teilweise Abtretung möglich.[298] Die Übertragbarkeit der Forderung kann jedoch kraft Gesetzes

292 *Terré/Simler/Lequette/Chénedé*, Droit civil, les obligations, Rn. 1632.

293 *Deshayes*, La transmission des obligations en droit franco-belge, S. 15 Rn. 14.

294 *Terré/Simler/Lequette/Chénedé*, Droit civil, les obligations, Rn. 1632.

295 *Deshayes*, La transmission des obligations en droit franco-belge, S. 39 Rn. 90.

296 BGH NJW 84, 973.

297 *Medicus/Lorenz*, SchuldR AT, Rn. 788.

298 BGHZ 46, 242 (243 f.); Cass. 1ière civ. 28. oct. 1981, Bull. civ. I, n° 317 ; *Medicus/Lorenz*, SchuldR AT, Rn. 792; *Terré/Simler/Lequette/Chénedé*, Droit civil, les obligations, Rn. 1629.

ausgeschlossen sein oder durch Rechtsgeschäft vereinbart werden.[299] Der Ausschluss der Abtretbarkeit der Forderung führt zur Unwirksamkeit des Abtretungsvertrages.[300] Im deutschen Recht beurteilt sich dann das Schicksal des Kausalgeschäfts nach den allgemeinen Vorschriften.[301]

Bezüglich des gesetzlichen Ausschlusses der Abtretbarkeit der Forderungen gibt es Spezialvorschriften im deutschen sowie im französischen Recht, die den Ausschluss der Abtretbarkeit der Forderungen vorsehen. Beispielsweise sehen beide Rechtsordnungen Pfändungsgrenzen für das Arbeitseinkommen in den § 850c ZPO und Art. L 3252-2 und 3 C. trav. vor.

II. Im deutschen Recht

Das Augenmerk soll vorliegend auf das vertragliche Abtretungsverbot gelegt werden. Die Vertragsparteien können gem. § 399 BGB Alt. 2 die Abtretbarkeit der Forderung ausschließen. Dies hat dann zur Folge, dass die Forderung dem Rechtsverkehr entzogen wird.[302] Wird die Forderung trotz des *pactum de non cedendo* (das Abtretungsverbot) abgetreten, ist sie unwirksam und dies gilt absolut gegenüber jedermann.[303]

Zu berücksichtigen in diesem Zusammenhang ist jedoch § 354a HGB. Dieser sieht vor, dass die Forderung trotz Abtretungsverbot gem. § 399 BGB wirksam abgetreten werden kann, wenn ein beiderseitiges Handelsgeschäft vorliegt. Weiterhin kann nach dieser Norm, der Schuldner mit befreiender Wirkung an den bisherigen Gläubiger leisten.

III. Im französischen Recht

Gem. Art. 1321 Abs. 4 C. civ. können die Vertragsparteien ein Abtretungsverbot vereinbaren. In einem solchen Fall wird hier auch die Forderung dem

---

299 *Medicus/Lorenz,* SchuldR AT, Rn. 793 und 796; *Porchy-Simon,* Les obligations, Rn. 1143.

300 *Looschelders,* SchuldR AT, S. 434 Rn. 21; vgl. Art. 1321 Abs. 4 C. civ.: «Le consentement du débiteur n'est pas requis, à moins que la créance ait été stipulée incessible»: Die Einwilligung des Schuldners ist nicht erforderlich, es sei denn, die Abtretbarkeit wurde ausgeschlossen.

301 *Looschelders,* SchuldR AT, S. 434 Rn. 21.

302 Vgl. Staudinger/*Busche,* BGB § 398 Rn. 65.

303 BGH NJW 71, 1311; *Lettl,* JA 2010,109 (110).

Rechtsverkehr entzogen.[304] Wie im deutschen Recht ist die Abtretung unter Missachtung des Abtretungsverbotes unwirksam.

Vor der Reform des Titels IV des IV. Buches des französischen Handelsgesetzbuchs am 24. April 2019 durch Rechtsverordnung[305] sahen sowohl das französische als auch das deutsche Recht Grenzen bei dem vertraglichen Abtretungsverbot in den jeweiligen Handelsgesetzbüchern vor. Nach § 354a Abs. 1 HGB ist die Abtretung von Geldforderungen aus einem beiderseitigen Handelsgeschäft ungeachtet eines vertraglichen Abtretungsverbots wirksam. Nach Art. L442-6, II, c C. com. (a. F.)[306] sind Abtretungsverbote nichtig, wenn der Schuldner ein Kaufmann, ein Hersteller oder Gewerbetreibender ist. Mit anderen Worten sind Forderungen gegen Unternehmen abtretbar trotz Abtretungsverbot.

Zu berücksichtigen ist jedoch, dass im deutschen Recht gem. § 354a Abs. 1 HGB der Schuldner mit befreiender Wirkung an den bisherigen Gläubiger leisten kann. Der Art. L442-6, II, c C. com. (a. F.) war in seinem Wortlaut allerdings viel strenger als das deutsche Recht. Diese Norm sah vor, dass das Abtretungsverbot nichtig ist. Das heißt konsequenterweise, dass der Schuldner nicht befreiend an den bisherigen Gläubiger leisten konnte.[307]

Des Weiteren ist darauf hinzuweisen, dass Art. L442-6, II, c C. com. (a. F.) kein beiderseitiges Handelsgeschäft voraussetzte, wie das deutsche Recht es nach § 354a HGB handhabt. Die französische Norm besagt, dass der Unternehmer auch nicht einer Privatperson verbieten kann, seine Forderung gegen ihn abzutreten. In dieser Hinsicht ist das deutsche Recht viel enger gefasst als das französische Recht. Schließlich ist darauf hinzuweisen, dass Art. L442-6, II, c C. com. (a. F.) weiterhin Anwendung findet auf alle Abtretungen, die in seinen Anwendungsbereich fallen, also die vor dem 1. März 2019 erfolgt sind.

Mit der Reform des Art. L442-6, II, c C. com. (a. F.) ist keine Nichtigkeit mehr im Handelsgesetzbuch bezüglich Abtretungsverbote vorgesehen. Art. L442-6, II,

---

304 *Fages*, Droit des obligations, Rn. 551.

305 Ordonnance n°2019-359 du 24 avril 2019 portant refonte du titre IV du livre IV du code de commerce relatif à la transparence, aux pratiques restrictives de concurrence et aux autres pratiques prohibées.

306 Art. L442-6, II, c C. com. (a. F.): «Sont nuls les clauses ou contrats prévoyant pour un producteur, un commerçant, un industriel ou une personne immatriculée au répertoire des métiers, la possibilité: c) D'interdire au cocontractant la cession à des tiers des créances qu'il détient sur lui».

307 *Kieninger*, Die Reform des französischen Vertragsrechts, S. 227.

c C. com. (a. F.) wurde ersatzlos gestrichen (Art. L442-3 C. com. n. F.).[308] Dies führt logischerweise dazu, dass das allgemeine Recht heranzuziehen ist. Demnach sind Forderungen grundsätzlich abtretbar. Das allgemeine Abtretungsrecht sieht jedoch im Hinblick auf Handelsgeschäfte in Art. 1231 Abs. 4 C. civ. vor, dass die Forderung nicht abtretbar ist, wenn ein Abtretungsverbot vereinbart wurde. Aus dieser Norm ist zu folgern, dass wenn in einem B2B bzw. B2C (im französischen Recht wird kein beiderseitiges Rechtsgeschäft vorausgesetzt) Geschäft ein Abtretungsverbot vereinbart wurde, ist dieses nicht mehr *ipso iure* nichtig wie vor der Reform des Art. L442-6, II, c C. com. (a. F.) von 2019.

Das ersatzlose Streichen des Art. L442-6, II, c C. com. (a. F.) ist nicht zu begrüßen. Die Norm trug der Besonderheit der Handelsgeschäfte Rechnung. Die Norm sorgte für Rechtsicherheit und Rechtsklarheit. Ferner ermöglichte die Norm Abtretungen zur Kreditsicherung. Mit der jetzigen Rechtslage kann der Schuldner ein solches Rechtsgeschäft verhindern, wenn ein Abtretungsverbot vereinbart wurde und er sein Einverständnis i. S. v. Art. 1231 Abs. 4 C. civ. für die Abtretung verweigert.

Zusammenfassend lässt sich unterstreichen, dass es vor der Reform von Art. L442-6, II, c C. com. (a. F.) keine grundlegenden Unterschiede in den beiden Rechtsordnungen bezüglich des Ausschlusses der Abtretung der Forderungen gab. Beide Rechtsordnungen sehen zwar sowohl das gesetzliche, als auch das vertragliche Abtretungsverbot vor. Aber mit der Reform von 2019 des Art. L442-6, II, c C. com. (a. F.) gibt es nun einen grundlegenden Unterschied in den beiden Rechtsordnungen, was das Abtretungsverbot in Handelsgeschäften angeht.

§ 4. Wirkungsentfaltung der Abtretung: „*opposabilité*“

Das „*principe d'opposabilité*“ ist im französischen Recht tief verankert. Damit ist die Wirkungsentfaltung bzw. die Entgegenhaltbarkeit der Rechtsgeschäfte gegen Vertragsparteien oder Dritte gemeint. Die Wirkungsentfaltung der Forderungsabtretung wurde mit der Reform von 2016 grundlegend verändert.

---

308 Art. L442-3 C. com.: «Sont nuls les clauses ou contrats prévoyant pour toute personne exerçant des activités de production ou de service, la possibilité de bénéficier:
a) Rétroactivement de remises, de ristournes ou d'accords de coopération commerciale;
b) Automatiquement des conditions plus favorables consenties aux entreprises concurrentes par le cocontractant».

A. Gegenüber den Vertragsparteien

I. Im französischen Recht

Gem. Art. 1323 C. civ. erfolgt die Abtretung der Forderung im Verhältnis der Vertragsparteien an dem Datum des schriftlich abzuschließenden Abtretungsvertrages. Das heißt, dass der Abtretungsvertrag mit dessen Abschluss grundsätzlich zwischen den Vertragsparteien Wirkung entfaltet.[309]

II. Im deutschen Recht

Bisher gibt es keine Besonderheiten festzustellen, dies auch nicht im Vergleich zum deutschen Recht. Im deutschen Recht geht die Forderung auf den Zessionar mit dem dinglichen Abtretungsvertrag über (nicht aber schon mit dem zugrunde liegenden Kausalgeschäft). Die Wirkungen der Verfügung treten einheitlich im Verhältnis zu allen Parteien ein.[310] Es gibt einen einheitlichen Moment, in dem die Forderung aus dem Vermögen des Zedenten ausscheidet und in das Vermögen des Zessionars übergeht.[311]

B. Gegenüber Dritten

I. Im deutschen Recht

Im deutschen Recht ergeben sich hier ebenfalls keine Besonderheiten. Die Wirkungen der Verfügung treten einheitlich im Verhältnis zu allen Parteien ein. Das heißt, dass mit dem Abschluss des dinglichen Vertrages die Forderungsabtretung auch Wirkung gegenüber dem Schuldner und sonstigen Dritten entfaltet.[312]

II. Im französischen Recht

Im französischen Recht hingegen spielt die „*Opposabilité*“ der Forderungsabtretung gegenüber dem Dritten und sonstigen Dritten eine erhebliche Rolle. Um die eingeführten Neuregelungen der Reform zu verdeutlichen, ist es erforderlich, die Wirkungsentfaltung der Forderungsabtretung gegenüber dem Dritten und sonstigen Dritten vor und nach der Reform von 2016 zu analysieren.

---

309 *Richevaux*, LPA 209, 12.

310 *Kieninger*, Die Reform des französischen Vertragsrechts, S. 219.

311 *Kieninger*, Die Reform des französischen Vertragsrechts, S. 219.

312 *Kieninger*, Die Reform des französischen Vertragsrechts, S. 219.

1. Vor der Reform von 2016

In der alten Fassung des *Code Civil* entfaltete die Forderungsabtretung Wirkung gegenüber dem Drittschuldner und sonstigen Dritten erst dann, wenn bestimmte Formererfordernisse erfüllt wurden.[313] Art. 1690 C. civ. (a. F.) setzte voraus, dass dem Drittschuldner die Abtretung durch einen Gerichtsvollzieher angezeigt worden war oder dass der Drittschuldner die Forderungsabtretung durch notarielle Urkunde angenommen hatte.

Bezüglich der Anzeige der Abtretung an den Drittschuldner durch den Gerichtsvollzieher hatte die Rechtsprechung Art. 1690 C. civ. (a. F.) weit ausgelegt, indem sie die Wirkungsentfaltung der Forderungsabtretung annahm, wenn dem Drittschuldner die Forderungsabtretung durch eine *acte authentique* (gemeint ist nicht nur die notarielle Urkunde, sondern auch jede öffentliche Urkunde) mit einem bestimmten Datum angezeigt wurde.[314]

Bezüglich der Annahme der Forderungsabtretung durch notarielle Urkunde ist darauf hinzuweisen, dass diese Annahme keine Voraussetzung zur Entstehung der Forderungsabtretung war. Diese Formalität diente lediglich dazu, dass der Dritte durch notarielle Urkunde erkennt, dass er über die Forderungsabtretung in Kenntnis gesetzt wurde.[315] Auch hier hatte die Rechtsprechung Art. 1690 C. civ. (a. F.) weit ausgelegt. Die Forderungsabtretung hat gegenüber dem Drittschuldner Wirkung entfaltet, wenn dieser von der Forderungsabtretung Kenntnis erlangt hatte und er dies auch durch ein einfaches schriftliches Anerkenntnis zum Ausdruck gebracht hatte.[316] In einem solchen Fall war die Annahme durch notarielle Urkunde nicht mehr erforderlich. Die einzige Kenntnisnahme der Forderungsabtretung ohne zusätzlichen schriftlichen Beweis genügt jedoch nicht zur Wirkungsentfaltung der Forderungsabtretung gegenüber dem Drittschuldner, es sei denn, dieser handelt rechtsmissbräuchlich.[317]

Bezüglich sonstiger Dritter hingegen mussten die in Art. 1690 C. civ. (a. F.) vorgesehenen Formerfordernisse erfüllt werden, damit die Abtretung ihnen gegenüber Wirkung entfaltet. Die weite Auslegung der Norm galt nur für die Wirkungsentfaltung der Forderungsabtretung gegenüber dem Drittschuldner.

---

313 *Terré/Simler/Lequette/Chénedé*, Droit civil, les obligations, Rn. 1633.

314 Cass. civ. 4 mars 1931, GAJC, vol. 2, n° 256.

315 *Porchy-Simon*, Les obligations, Rn. 1146.

316 Cass. Ass. plén., 14 févr. 1975, D. 1975, 349.

317 Cass. 1ière civ., 22 mars 2012, RTD civ. 2013, 315.

Diese Formerfordernisse waren kosten- und zeitaufwendig und zudem erst dann möglich, wenn der Schuldner feststand.[318] Ferner gab es Rechtsunsicherheit bezüglich der Urkunden, die als *acte authentique* oder als *acte authentique* ähnlich gesehen werden konnten.[319]

Diese Formerfordernisse waren nicht mehr geeignet für das moderne Geschäfts- und Wirtschaftsleben. Es ist erstaunlich, wie der Geschäftsverkehr in Frankreich mit derart antiquierten Normen leben konnte.[320] Diese Formerfordernisse machten bestimmte Rechtsgeschäfte wie Sicherungsabtretungen oder Factoring-Geschäfte, wofür die Forderungsabtretung erforderlich war, unmöglich.[321] Um dieses Hindernis zu umgehen, wurden in der Praxis Alternativlösungen wie die *Subrogation*[322] geschaffen. Der Gesetzgeber schaffte auch ein Sonderregime mit der *Loi Dailly.*[323]

Bei der Forderungszession durch Begleitschein «*cession par bordereau Dailly*» kann ein Unternehmer seine Kundenforderung an eine Bank ohne Beachtung von strengen Formerfordernissen abtreten. Dieses Sonderregime wurde von einem Gesetz vom 2. Januar 1981 geschaffen und trägt den Namen seines Initiators *Etienne Dailly*. Diese Zession ist in den Art. L. 313-23 ff. C. mon. et fin. geregelt. Es reicht aus, wenn der Begleitschein «le bordereau», der die Forderung bzw. die Forderungen auflistet, unterschrieben und übergeben wird gem. Art. L 313-27 C. mon. et fin. Die Zession kann jedoch dem Schuldner angezeigt werden, damit dieser nicht an den Altgläubiger leistet. Wichtig ist hier vor allem, dass die aufwendigen Formalitäten der normalen Forderungsabtretung nicht beachtet werden müssen.

Aus all diesen Gründen hat die Reform von 2016 die Frage der Wirkungsentfaltung der Forderungsabtretung gegenüber Dritten neu geregelt.

2. *Nach der Reform von 2016*

Die „*opposabilité*“ der Forderungsabtretung ist nach der Reform nun in den Art. 1323 und 1324 C. civ. geregelt.

318 *Deshayes*, La transmission des obligations en droit franco-belge, S. 43 Rn. 103; *Kieninger*, Die Reform des französischen Vertragsrechts, S. 222.

319 *Deshayes*, La transmission des obligations en droit franco-belge, S. 43 Rn. 103.

320 *Kieninger*, Die Reform des französischen Vertragsrechts, S. 222.

321 *Kieninger*, Die Reform des französischen Vertragsrechts, S. 222

322 Diese Rechtsfigur wird noch im Rahmen der Arbeit analysiert.

323 Art. 313-23 du code monétaire et financier.

Nach Art. 1323 Abs. 2 C. civ. entfaltet die Forderungsabtretung Wirkung gegenüber sonstigen Dritten zu dem Zeitpunkt des Abschlusses des Abtretungsvertrages. Der Zeitpunkt der Wirkungsentfaltung der Forderungsabtretung zwischen den Vertragsparteien und sonstigen Dritten ist der Gleiche. Besondere Formalitäten denen gegenüber sind nicht mehr erforderlich. Die neue Norm sieht jedoch vor, dass bei einem Streit bezüglich des Datums der Forderungsabtretung, die Beweislast über das Datum der Forderungsabtretung bei dem Zessionar liegt. Diesen Beweis kann er mit jedem beliebigen Beweismittel erbringen.

Art. 1324 Abs. 1 C. civ. regelt, dass die Forderungsabtretung gegenüber dem Drittschuldner Wirkung entfaltet, wenn er davon Kenntnis erlangt oder ihm die Forderungsabtretung mitgeteilt wurde. Die neue Norm hat die Wirkungsentfaltung der Forderungsabtretung gegenüber dem Drittschuldner erheblich vereinfacht. Notarielle oder ähnliche Urkunden sowie die Anzeige der Forderungsabtretung durch einen Gerichtsvollzieher sind nicht mehr erforderlich.

Fraglich ist dennoch, was unter der Kenntnisnahme *(s'il en a pris acte)* durch den Drittschuldner gem. Art. 1324 Abs. 1 C. civ. zu verstehen ist und wie die Inkenntnissetzung des Drittschuldners zu erfolgen hat. Diese Frage bleibt bis jetzt unbeantwortet. Berücksichtigt man aber den Sinn und Zweck der neuen Norm, nämlich die Vereinfachung der Forderungsabtretung zu gewährleisten, bedarf die Kenntnisnahme keiner besonderen Form. Eine E-Mail, eine mündliche Mitteilung (hier sind allerdings Beweisschwierigkeiten zu beachten) reichen aus.[324] Hatte der Drittschuldner jedoch bereits der Abtretung zugestimmt, dann wirkt sie ihm gegenüber ebenfalls bereits ab dem Datum des Abtretungsvertrages.[325]

C. Würdigung der Wirkungsentfaltung der Forderungsabtretung: „*opposabilité*“

Mit der Reform von 2016 wurde die Wirkungsentfaltung der Forderungsabtretung gegenüber Dritten insgesamt zufriedenstellend modernisiert. Trotzdem bleibt die Frage, warum der französische Gesetzgeber nicht darauf verzichtet hat, dass der Drittschuldner unbedingt von der Forderungsabtretung Kenntnis erlangen muss. Es wäre doch möglich gewesen, die Wirkungsgestaltung der Forderungsabtretungen gegen Dritte, wie im deutschen Recht, zu gestalten. Das heißt, dass die Forderungsabtretung mit dem Abschluss des dinglichen Vertrages (im

324 *Borghetti*, Die Reform des französischen Vertragsrechts, S. 205: Der Autor hat jedoch seine Zweifel.

325 *Kieninger*, Die Reform des französischen Vertragsrechts, S. 219.

französischen Recht mit dem Abschluss des Abtretungsvertrages) gegenüber dem Dritten Wirkung entfaltet, ohne dass dieser notwendigerweise davon zu erfahren hat.

Dies lässt sich möglicherweise dadurch erklären, dass im *Code Civil* kein vergleichbarer § 407 BGB vorhanden ist. Nach dieser Norm kann der Drittschuldner an den ursprünglichen Gläubiger (der nicht berechtigt ist) mit befreiender Wirkung leisten, wenn er noch keine Kenntnis von der Abtretung erlangt hat. Zu berücksichtigen ist, dass der Altgläubiger nicht mehr Inhaber der Forderung ist. Im französischen Recht hingegen bleibt der Altgläubiger der Berechtigte, solange der Drittschuldner keine Kenntnis von der Zession erlangt hat. Wurde die Forderung also abgetreten und der Drittschuldner, weil er keine Kenntnis von der Forderungsabtretung hatte, an den Altgläubiger leistet, leistet er an den Berechtigten. In dem Rechtsverhältnis zwischen dem Zedenten und dem Schuldner ist der Zedent noch Inhaber der Forderung.

Es ist also unerlässlich, dass der Drittschuldner auf irgendeine Weise von der Forderungsabtretung Kenntnis erlangt. Der Zessionar hat insbesondere ein Interesse daran, dass der Drittschuldner über diese in Kenntnis gesetzt wird. Denn nach der Kenntnissetzung des Drittschuldners über die Forderungsabtretung kann dieser nicht mehr mit befreiender Wirkung an den ursprünglichen Gläubiger leisten. § 407 BGB und das *„principe d'opposabilité"* verfolgen also dasselbe Ziel.

§ 5. Die Rechtsfolgen der Abtretung

A. Gegenüber den Vertragsparteien

I. Die Übertragung der Forderung

1. Im deutschen Recht

Mit der Abtretung der Forderung tritt zwischen den Vertragsparteien der von ihnen primär verfolgte Erfolg ein. Die Forderung geht auf den Neugläubiger über i. S. v. § 398 S. 2 BGB. Es ist weiterhin darauf hinzuweisen, dass der Zessionar infolge der Abtretung Inhaber der Forderung in ihrer gesamten Höhe wird. Er kann also den Schuldner bezüglich der Höhe der Forderung in Anspruch nehmen, wie der Altgläubiger es auch hätte machen können. Der Neugläubiger tritt lediglich an die Stelle des Altgläubigers.[326]

---

326 *Medicus/Lorenz*, SchuldR AT, Rn. 801.

2. *Im französischen Recht*

Hier gibt es in den beiden Rechtsordnungen keine Unterschiede. Auch im französischen Recht geht die Forderung auf den Zessionar mit ihrer Abtretung über gem. Art. 1321 Abs. 1 C. civ. Der Zessionar kann den Drittschuldner in Höhe der abgetretenen Forderung in Anspruch nehmen. Aus deutscher Sicht scheint dies eigentlich selbstverständlich. Im französischen Recht ist eine solche Klarstellung hingegen nötig, um das Rechtsinstitut der Forderungsabtretung mit dem der *Subrogation*[327] zu unterscheiden.

II. Übergang von Sicherheiten

1. *Im deutschen Recht*

Bezüglich der Sicherheiten im Forderungsabtretungsrecht gilt der Grundsatz *accessorium sequitur principale.* Dies besagt, dass das „Zubehör" dem Hauptgegenstand folgt. Nach § 401 BGB gehen mit der abgetretenen Forderung auch die für sie bestellten Sicherheiten auf den Neugläubiger über. Diese Normen tragen dem engen Zusammenhang von Forderung und Sicherheiten Rechnung.[328] § 401 Abs. 1 BGB regelt, dass mit der abgetretenen Forderung die Hypothek und die Bürgschaft auf den Neugläubiger übergehen. Diese Sicherungsrechte sind nicht abschließend. § 401 Abs. 1 BGB kann entsprechend auf andere Sicherheiten, insbesondere auf die Rechte aus einer Vormerkung i.S.v §§ 883 ff. BGB angewendet werden.[329]

Trotzdem ist darauf hinzuweisen, dass nichtakzessorische Sicherheiten nicht von § 401 BGB erfasst sind. Eine entsprechende Pflicht zur Abtretung kann sich im Einzelfall aus dem der Abtretung zugrunde liegenden Kausalgeschäft ergeben.[330]

2. *Im französischen Recht*

Art. 1321 Abs. 3 C. civ. regelt, dass die Sicherheiten der abgetretenen Forderung auch von der Zession gedeckt sind. Das bedeutet, dass diese der abgetretenen Forderung folgen. Insoweit gibt es keine Unterschiede zwischen dem deutschen und dem französischen Recht.

---

327 Diese Rechtsfigur wird im Rahmen der Arbeit später behandelt, s. Kapitel IV, S. 151.
328 *Looschelders*, SchuldR AT, S. 440 Rn. 32.
329 *Medicus/Lorenz*, SchuldR AT, Rn. 802.
330 Palandt/*Grüneberg*, § 401 Rn. 5; *Medicus/Lorenz*, SchuldR AT, Rn. 803.

Auch Art. 1692 C. civ. sieht vor, dass die Zession einer Forderung auch die Nebenrechte mitumfasst. Als solche Rechte werden die Bürgschaft, die Privilegien und die Hypothek zitiert. Es handelt es sich dabei nicht um eine abschließende Liste. Dies zeigt Art. 1692 C. civ. deutlich mit dem Ausdruck „*tels que*".

Im französischen Recht ist bezüglich nicht akzessorischer Sicherheiten aus den Art. 1321 und 1692 C. civ nichts ersichtlich. Unter Berücksichtigung des Art. 1321 Abs. 3 (der den Übergang von Sicherheiten ausdrücklich vorsieht), des Art. 1692 C. civ. (die einige akzessorische Sicherheiten aufzählt) sowie des Akzessorietätsprinzips kann angenommen werden, dass nicht akzessorische Sicherheiten nicht auf den Neugläubiger übergehen. Diese müssen besonders übertragen werden.

Fraglich ist vielmehr, ob im französischen Recht nicht akzessorische Sicherheiten vorhanden sind, die den deutschen nicht akzessorischen Sicherheiten ähnlich bzw. mit denen vergleichbar sind. Bezüglich des Eigentumsvorbehaltes, der im deutschen Recht in § 449 BGB geregelt ist, findet man die gleiche Rechtsfigur im französischen Recht, geregelt in Art. 2367 C. civ.[331] Demnach kann das Eigentum als Sicherheit bzw. Garantie bis zur vollständigen Kaufpreiszahlung durch eine Eigentumsvorbehaltsklausel, die die Übertragungswirkung suspendiert, vorbehalten werden. Art. 2376 C. civ. ist eine Ausnahme zu Art. 1583 C. civ[332], der regelt, dass das Eigentum mit dem Vertragsabschluss übertragen wird, obwohl die Übergabe der Sache noch nicht erfolgt ist. Es reicht aus, dass über die *essentialia negotti* eine übereinstimmende Willenserklärung vorliegt (das französische Recht kennt auch bei der Eigentumsübertragung kein Trennungs- bzw. Abstraktionsprinzip).

Inhaltlich gesehen regeln sowohl § 449 BGB als auch Art. 2367 C. civ. das Gleiche, nämlich den Eigentumsvorbehalt. Im deutschen Recht wird der Eigentumsvorbehalt grundsätzlich von § 401 BGB nicht erfasst.[333] Es handelt sich um ein fiduziarisches Sicherungsrecht.[334] Interessanterweise sieht Art. 2367 C. civ. hingegen ausdrücklich vor, dass der Eigentumsvorbehalt ein *accessoire (Zubehör)*

331 Art. 2367 C. civ.: «La propriété d'un bien peut être retenue en garantie par l'effet d'une clause de réserve de propriété qui suspend l'effet translatif d'un contrat jusqu'au complet paiement de l'obligation qui en constitue la contrepartie.
La propriété ainsi reservé es l'accesoire de la créance dont elle garantit le paiement».

332 Art. 1583 C. civ.: «Elle est parfaite entre les parties, et la propriété est acquise de droit à l'acheteur à l'égard du vendeur, dès qu'on est convenu de la chose et du prix, quoique la chose n'ait pas encore été livrée ni le prix payé».

333 *Looschelders*, SchuldR AT, S. 440 Rn. 33.

334 *Medicus/Lorenz*, SchuldR AT, Rn. 803.

der zugrunde liegenden Forderung ist. Da Art. 1231 Abs. 3 vorsieht, dass bei der Forderungsabtretung das *accessoire* der Forderung folgt und die Aufzählung in Art. 1692 C. civ. nicht abschließend ist, spricht vieles dafür, anzunehmen, dass der Eigentumsvorbehalt im Fall einer Abtretung im französischen Recht auf den Neugläubiger übergeht, ohne dass dieser besonders übertragen wird. Dieser Vorgehensweise des französischen Rechts liegt die Erwägung zugrunde, dass es den Eigentumsvorbehalt als ein akzessorisches Sicherungsrecht sieht. Art. 2367 Abs. 2 C. civ.[335] lässt auf eine solche Schlussfolgerung schließen, indem er regelt, dass der Eigentumsvorbehalt das *accessoire* der Forderung ist, der die Bezahlung garantiert.

Etwas anderes ergibt sich auch nicht, wenn man den Übergang der Grundschuld im Rahmen der Forderungszession betrachtet. Die Grundschuld im deutschen Recht ist nicht akzessorisch und muss daher besonders übertragen werden. Als vergleichbare Rechtsfigur im französischen Recht kommt die Hypothek in ihrer Form der „*hypothèque rechargeable*" (auffüllbare Hypothek) gem. Art. 2422 C. civ.[336] in Betracht. Nach dieser Norm kann die Hypothek zur Sicherung anderer Forderungen als bei der ursprünglichen Bestellung vorgesehene Forderungen verwendet werden und ist von dem Regelungszweck her mit der Grundschuld vergleichbar.[337] Wiederum sieht Art. 2424 Abs. 1 S. 1 C. civ.[338] vor, dass die Hypothek *ipso iure* mit der gesicherten Forderung übertragen wird. Art. 2424 Abs. 1 S. 1 C. civ. macht keinen Unterschied zwischen der

335 Art. 2367 Abs. 2 C. civ.: «La propriété ainsi réservée est l'accessoire de la créance dont elle garantit le paiement».

336 Art. 2422 C. civ.: «L'hypothèque constituée à des fins professionnelles par une personne physique ou morale peut être ultérieurement affectée à la garantie de créacnes professionnelles autres que celles mentionnées dans l'actes constitutif pourvu que celui-ci le prévoie expressement.
Le constituant peut alors l'offrir en garantie, dans la limite de la somme prévue dans l'Acte constitutif et mentionnée à l'article 2423, non seulement au créancier originaire, mais aussi à un nouveau créancier encore que le premier n'ait pas été payé.
La convention de rechargement qu'il passe soit avec le créancier originaire, soit avec le nouveau créancier revêt la forme notariée.
Elle est publiée, sous la forme prévue à l'article 2430, à peine d'inopposabilité aux tiers. Sa publivation détermine le rang des créanciers bénéficiaires de la même hypothèque.
San préjudice du second alinéa de l'article 2424, le présent article est d'ordre public et toute clause contraire à celui-ci est reputée non écrite».

337 Vgl. *Fervers*, Hypothèque rechargeable und Grundschuld, S. 28.

338 Art. 2424 Abs. 1 S. 1 C. civ.: «L'hypothéque est transmise de plein droit avec la créance garantie».

„Hypothèque rechargeable" („die französische Grundschuld") und der Hypothek im weiteren Sinn. Aus dem Umkehrschluss dieser Norm ist zu folgern, dass die „französische Grundschuld" bzw. die *„Hypothèque rechargeable"* ein akzessorisches Sicherungsrecht ist. Dies lässt sich dadurch erklären, dass die *„Hypothèque rechargeable"* kein eigenständiges Sicherungsrecht ist, welchem ein gesondertes Regelungsregime zukommt.[339] Diese wiederauffüllbare Hypothek ist lediglich eine besondere Gestaltungsvariante einer konventionellen vertraglichen Hypothek.[340]

Wenn man im französischen Recht ein nicht akzessorisches Sicherungsrecht sucht, wird man in Art. 2321 C. civ.[341] und genauer in Art. 2321 Abs. 4 C. civ. fündig. Diese Norm regelt die *„garantie autonome"* (die autonome Garantie). Die *„garantie autonome"* ist mit der deutschen Bürgschaft auf erstes Anfordern vergleichbar. Wobei im französischen Recht wie Art. 2321 Abs. 4 C. civ. klargestellt, ist die autonome Garantie nicht akzessorisch. Nach dieser Norm folgt die autonome Garantie nicht der Forderung, die sie sichert, es sei denn, etwas anderes wurde von den Vertragsparteien vereinbart.

Die autonome Garantie, auch unabhängige Garantie genannt, ist ein Sicherungsmechanismus, der im internationalen Bankenrecht geschaffen und 1970 in dem französischen Recht eingeführt wurde.[342] Bei dieser autonomen Garantie geht es darum, dass sich ein Garant unter Berücksichtigung der Verpflichtung eines Dritten verpflichtet, entweder eine Geldsumme auf erstes Anfordern oder nach den vereinbarten Bedingungen zu zahlen. Dieses Sicherheitsmittel ist nicht akzessorisch.[343] Es muss demzufolge besonders übertragen werden, wie dies dem Art. 2321 Abs. 4 C. civ. entnommen werden kann.

Zusammenfassend lässt sich feststellen, dass bezüglich des Übergangs der Sicherheiten beide Rechtsordnungen das gleiche Ziel verfolgen, nämlich sollen grundsätzlich die für die Forderung bestellten Sicherheiten mit der

339 *Fervers*, Hypothèque rechargeable und Grundschuld, S. 28.

340 *Fervers*, Hypothèque rechargeable und Grundschuld, S. 28.

341 Art. 2321 C. civ.: «La garantie autonome est l'engagement par lequel le garant s'oblige, en considération d'une obligation souscrite par un tiers, à verser une somme soit à première demande, soit suivant des modalités convenues.
Le garant n'est pas tenu en cas d'abus ou de fraude manifestes au bénéficiare ou de collusion de celui-ci avec le donneur d'ordre.
Le garant ne peut opposer aucune exception tenant à l'obligation garantie.
Sauf convention contraire, cette sûreté ne suit pas l'obligation garantie».

342 *Albiges/Dumont-Leferand*, Droit des sûretés, Rn. 248.

343 Cass. com., 31 jan. 2017, n°15-19158.

Forderungsabtretung auf den Neugläubiger übergehen. Was die akzessorischen Sicherheiten angeht, ergeben sich keine Unterschiede. Abweichungen treten hingegen tatsächlich zutage, wenn man die Frage aus der Perspektive der nicht akzessorischen Sicherheiten betrachtet. Die im deutschen Recht als nicht akzessorisch gesehenen Sicherheiten, die daher besonders zu übertragen sind, sind nicht obligatorisch und auch im französischen Recht nicht akzessorisch.

Mit anderen Worten können vergleichbare Sicherheiten im deutschen Recht nicht akzessorisch, jedoch im französischen akzessorisch sein. Beide Rechtsordnungen sind allerdings wiederum im Einklang, wenn nicht akzessorische Sicherheiten in beiden Rechtsordnungen festgestellt wurden. In einem solchen Fall gehen diese nicht akzessorischen Sicherheiten nicht automatisch mit der Abtretung der Forderung auf den Neugläubiger über, sondern müssen besonders übertragen werden.

B. Gegenüber Dritten

I. Im deutschen Recht

1. Gegenüber dem Drittschuldner

a. Schutzbedürfnis des Drittschuldners

Nach § 398 S. 1 BGB kann die Forderung von dem Gläubiger durch Vertrag auf einen anderen übertragen werden (Abtretung). Diese dingliche Einigung zwischen Alt- und Neugläubiger mit dem Inhalt, dass die Forderung auf den Neugläubiger übergeht, erfolgt grundsätzlich ohne Mitwirkung des Schuldners,[344] wie bereits dargelegt. Seine Mitwirkung zur Forderungsabtretung ist nicht erforderlich. Das führt dazu, dass ein Schutzbedürfnis des Drittschuldners besteht.[345] Die §§ 407–410 BGB tragen diesem Umstand Rechnung, indem sie dem Schuldner Schutzmöglichkeiten gewähren.

b. Schutzmöglichkeiten des Drittschuldners

aa. Einwendungen nach § 404 BGB

(1). Allgemeines

Nach § 404 BGB kann der Schuldner dem neuen Gläubiger die Einwendungen entgegensetzen, die zur Zeit der Abtretung der Forderung gegen den bisherigen

---

344 *Lorenz*, La transmission des obligations en droit franco-belge, S. 1294 Rn. 1.; *Medicus/Lorenz*, SchuldR AT, Rn. 810.

345 *Looschelders*, SchuldR AT, S. 434 Rn. 11.

Gläubiger begründet waren. Diese Norm ist eine Kernvorschrift des Schuldnerschutzsystems und trägt dazu bei, dass die Stellung des Schuldners nach der Abtretung nicht verschlechtert wird.[346] Nach seinem Regelungszweck ist § 404 BGB weit gefasst und erfasst sowohl die rechtshindernden (z.B. die Unwirksamkeit der Forderung wegen Formmangels, Sittenwidrigkeit) als auch die rechtsvernichtenden (z.B. wegen Erfüllung oder Rücktritt) Einwendungen sowie Einreden (z.B. Verjährung, Stundenabrede zwischen Altgläubiger und Schuldner), die vor der Abtretung entstanden sind.[347]

§ 404 BGB sieht vor, dass die Einwendung zum Zeitpunkt der Abtretung begründet gewesen sein muss. Die Norm fordert nicht, dass alle Tatbestandsvoraussetzungen bei der Abtretung bereits fertig vorliegen müssen.[348] Es reicht aus, wenn die Einwendungen ihren Rechtsgrund in dem Schuldverhältnis zwischen dem Zedenten und dem Schuldner haben, von dem auch die abgetretene Forderung stammt.[349] Zum Beispiel reicht es aus, wenn die Verjährung erst nach der Übertragung der Forderung vollendet wird.[350]

Darüber hinaus spielt eine etwaige Gutgläubigkeit des Neugläubigers bezüglich der Einwendungen oder Einreden keine Rolle.[351] Es ist daher unerheblich, ob der Zessionar die Einwendungen und Einreden zugunsten des Schuldners kannte oder hätte kennen müssen.[352] Ferner ist der Zeitpunkt der Kenntnisnahme der Forderungsabtretung durch den Schuldner für einen Durchgriff der Einwendungen und Einreden nicht von Bedeutung.

§ 404 BGB ist ein dispositives Recht. Ein Einwendungsverzicht durch den Schuldner ist zulässig. Dieser Einwendungsverzicht kann entweder einzelvertraglich oder durch AGB erfolgen.[353] Ein solcher Einwendungsverzicht ist allerdings bei Verbraucherdarlehensverträgen unzulässig gem. § 496 Abs. 1 BGB. Demnach ist eine Vereinbarung, durch die der Darlehensnehmer auf das Recht verzichtet, Einwendungen, die dem Darlehensgeber zustehen, gemäß § 404 BGB einem Abtretungsgläubiger entgegenzusetzen, unwirksam.

346 BeckOGK/*Lieder*, *BGB* § 404 Rn. 1.
347 MüKoBGB/*Roth/Kieninger*, § 404 Rn. 5; *Looschelders*, SchuldR AT, S. 442 Rn. 37.
348 Palandt/*Grüneberg*, § 404 Rn. 4.
349 BGH NJW 1985, 863.
350 Vgl. Palandt/*Grüneberg*, § 404 Rn. 5.
351 *Looschelders*, SchuldR AT, S. 443 Rn. 39.
352 *Looschelders*, SchuldR AT, S. 443 Rn. 39.
353 H-K-BGB/*Schulze*, § 404 Rn. 4.

(2). Ausschluss von Einwendungen nach § 405 BGB

Dem § 405 BGB kann man Folgendes entnehmen: Hat der Schuldner eine Urkunde über eine Schuld ausgestellt, so kann er sich, wenn die Forderung unter Vorlegung der Urkunde abgetreten wird, dem neuen Gläubiger gegenüber nicht darauf berufen, dass die Eingehung oder Anerkennung des Schuldverhältnisses nur zum Schein erfolgt oder dass die Abtretung durch Vereinbarung mit dem ursprünglichen Gläubiger ausgeschlossen sei, es sei denn, der neue Gläubiger kannte bei der Abtretung den Sachverhalt.

§ 405 BGB enthält also zwei Ausnahmen zu § 404 BGB. Die Norm setzt allerdings voraus, dass der Altgläubiger dem Neugläubiger bei der Abtretung eine Schuldurkunde, die der Schuldner über die Forderung ausgestellt hat, vorgelegt hat.[354]

Bei der ersten Ausnahme des § 405 BGB kann sich der Schuldner nicht auf die rechtshindernde Einwendung berufen, wonach die Forderung nur zum Schein begründet worden war. § 405 BGB findet jedoch bei gestohlenen oder verlorenen Urkunden keine Anwendung.[355]

Was die zweite Ausnahme angeht, sieht § 405 BGB vor, dass sich der Schuldner auf ein Abtretungsverbot i. S. v. § 399 Alt. 2 BGB zwischen ihm und dem Altgläubiger nicht berufen kann, wenn das Abtretungsverbot nicht aus der Schuldurkunde hervorgeht.[356]

bb. Rechtshandlungen gegenüber dem bisherigen Gläubiger nach § 407 BGB

Die Forderungsabtretung setzt eine Mitteilung des Schuldners über die Abtretung nicht voraus. Es ist daher geboten und sogar gerecht, dass alle Rechtshandlungen, die der Schuldner in Unkenntnis der Abtretung gegenüber dem Zedenten vornimmt, im Verhältnis zum Zessionar wirksam sind.[357] Der Gesetzgeber ist diesem Erfordernis mit dem § 407 BGB gerecht geworden. Zudem findet gem. § 412 BGB der § 407 BGB auch Anwendung in den Fällen der Übertragung der Forderung kraft Gesetzes.

Leistet der Schuldner an den Altgläubiger in Unkenntnis der Abtretung, leistet er normalerweise an einen Unberechtigten. Seine Leistung würde nicht zu einer Befreiungswirkung nach § 362 BGB führen.[358] Daraus folgt, dass der

354 *Looschelders*, SchuldR AT, S. 443 Rn. 40.
355 Staudinger/*Klumpp*, BGB § 405 Rn. 5.
356 Palandt/*Grüneberg*, § 405 Rn. 1.
357 Palandt/*Grüneberg*, § 407 Rn. 1.
358 *Medicus/Lorenz*, SchuldR AT, Rn. 819.

Schuldner Gefahr läuft, doppelt leisten zu müssen. Vor dieser Gefahr schützt § 407 BGB den Schuldner. Nach § 407 Abs. 1 BGB leistet der Schuldner mit befreiender Wirkung an den Altgläubiger, wenn er in Unkenntnis der Abtretung an den bisherigen Gläubiger, also an den falschen, leistet. Der Neugläubiger muss diese Leistung des Schuldners an den falschen gegen sich gelten lassen. Er kann sich nur an den Altgläubiger nach § 816 ABS. 2 BGB, gegebenenfalls nach § 826 BGB und nach seiner Vereinbarung mit dem Zedenten halten.[359]

Die Gutgläubigkeit des Schuldners ist entscheidend für den Eintritt der befreienden Wirkung des § 407 Abs. 1 BGB. Bezüglich dieser Gutgläubigkeit schadet lediglich die positive Kenntnis des Schuldners über die Tatsachen, die den Forderungsübergang bewirken. Des Weiteren besteht keine eigene Nachforschungspflicht des Schuldners.[360]

Nach seinem Wortlaut gilt § 407 BGB nicht nur für Leistungen an den Altgläubiger, sondern auch für sonstige Rechtsgeschäfte, die der bisherige Gläubiger „in Ansehung der Forderung" vorgenommen hat.[361] Erfasst werden beispielsweise Stundungsvereinbarungen und Erlassverträge sowie einseitige Rechtsgeschäfte wie die Aufrechnung.[362]

Weiterhin ist § 407 Abs. 1 BGB ein dispositives Recht. Das bedeutet, dass der Schuldner auf den Schutz des § 407 BGB verzichten kann.[363] Dies würde dazu führen, dass die Leistung an den Altgläubiger keine befreiende Wirkung entfaltet und der Schuldner müsste noch einmal an den Neugläubiger leisten. Der Schuldner ist jedoch berechtigt, die Leistung beim Zedenten zu kondizieren.[364] Eine solche Vorgehensweise wird der Schuldner möglicherweise bevorzugen, wenn er seinerseits gegen den Neugläubiger eine Forderung hat, deren Realisierung unsicher ist und die er deshalb durch Aufrechnung verwirklichen möchte.[365] Dabei sollte aber der Kondiktionsanspruch gegen den Altgläubiger realisierbar sein.[366]

---

359 Vgl. *Medicus/Lorenz*, SchuldR AT, Rn. 822.
360 *Looschelders*, SchuldR AT, S. 447 Rn. 55.
361 *Medicus/Lorenz*, SchuldR AT, Rn. 820.
362 *Medicus/Lorenz*, SchuldR AT, Rn. 820.
363 BGH NJW 01, 231; Palandt/*Grüneberg*, § 407 Rn. 5.
364 Palandt/*Grüneberg*, § 407 Rn. 5.
365 *Medicus/Lorenz*, SchuldR AT, Rn. 822.
366 *Looschelders*, SchuldR AT, S. 447 Rn. 56.

cc. Mehrfache Abtretung nach § 408 BGB

§ 408 BGB regelt den Schuldnerschutz im Fall der mehrfachen Abtretung. Bei einer mehrfachen Abtretung gilt der Prioritätsgrundsatz. Das bedeutet, dass lediglich der Erstzessionar die Forderung erwirbt und der Zweitzessionar zum Beispiel ein Nichtberechtigter ist.[367] Der Zweitzessionar ist ein Scheingläubiger. Um die Unkenntnis des Schuldners bezüglich der wirksamen ersten Abtretung zu schützen, erweitert § 408 BGB den § 407 Abs. 1 auf den Fall der mehrfachen Abtretung.[368] Zudem, wenn der Zessionar 1 zum Beispiel die Forderung an einen weiteren Zessionar 2 abgetreten hat, so wird der Schuldner unter den Voraussetzungen § 407 Abs. 1 BGB auch von der Leistung an Zessionar 1 befreit.[369]

§ 408 BGB schützt auch den Schuldner, wenn er von der Abtretung nichts weiß, und die Forderung durch Zwangsvollstreckung oder *cessio legis* auf Dritte übergeht.[370] Auch in diesem Fall wird das Vertrauen des Schuldners in die Wirksamkeit des Übergangs geschützt, wenn der Forderungsübergang wegen des Prioritätsprinzips scheitert.[371]

dd. Abtretungsanzeige gem.§ 409 BGB

§ 409 BGB regelt den umgekehrten Fall zu §§ 407, 408 BGB. Bei den §§ 407, 408 BGB wird die Unkenntnis des Schuldners bezüglich der Abtretung geschützt und § 409 betrifft dagegen den Fall, dass die Abtretung durch den Altgläubiger an den Schuldner angezeigt wird.[372] Auch in diesem Fall ist der Schuldner schutzwürdig, weil er an der Abtretung nicht beteiligt war und auf eine Abtretungsanzeige seines Vertragspartners vertrauen darf. Diese Abtretungsanzeige wird als rechtsgeschäftsähnliche Handlung qualifiziert und kann in jeder Form erfolgen.[373] Diese Forderungsabtretungsanzeige muss vom ursprünglichen Gläubiger stammen.[374] Zur Anzeige der Abtretung an den Schuldner kann der ursprüngliche Gläubiger sich von Drittpersonen als Bote oder Vertreter bedienen bzw. eine bereits erfolgte Anzeige genehmigen.[375]

---

367 Palandt/*Grüneberg*, § 408 Rn. 1.
368 *Lorenz*, JuS 2009, 891.
369 *Lorenz*, JuS 2009, 891.
370 BGH NJW 07, 3352; *Medicus/Lorenz*, SchuldR AT, Rn. 824.
371 *Medicus/Lorenz*, SchuldR AT, Rn. 824.
372 *Looschelders*, SchuldR AT S. 449 Rn. 61.
373 H-K-BGB/*Schulze*, § 409 Rn. 2.
374 BGHZ 100, 36, 46.
375 BFH NJW 95, 278.

Die Anzeige der Forderungsabtretung an den Schuldner hat zur Folge, dass der Schuldner an den vermeintlichen neuen Gläubiger mit befreiender Wirkung leisten kann. Dabei kommt es nicht mehr auf die Gutgläubigkeit des Schuldners an. Das bedeutet, dass der Schuldner auch geschützt bleibt, wenn er von der Unrichtigkeit der Abtretung wusste, also davon positive Kenntnis hatte.[376]

§ 409 Abs. 2 BGB seinerseits regelt, dass die Anzeige nur mit Zustimmung desjenigen zurückgenommen werden kann, der als der neue Gläubiger bezeichnet worden ist. Der Altgläubiger kann also die Wirkung der Anzeige nicht allein wieder aus der Welt schaffen. Er hat jedoch gegen den Altgläubiger einen Anspruch auf Zustimmung aus Vertrag oder aus § 812 BGB.[377]

ee. Aushändigung der Abtretungsurkunde nach § 410 BGB

Nach § 410 Abs. 1 BGB ist der Schuldner gegenüber dem Neugläubiger nur gegen Aushändigung einer von dem bisherigen Gläubiger über die Abtretung ausgestellten Urkunde verpflichtet, es sei denn, der Altgläubiger hat dem Schuldner die Abtretung schriftlich angezeigt i. S. v. § 410 Abs. 2 BGB. § 410 BGB räumt dem Schuldner ein Leistungsverweigerungsrecht im Verhältnis zum Neugläubiger ein.[378] Der Schuldner hat also keinen Anspruch auf Aushändigung der Urkunde.[379]

Des Weiteren sieht § 410 Abs. 1 S. 2 BGB vor, dass eine Kündigung oder eine Mahnung des neuen Gläubigers unwirksam ist, wenn sie ohne Vorlegung einer solchen Urkunde erfolgt und der Schuldner sie aus diesem Grund unverzüglich zurückweist. Das Gleiche gilt in entsprechender Anwendung des § 410 Abs. 1 S. 2 BGB für andere Gestaltungsrechte des Neugläubigers.[380]

ff. Einwendungen aus dem Abtretungsvertrag

Weiterhin kann der Schuldner dem Neugläubiger die Unwirksamkeit der Forderungsabtretung entgegenhalten.[381] Eine solche Unwirksamkeit könnte sich beispielsweise aus der Nichtigkeit des Verfügungsgeschäfts, welches die Forderung auf den Neugläubiger überträgt, ergeben.[382] Eine eventuelle Unwirksamkeit des

---

376 BGHZ 29, 76, 82; *Medicus/Lorenz,* SchuldR AT, Rn. 824.

377 *Looschelders,* SchuldR AT, S. 449 Rn. 63.

378 Vgl. Erman/*Martens,* § 410 Rn. 1.

379 Palandt/*Grüneberg,* § 410 Rn. 1.

380 MüKoBGB/*Roth/Kieninger,* § 410 Rn. 8.

381 *Looschelders,* SchuldR AT, S. 444 Rn. 44.

382 *Medicus/Lorenz,* SchuldR AT, Rn. 816.

Verpflichtungsgeschäfts kann der Schuldner dem Neugläubiger aufgrund des Abstraktionsprinzips nicht entgegenhalten.[383]

gg. Aufrechnung gegenüber dem neuen Gläubiger nach § 406 BGB

Ein grundlegender Grundsatz der Forderungsabtretung ist, dass der Schuldner durch Forderungsabtretung nicht schlechter dastehen darf, als wenn der Gläubiger die Forderung nicht abgetreten hätte.[384] Was die Frage der Aufrechnung angeht, sieht § 406 BGB einen Schutz des Schuldners vor. Demnach kann der Schuldner eine ihm gegen den bisherigen Gläubiger zustehende Forderung auch dem neuen Gläubiger gegenüber aufrechnen. Die Aufrechnung ist allerdings nicht möglich, wenn der Schuldner bei dem Erwerb der Forderung von der Abtretung Kenntnis hatte.[385]

§ 406 BGB ist vor allem relevant, wenn die Aufrechnung nach der Abtretung erklärt wird. § 387 BGB über die Aufrechnung setzt eine Wechselseitigkeit der Forderung voraus. Wenn der Gläubiger die Forderung jedoch abtritt, besteht diese Wechselseitigkeit nicht weiter.[386] Um dem Schuldner einen Schutz vor dem Verlust der Aufrechnungsmöglichkeit zu gewährleisten, sieht § 406 ein Aufrechnungsrecht des Schuldners gegenüber dem Neugläubiger trotz mangelnder Wechselseitigkeit vor.

Bezüglich der Aufrechnung vor der Abtretung gegenüber dem bisherigen Gläubiger ist eine Anwendung des § 406 BGB nicht nötig und die Norm wäre sogar in solchen Fällen nicht einschlägig. Denn mit der Aufrechnungserklärung vor der Abtretung gegenüber dem bisherigen Gläubiger erlischt die Forderung nach § 389 BGB und diese rechtsvernichtende Einwendung kann dem Neugläubiger gem. § 404 BGB entgegengehalten werden.

§ 406 BGB wird hauptsächlich in zwei Konstellationen dargestellt. Zum einen bleibt eine vor der Abtretung bestehende Aufrechnungslage erhalten. Der Schuldner verliert also diese Aufrechnungsmöglichkeit nicht dadurch, dass der Gläubiger die Forderung abgetreten hat. Der Schuldner kann gegenüber dem Neugläubiger aufrechnen, obwohl er von der Abtretung Kenntnis erlangt hat. § 406 BGB kann also als eine Ergänzung des § 407 BGB gesehen werden.

Zum anderen kommt auch eine Aufrechnung gegenüber dem Neugläubiger unter Umständen in Betracht, wenn die Aufrechnungslage erst nach der

---

383 *Medicus/Lorenz*, SchuldR AT, Rn. 816.
384 Staudinger/*Busche*, BGB § 406 Rn. 3.
385 Staudinger/*Busche*, BGB § 398 Rn. 24.
386 *Looschelders*, SchuldR AT, S. 444 Rn. 45.

Abtretung entstanden ist. Der Schuldner ist jedoch nur schutzwürdig, wenn er auf die Möglichkeit der Aufrechnung vertrauen durfte. Der Schuldner ist zum einen nach § 406 Hs. 2 Alt. 1 BGB nicht schutzwürdig, wenn er die Forderung gegen den Altgläubiger nach der Abtretung erworben hat, es sei denn, er hatte beim Erwerb der Forderung keine Kenntnis von der Abtretung und durfte daher von der Entstehung der Aufrechnungslage ausgehen.[387] Zum anderen ist die Aufrechnung ausgeschlossen, wenn der Schuldner vor Fälligkeit seiner Gegenforderung von der Abtretung Kenntnis erlangt hat und die Hauptforderung vor der Gegenforderung fällig wird.[388]

2. Gegenüber anderen Dritten

Normalerweise werden im deutschen Recht die Rechtsfolgen der Abtretung gegenüber anderen Dritten nicht besonderes dargestellt. Um den Unterschied zwischen dem deutschen und dem französischen Recht bezüglich der Rechtsfolge der Abtretung im Hinblick auf Dritte zu verstehen, ist die Darstellung der deutschen Rechtslage bezüglich dieser Frage unerlässlich.

Mit der Übertragung der Forderung auf den Neugläubiger tritt die Rechtsfolge der Forderungsabtretung im deutschen Recht einheitlich im Verhältnis zu allen Beteiligten sowie gegenüber sonstigen Dritten ein.[389] Es gibt keine Besonderheiten zu beachten. Gegebenenfalls kann sich der Schuldner auf §§ 404 f. BGB berufen. Im französischen Recht hingegen sind einige Besonderheiten bezüglich der Rechtsfolgen der Forderungsabtretung gegenüber sonstigen Dritten zu beachten.

II. Im französischen Recht

1. Gegenüber dem Drittschuldner

Nach Art. 1321 C. civ. ist die Abtretung ein Vertrag, durch den der Zedent die Forderung auf den Zessionar überträgt. Eine Mitwirkung des Schuldners ist grundsätzlich nicht erforderlich. Aus diesem Grund müssen bestimmte Formerfordernisse beachtet werden, damit die Forderungsübertragung dem Schuldner gegenüber Wirkung entfaltet. Vor der Anzeige der Forderungsabtretung an den Schuldner i. S. v. Art. 1690 C. civ. (a. F.) und Art. 1324 C. civ. entfaltet diese ihm gegenüber keine Rechtswirkung.[390] Konsequenterweise kann der Neugläubiger

387 *Looschelders*, SchuldR AT, S. 445 Rn. 48.

388 *Looschelders*, SchuldR AT, S. 446 Rn. 50.

389 *Kieninger*, Die Reform des französischen Vertragsrechts, S. 219.

390 *Porchy-Simon*, Les obligations, Rn. 1163 und 1164.

die Forderung bei Fälligkeit dem Schuldner gegenüber nicht geltend machen. Nach der Anzeige der Forderungsabtretung hingegen kann der Schuldner in Anspruch genommen werden.

Weiterhin darf die Rechtsstellung des Schuldners nicht deswegen verschlechtert werden, weil der Altgläubiger seine Forderung abgetreten hat. Um diesen Zweck zu erreichen, sieht der *Code Civil* einige Schutzmöglichkeiten zugunsten des Schuldners vor.

a. Schutzmöglichkeiten des Drittschuldners

aa. Allgemeines

Nach der Reform von 2016 regelt der *Code Civil* in Art. 1324 f. die Geltendmachung von Einreden und Einwendungen durch den Schuldner. Vor der Reform war ein solches Recht des Schuldners von der Rechtsprechung bereits anerkannt worden.[391] Art. 1324 C. civ. hat diese Rechtsprechung übernommen. Diese Regelung stützt sich auf den Grundsatz *nemo juris ad alium transfere potest quam ipse habet*. Das heißt, niemand kann mehr Rechte an Dritte übertragen, als er selbst hat.

Nach Art. 1324 Abs. 2 S. 1 C. civ.[392] kann der Schuldner dem Zessionar die Einwendungen und Einreden entgegenhalten, die der Forderung anhaften (*Les exceptions inhérentes à la dette*). Beispielsweise wird die Nichtigkeit, die Einrede des nicht erfüllten Vertrages etc. zitiert.

Weiterhin kann der Schuldner gem. Art. 1324 Abs. 2 S. 2 C. civ. gegen den Zessionar die Einwendungen und Einreden geltend machen, die in seinem Verhältnis zu dem Zedenten entstanden sind, bevor die Zession ihm gegenüber Rechtswirkung entfaltet hat. Als Beispiele werden die Stundung, der Erlassvertrag etc. zitiert.

bb. Die der Forderung anhaftender Einwendungen und Einreden

Art. 1324 Abs. 2 S. 1 C. civ. sieht vor, dass der Schuldner dem Zessionar, die Einwendungen und Einreden entgegenhalten kann, die der Forderung anhaften.

---

391 Cass. civ., 24 juin 1881, D. P., 1882, 1, S. 33 f., 1882, 1, S. 125, zit. aus *Loiseau*, La transmission des obligations en droit franco-belge, S. 152.

392 Art. 1324 Abs. 2 C. civ.: «Le débiteur peut opposer au cessionaire les exceptions inhérentes à la dette, telles que la nullité, l'exception d'inexécution, la résolution ou la compensation des dettes connexes. Il peut également opposer les exceptions nées de ses rapports avec le cédant avant que la cession ne lui soit devenue opposable, telles que l'octroi d'un terme, la remise de dette ou la compensation de dettes non connexes».

Die in dieser Norm zitierten Beispiele sind nicht abschließend. Dies ergibt sich aus dem Wortlaut der Norm „*telles que*". Unter Beachtung des Grundsatzes, dass der Schuldner nicht schlechter dastehen darf, als wenn die Forderung nicht abgetreten worden wäre, ist es logisch, dass der Schuldner diese Einwendungen und Einreden gegen den Zessionar geltend machen kann.

cc. Die entstandenen Einwendungen und Einreden im Verhältnis Zedent und Schuldner

Art. 1324 Abs. 2 S. 2 C. civ. sieht ferner vor, dass der Schuldner alle Einwendungen und Einreden, die in seinem Verhältnis zum Zedenten entstanden sind, dem Zessionar entgegenhalten kann, bevor die Zession ihm gegenüber wirksam wurde. Die in der Norm zitierten Beispiele sind auch nicht abschließend, wie die Worte „*telles que*" dies in der Norm verdeutlichen. Diese Regelung gewährleistet dem Schuldner das Recht, dass Einwendungen und Einreden, die er gegen den Zedenten hätte geltend machen können, nicht wegen der Zession verloren gehen.

dd. Fall der Aufrechnung

Art. 1324 C. civ. enthält eine Regelung über die Aufrechnungsmöglichkeit des Schuldners. Die Norm unterscheidet zwischen der Aufrechnung von konnexen Forderungen nach Art. 1324 Abs. 2 S.1 C. civ. und der Aufrechnung von Forderungen, die nicht konnex sind. Was unter konnexen Forderungen zu verstehen ist, wird jedoch vom *Code Civil* nicht definiert. Nach der Rechtsprechung liegt die Konnexität jedoch vor, wenn Forderungen aus einer synallagmatischen Rechtsbeziehung entstehen und gleichartig sind.[393] Ferner wird die Konnexität bejaht, wenn die Forderungen im Rahmen von Zusammenhängenden Verträge (*groupe de contrats*) entstehen.[394]

Die Aufrechnung bei konnexen Forderungen kann jederzeit erfolgen. Es handelt sich um die sog. der Forderung anhaftenden Einwendungen und Einreden. Was die Aufrechnung von nicht konnexen Forderungen angeht, können sie dem Neugläubiger gegenüber nur dann aufgerechnet werden, wenn sie vor der Wirkungsentfaltung der Forderungsabtretung gegenüber dem Schuldner entstanden sind.

---

393 Cass. com., 14 mai 1996, D. 1996, 502.

394 *Porchy-Simon*, Les obligations, Rn. 1305.

ee. Fall der mehrfachen Abtretung

Der Schutz des Schuldners im Fall der mehrfachen Abtretung ergibt sich aus Art. 1325 C. civ.[395] Demnach ist bei mehrfacher Abtretung nur die erste Abtretung wirksam. Die Norm sieht vor, dass der wahre Gläubiger – das heißt der Erste, an den die Forderung abgetreten wurde – einen Anspruch gegen den vermeintlichen Gläubiger, zum Beispiel der Zweitzessionar, hat. *E contrario* folgt aus dieser Vorschrift, dass der Schuldner mit befreiender Wirkung an den vermeintlichen Gläubiger leisten kann und dies auch dem wahren Gläubiger entgegenhalten. Der Schuldner muss jedoch gutgläubig gewesen sein. Er muss davon ausgegangen sein, dass der Zweitzessionar sein neuer Gläubiger ist. Die Abtretung an den Erstzessionar musste ihm gegenüber i.S.v. Art. 1324 Abs. 1 C. civ. noch keine Wirkungen entfaltet haben. Das bedeutet, dass der Schuldner zum Zeitpunkt der Zahlung an den Zweitzessionar keine Kenntnisse von der Erstzession haben darf.

b. Zeitpunkt der Geltendmachung der Einreden und Einwendungen

aa. Die der Forderung anhaftenden Einwendungen und Einreden

Die Einwendungen und Einreden des Art. 1324 Abs. 2 S. 1 C. civ., die der Forderung anhaften, können vom Schuldner unabhängig von ihrem Entstehungszeitpunkt geltend gemacht werden. Der Schuldner kann sie geltend machen, auch wenn sie nach der Abtretungsanzeige an den Schuldner entstanden sind. Es wird deswegen vertreten, dass die Einreden und Einwendungen, die den Gläubiger selbst betreffen, von dem Schuldner gegen den Neugläubiger nicht geltend gemacht werden können. Das sind zum Beispiel die Minderjährigkeit des Zedenten oder seine Willensmängel.[396]

bb. Die vor der Abtretung entstandenen Einwendungen und Einreden

Hier geht es vor allem um Einwendungen und Einreden des Art. 1324 Abs. 2 S. 2 C. civ. Sie müssen vor der Abtretungsanzeige entstanden sein, damit der Schuldner sie gegen den Zessionar geltend machen kann. Sind Einwendungen und Einreden erst nach der Wirkungsentfaltung der Forderungsabtretung gegenüber dem Schuldner entstanden, kann der Schuldner sie konsequenterweise

395 Art. 1325 C. civ.: «Le concours entre cessionaires successifs d'une créance se résout en faveur du premier en date; il dispose d'un recours contre celui auquel le débiteur aurait fait un paiement».

396 *Porchy-Simon*, Les obligations, Rn. 1165.

nicht gegen den Zessionar geltend machen. Nach der Forderungsabtretung bleiben alle Rechtshandlungen zwischen dem Schuldner und dem Zedenten wirksam, bis die Abtretung Ersteren angezeigt wird. Daraus folgt, dass der Zessionar jeden Rechtsakt des Schuldners und des Zedenten über die Forderung, die vor der Wirkungsentfaltung der Forderungsabtretung gegenüber dem Schuldner erfolgt, gegen sich gelten lassen muss.

Vor der Reform von 2016 sah Art. 1691 C. civ. (a. F.)[397] ausdrücklich Folgendes vor: «Si, avant que le cédant ou que le cessionaire eût signifié le transport au débiteur, celui-ci avait payé le cédant, il sera valablement libéré». Zudem enthielt Art. 1295 Abs. 2 C. civ. (a. F.)[398] eine ähnliche Regelung über die Aufrechnung. Demnach ist die Aufrechnung nur für die Forderungen ausgeschlossen, die nach der Anzeige der Zession an den Schuldner entstehen. *E contrario* sind Aufrechnungen der Forderungen möglich, die vor der Anzeige entstehen.

Diese Normen wurden zwar nicht ausdrücklich von der Reform übernommen, aber die gleichen Lösungen können über Art. 1324 C. civ. erreicht werden. Der von der Reform eingeführte Art. 1324 C. civ. wurde genereller gefasst, um alle Einwendungen und Einreden zu erfassen, die vor der Wirkungsentfaltung der Zession gegenüber dem Schuldner entstehen.

Fraglich in diesem Zusammenhang ist jedoch, ob sich der Schuldner auf die Einwendungen und Einreden in seinem Rechtsverhältnis zum Zedenten berufen kann, wenn er anderweitig von der Zession Kenntnis erlangt hat. Damit ist gemeint, dass der Schuldner über die Zession Kenntnis erlangt, ohne dass diese ihm angezeigt wurde. Denn ohne Anzeige der Abtretung an den Schuldner entfaltet die Zession normalerweise keine Wirkung gegenüber ihm und er kann dem Zessionar alle Einwendungen und Einreden, die vor dieser Anzeige entstehen, entgegenhalten.

Die anderweitige Kenntnisnahme des Schuldners über die Zession ist nicht schädlich. Ohne Anzeige bzw. Kenntnisnahme i. S. v. Art. 1324 C. civ. entfaltet die Zession keine Wirkung gegenüber dem Schuldner, sodass er sich auf seine Einreden und Einwendungen in Beziehung zum Zedenten bis zur Anzeige oder Kenntnisnahme berufen kann. Wobei dies hier wiederum davon abhängt, was

397 Art. 1691 C. civ. (a. F.): «Wenn der Schuldner den Zedenten bezahlt hatte, bevor der Zedent oder der Zessionar dem Schuldner die Zession anzeigt, wird er von seiner Leistung befreit».

398 Art. 1295 Abs. 2 C. civ. (a. F.): «À l'égard de la cession qui n'a point été accepté par le débiteur, mais qui lui a été signifiée, elle n'empêche que la compensation des créances postérieures à cette notification».

unter Kenntnisnahme (*s'il en a pris acte* i. S. v. art. 1324 Abs. 1 C. civ.) zu verstehen ist. Fest steht allerdings, dass dem Schuldner unter bestimmten Umständen eine unzulässige Rechtsausübung vorgeworfen werden kann. Das bringt natürlich Beweisschwierigkeiten mit sich.

Zu berücksichtigen ist hier jedoch die Ausnahme des Art. 1347-5 C. civ.[399] Demnach kann der Schuldner die Aufrechnung, die er gegenüber dem Zedenten hätte erklären können, gegenüber dem Zessionar nicht erklären, wenn er von der Forderungsabtretung ohne Vorbehalt Kenntnis genommen hat. Diese ziemlich kompliziert formulierte Norm verfolgt folgendes Ziel: Wenn die Voraussetzungen der Aufrechnung vor der Abtretung vorlagen und der Schuldner die Forderungsabtretung ohne Vorbehalt zur Kenntnis nimmt, kann er die Aufrechnung nicht geltend machen.

Art. 1324 C. civ. ist ein dispositives Recht. Der Schuldner kann auf den Schutz des Art. 1324 C. civ. verzichten. Ein solcher Verzicht kann entweder im Voraus oder zum Zeitpunkt der Kenntnisnahme der Forderungsabtretung erfolgen. In dem Catala-Vorschlag (Art. 1257) war eine Regelung bezüglich des Verzichtes des Schuldners auf seine Einwendungen und Einreden explizit vorgesehen. Dieser Vorschlag wurde von der Reform von 2016 nicht übernommen. Jedoch ist nach überwiegender Meinung ein solcher Verzicht seitens des Schuldners trotz mangelnder ausdrücklicher gesetzlicher Grundlage möglich.[400]

3. *Gegenüber anderen Dritten*

Nach Art. 1323 Abs. 2 S. 1 C. civ. entfaltet die Forderungsabtretung Wirkung gegenüber Dritten ab dem Zeitpunkt der Kenntnisnahme der Zession. Vor der Reform mussten die Formalitäten des Art. 1690 Abs. 2 C. civ. erfolgt sein, bevor die Zession anderen Dritten gegenüber Wirkung entfalten kann. Bezüglich anderer Dritter findet also das allgemeine Recht Anwendung.

4. *Rechtsvergleich*

Was die Rechtsfolgen der Forderungsabtretung gegenüber Dritten angeht, kann in den beiden Rechtsordnungen ein zentrales Element erkannt werden. Beide Rechtsordnungen wollen gewährleisten, dass die Rechtsstellung des Schuldners nicht verschlechtert wird, weil der Gläubiger die Forderung abgetreten hat. Da

---

399 Art. 1347-5 C. civ.: «Le débiteur qui a pris acte sans réserve de la cession de la créance ne peut opposer au cessionnaire la compensation qu'il eût pu opposer au cédant».

400 *Loiseau*, La transmission des obligations en droit franco-belge, S. 157. *Terré/Simler/Lequette/Chénedé*, Droit civil, les obligations, Rn. 1641.

eine Mitwirkung des Schuldners an der Forderungsabtretung nicht erforderlich ist, ist der Schuldner besonders schutzbedürftig. Um dieser Aufgabe gerecht zu werden, sehen beide Rechtsnormen verschiedene Schutzmöglichkeiten zugunsten des Schuldners vor.

Zuerst fällt auf, dass das französische Recht die Frage der Einwendungen und Einreden in einer Hauptnorm generalisiert regelt, nämlich in Art. 1324 C. civ. und im deutschen Recht beruht der Drittschutz auf verschiedenen Normen, nämlich denen des § 404 f. BGB.

Weiterhin kann man festhalten, dass § 404 BGB mit Art. 1324 Abs. 2 S. 1 C. civ. vergleichbar ist. Nach § 404 BGB kann der Schuldner dem neuen Gläubiger die Einwendungen entgegensetzen, die zur Zeit der Abtretung der Forderung gegen den bisherigen Gläubiger begründet waren. Art. 1324 Abs. 2 S. 1 C. civ. regelt, dass der Schuldner alle Einwendungen und Einreden, die der Forderung anhaften, dem Neugläubiger gegenüber jederzeit geltend machen kann. Zwar regeln die beiden Normen vom Wortlaut her nicht das Gleiche, aber es ist zu berücksichtigen, dass grundsätzlich die Einwendungen und Einreden, die der Forderung anhaften, ihre rechtliche Grundlage grundsätzlich in dem ursprünglichen Schuldverhältnis zwischen Schuldner und Gläubiger haben werden, wie von § 404 BGB vorausgesetzt wird.

Bei Fragen der Rechtshandlungen gegenüber dem bisherigen Gläubiger nach § 407 BGB kann der Art. 1234 Abs. 2 S. 2 C. civ. dem deutschen Recht vergleichbare Lösung entnommen werden. Jede dieser Normen trägt der Spezifizität der Forderungsabtretung in seiner Rechtsordnung Rechnung. Die Existenz des § 407 im deutschen Recht ist deshalb nötig, weil der Schuldner in den Fällen des § 407 BGB an den falschen (weil der Zedent mit der Zession nicht mehr Inhaber der Forderung ist) zahlt. Ohne diese Norm müsste der Schuldner noch einmal zahlen. Im französischen Recht bleibt der Zedent der Berechtigte, bis dem Schuldner die Zession angezeigt wird, bzw. er davon Kenntnis erhält. Bis zur Erledigung dieser Formalität gegenüber dem Schuldner stellt Art. 1234 Abs. 2 klar, dass der Schuldner alle Einwendungen und Einreden, die vor der Erledigung der erforderlichen Formalität entstehen, dem Neugläubiger entgegenhalten kann.

Bezüglich der mehrfachen Abtretung sehen beide Rechtsordnungen nach §§ 408, 407 und Art. 1325 C. civ. vor, dass der Schuldner zum Beispiel an den vermeintlichen Zweitzessionar mit befreiender Wirkung leisten kann. In einem solchen Fall kann der wahre Zessionar den vermeintlichen Zessionar dann seinerseits in Anspruch nehmen. Hier sind die beiden Rechtsordnungen im Einklang.

Des Weiteren sehen beide Rechtsordnungen ein Aufrechnungsrecht des Schuldners gegenüber dem Neugläubiger in dem § 408 BGB und 1324 Abs. 2 C.

civ. vor. Das deutsche Recht knüpft an die Aufrechnung unterschiedlicher Rechtsfolgen je nachdem, ob die Aufrechnungslage vor oder nach der Abtretung entstanden ist. Das französische Recht macht eine Unterscheidung danach, ob zwischen den aufzurechnenden Forderungen Konvexität besteht oder nicht. Trotzdem beruhen beide Normen auf demselben Gedanken, nämlich zu verhindern, dass dem Schuldner sein Aufrechnungsrecht infolge der Abtretung entzogen wird.

§ 6. Würdigung des Rechtsvergleichs

Bezüglich der Forderungsabtretung gibt es keine erheblichen Unterschiede zwischen den beiden Rechtsordnungen. In den beiden Rechtsordnungen kann der Zedent seine Forderung gegen den Schuldner ohne Mitwirkung von diesem auf einen Zessionar übertragen. Die zur Sicherung der Forderung bestellten Sicherheiten folgen der Forderung. Beide Rechtsordnungen tragen dem Umstand Rechnung, dass dem Schuldner Schutz zu gewährleisten ist, weil er an der Forderungsabtretung nicht mitwirkt. Der Grundgedanke ist in den beiden Rechtsordnungen derselbe.

Trotzdem ist darauf hinzuweisen, dass sich das französische Recht erst mit der Reform von 2016 erheblich modernisiert hat und sich für das heutige Wirtschaftsleben tauglicher machte. Davor war das Rechtsinstitut der Forderungsabtretung für das Wirtschaftsleben untauglich und die Praxis musste auf Alternativlösungen ausweichen. Das Wichtigste an der Reform bezüglich der Forderungsabtretung bleibt die Erleichterung der Formerfordernisse der Wirkungsentfaltung der Forderungsabtretung gegenüber den Vertragsparteien und Dritten.

Vor allem bei der Struktur der Abtretung sind Unterschiede in den beiden Rechtsordnungen festzustellen. Im deutschen Recht ist der Abtretungsvertrag ein Verfügungsgeschäft. Das Trennungs- und Abstraktionsprinzip ist hier zu beachten. Das französische Recht unterscheidet generell nicht zwischen dem Kausal- und dem Verfügungsgeschäft. Des Weiteren waren das französische und das deutsche Recht vor der Reform von 2016, was die Formerfordernisse bei der Forderungsabtretung angeht, im Einklang. Die Forderungsabtretung war formfrei möglich. Mit der Reform von 2016 hat die Forderungsabtretung im französischen Recht unter Beachtung von Formerfordernissen zu erfolgen.

Zudem ist das Abtretungsverbot im französischen Recht bezüglich der Handelsgeschäfte anders geregelt als im deutschen Recht. Hier ist wichtig zu beachten, dass die Forderungsabtretung bei Handelsgeschäften im deutschen Recht trotz Abtretungsverbot wirksam sein kann und der Schuldner an den Altgläubiger mit befreiender Wirkung leisten kann. Eine ähnliche Lösung war auch im französischen Recht bis 2019 vorgesehen. Nun findet das allgemeine Recht im französischen Recht auch bezüglich der Handelsgeschäfte Anwendung.

Schließlich ist hervorzuheben, dass die Forderungsabtretung im deutschen Recht nach ihrem Wirksamwerden gegenüber den Vertragsparteien und Dritten einheitlich und grundsätzlich ohne Beachtung zusätzlicher Formerfordernisse Wirkung entfaltet. Im französischen Recht muss die Forderungsabtretung dem Schuldner angezeigt werden oder dieser muss davon Kenntnis erlangt haben, bevor die Forderungsabtretung ihm gegenüber Wirkung entfaltet.

Die festgestellten Unterschiede erklären sich aber auch dadurch, dass jede Rechtsordnung unter Beachtung der Besonderheiten und Prinzipien seiner Rechtsordnung die Forderungsabtretung konstruiert hat. Der einzige Unterschied, der zu nennenswerten unterschiedlichen Rechtsfolgen in den beiden Rechtsordnungen führen kann, ist das Abtretungsverbot bezüglich der Handelsgeschäfte. Die französische Vorgehensweise bezüglich dieser Frage ist nicht zufriedenstellend.

Kapitel II: Die Schuldübernahme

§ 1. Einführung

Nach § 414 BGB kann die Schuld von einem Dritten durch Vertrag mit dem Gläubiger in der Weise übernommen werden, dass der Dritte an die Stelle des bisherigen Schuldners tritt. Das französische Recht seinerseits sieht in Art. 1327 C. civ.[401] vor, dass der Schuldner seine Schuld mit der Zustimmung des Gläubigers übertragen kann. Dem § 414 BGB und Art. 1327 C. civ. kann man entnehmen, dass beide Rechtsordnungen das Rechtsinstitut der Schuldübernahme kennen. Im französischen Recht wird zwar der Begriff der Schuldabtretung (*cession de dette)* verwendet und im deutschen Recht der Begriff der Schuldübernahme, aber unabhängig von diesen unterschiedlichen Begrifflichkeiten wollten die beiden Rechtsordnungen das Gleiche regeln, nämlich den Austausch des Schuldners.

Entgegen der Forderungsabtretung ist die Schuldübernahme in den beiden Rechtsordnungen viel komplexer. Dies erklärt sich dadurch, dass die Person des Schuldners bei der Schuldübernahme eine zentrale Rolle spielt. Der Wert der Forderung hängt von der Solvenz des Schuldners ab.[402] Die Schuldübernahme ist in den beiden Rechtsordnungen deshalb so konstruiert, dass sie ohne Mitwirkung des Gläubigers nicht erfolgen kann. Diese Vorgehensweise soll die Interessen des Gläubigers wahren und ihn vor dem Aufdrängen eines insolventen Schuldners schützen.

Weiterhin ist vor allem hervorzuheben, dass die Schuldübernahme erst mit der Reform von 2016 in das französische Recht eingeführt wurde. Die Einführung dieses neuen Rechtsinstituts in den *Code Civil* wird als Revolution und Innovation bezeichnet.[403] Das Rechtsinstitut der rechtsgeschäftlichen Schuldübernahme war im ursprünglichen *Code Civil* nicht geregelt.[404] Die Schuldübernahme von Todes wegen (Art. 1743 C. civ.) oder als Teil einer Sachübertragung hingegen waren jedoch gesetzlich anerkannt (Art. L 121-10 C. assur.).[405]

---

401 Art. 1327 C. civ.: «Un débiteur peut, avec l'accord du créancier, céder sa dette».

402 *Terré/Simler/Lequette/Chénedé*, Droit civil, les obligations, Rn. 1657; *Medicus/Lorenz*, SchuldR AT, Rn. 832.

403 *Lasserre*, D. 2016, 1578; *Julienne*, RDC 2015, 801.

404 *Borghetti*, Die Reform des französischen Vertragsrechts, S. 201.

405 *Porchy-Simon*, Les obligations, Rn. 1168.

Vor der Reform von 2016 herrschte eine kontroverse Diskussion im französischen Recht über die Frage der Zulässigkeit der Schuldübernahme. Eine überwiegende Auffassung hielt die Schuldübernahme, zumindest im Namen der Vertragsfreiheit, für zulässig.[406] Ein Teil der Literatur vertrat die Auffassung, dass die Schuldübernahme dem französischen Rechtssystem fremd und daher als unzulässig zu sehen war. [407] Nach den Gegnern der Zulässigkeit der Schuldübernahme kann dem Gläubiger kein neuer Schuldner aufgedrängt werden. Auch ist die Schuld nicht abtretbar, da sie von ihrem Rechtsgrund untrennbar ist.[408] Des Weiteren wurde angeführt, dass die Schuld eine persönliche Verbindung zwischen dem Gläubiger und dem Schuldner schafft, die zur Folge hat, dass die Schuld nicht durch Dritte übernommen werden kann.

Nach vorzugswürdiger Auffassung war die Schuldübernahme im französischen Recht zulässig. Das Rechtsinstitut musste lediglich so konstruiert sein, dass es die Interessen des Gläubigers umfassend berücksichtigt. Im Jahr 1898 plädierte *Eugène Gaudemet* für eine Zulässigkeit der Schuldübernahme nach dem Beispiel des deutschen Rechts im französischen Recht.[409] In ihrer Entscheidung von 2009 entschied die *Cour de Cassation*, dass die Schuldübernahme möglich ist, aber ihre Rechtswirkungen gegenüber dem Gläubiger sich nur dann entfaltet, wenn dieser der Schuldübernahme zugestimmt hat.[410]

Diese Entscheidung half nicht, den Meinungsstreit endgültig beizulegen. Die Entscheidung der *Cour de Cassation* wurde unterschiedlich interpretiert. Es wurde argumentiert, dass diese Entscheidung eine klare Anerkennung des Rechtsinstituts der Schuldübernahme war; eine gegenteilige Auffassung legte die Entscheidung als eine Bestätigung der Unzulässigkeit der Schuldübernahme im französischen Recht aus.[411]

Die Reform von 2016 hat für Rechtsklarheit gesorgt. Das Rechtsinstitut der Schuldübernahme wurde im französischen Recht eingeführt, Art. 1327 bis 1328-1 C. civ. Nun wird das Rechtsinstitut sowohl in dem BGB als auch im *Code Civil* gesetzlich geregelt.

Ferner ist darauf hinzuweisen, dass die Schuldübernahme im deutschen Recht einen Doppelcharakter aufweist. Die Schuldübernahme ist ein abstrakter

406 *Lasserre*, Die Reform des französischen Vertragsrechts, S. 230 f.
407 *Lasserre*, Die Reform des französischen Vertragsrechts, S. 230 f.
408 *Berlioz*, RDC 2015, 803.
409 *Borghetti*, Die Reform des französischen Vertragsrechts, S. 205.
410 Cass. 1^{ière} civ., 30 Apr. 2009, D. 2009, 2400.
411 *Lasserre*, Die Reform des französischen Vertragsrechts, S. 231.

Verfügungsvertrag und muss daher von dem zugrunde liegenden Kausalgeschäft unterschieden werden.[412] Letzteres besteht meistens zwischen dem Altschuldner und dem Übernehmer. Aufgrund der Neuverpflichtung des Übernehmers gegenüber dem Gläubiger ist die Schuldübernahme gleichzeitig als Verpflichtungsgeschäft zu sehen. Im französischen Recht hingegen ist das Trennungs- und Abstraktionsprinzip grundsätzlich nicht zu finden.

Fraglich ist weiterhin, welches Interesse bestehen kann, die Schuld eines anderen zu übernehmen. Es erscheint in jedem Fall von vornherein als befremdlich, dass ein Schuldner sich von seiner Schuld befreien kann, indem ein Dritter diese übernimmt. Dennoch ist das Rechtsinstitut der Schuldübernahme sehr nützlich. Mit der Schuldübernahme wird nicht nur der ursprüngliche Schuldner von seiner Leistungspflicht befreit. Dieses Rechtsinstitut kann ebenfalls andere Funktionen erfüllen. Die Schuldübernahme kann beispielsweise als Zahlungsmittel eingesetzt werden. Das ist vor allem dann der Fall, wenn der ursprüngliche Schuldner der Gläubiger des Neuschuldners ist.

Die Frage ist nun, ob das neu eingeführte Rechtsinstitut der Schuldübernahme in dem französischen Recht mit der Schuldübernahme im deutschen Recht vergleichbar ist. Mit anderen Worten, ob zwischen den beiden Rechtsordnungen bezüglich des Rechtsinstituts der Schuldübernahme Gemeinsamkeiten und Unterschiede feststellbar sind und welche Erklärungen werden dafür gegeben. Dabei wird ein besonderes Augenmerk auf die Voraussetzungen und Rechtsfolgen der Schuldübernahme gelegt.

§ 2. Voraussetzungen der Schuldübernahme

Die Voraussetzungen der Schuldübernahme hängen davon ab, ob der Übernahmevertrag zwischen dem Gläubiger und Übernehmer erfolgt oder zwischen dem Altschuldner und dem Übernehmer stattfindet. Wobei hier zu berücksichtigen ist, dass das französische Recht keine Möglichkeit vorsieht, wonach der Schuldübernahmevertrag zwischen dem Gläubiger und dem Übernehmer geschlossen werden kann.

412 Palandt/*Grüneberg*, Überbl. v. § 414 Rn. 1.

A. Vertrag zwischen Schuldner und Übernehmer

I. Im deutschen Recht

Nach § 415 BGB kann die Schuldübernahme durch Vertrag zwischen dem Schuldner und dem Übernehmer erfolgen. In dem Fall hängt die Wirksamkeit der Schuldübernahme von der Genehmigung des Gläubigers ab.

Die dogmatische Einordnung der Konstruktion des § 415 BGB ist allerdings umstritten. Nach der Vertrags- oder Angebotstheorie hat die Abrede zwischen dem Schuldner und dem Übernehmer keine eigenständige rechtliche Bedeutung. Mit der Mitteilung der Abrede zwischen dem Schuldner und dem Übernehmer an den Gläubiger wird diesem Gläubiger eine Offerte eines Schuldübernahmevertrages gemacht.[413] Mit seiner Genehmigung nimmt der Gläubiger das Angebot an.[414] Diese Theorie wird als unvereinbar mit dem Wortlaut des § 415 BGB, der Systematik und der Entstehungsgeschichte des Gesetzes gesehen.[415] Nach der vorzugswürdigen Verfügungstheorie verfügen Schuldner und Übernehmer als Nichtberechtigte über die Forderung des Gläubigers.[416] Aus diesem Grund ist die Genehmigung des Letzteren erforderlich, um dieser Verfügung Wirksamkeit zu verleihen.

Nach § 415 Abs. 1 S. 2 BGB kann die Genehmigung erst erfolgen, wenn der Schuldner oder der Dritte dem Gläubiger die Schuldübernahme mitgeteilt hat. Es reicht nicht aus, wenn der Gläubiger irgendwie von der Abrede zwischen dem Gläubiger und dem Schuldner erfahren hat.[417] Daraus folgt, dass die Vereinbarung zwischen Schuldner und Übernehmer zu dem Zeitpunkt Rechtswirkung entfaltet, indem dem Gläubiger die Vereinbarung mitgeteilt wird und dieser dem Schuldnerwechsel zustimmt. Diese Zustimmung kann entgegen dem Gesetzeswortlaut nicht nur durch Genehmigung, das heißt nachträglich i. S. v. §§ 184, 185 Abs. 2 BGB, sondern auch durch Einwilligung erfolgen, das bedeutet durch vorherige Zustimmung des Gläubigers gem. §§ 183, 185 Abs. 1 BGB.[418] Im letzteren Fall ist die Mitteilung der Schuldübernahme keine Wirksamkeitsvoraussetzung.[419]

---

413 Palandt/*Grüneberg*, § 415 Rn. 1.
414 *Looschelders*, SchuldR AT S. 454 Rn. 6.
415 MüKoBGB/*Heinemeyer*, § 415 Rn. 2.
416 BGH NJW 60, 621.
417 *Medicus/Lorenz*, SchuldR AT, Rn. 834.
418 *Looschelders*, SchuldR AT, S. 454 Rn. 7.
419 H-K-BGB/*Schulze*, § 415 Rn. 3.

Ferner kann diese Zustimmung ausdrücklich oder konkludent erfolgen.[420] Wobei ein bloßes Schweigen nicht genügt. Die Zustimmung kann formfrei erteilt werden, auch wenn das übernommene Rechtsgeschäft einer Form bedarf.[421] Ausnahmsweise kann sich jedoch etwas anderes aus § 416 BGB ergeben. Nach § 416 Abs. 1 BGB kann der Gläubiger die Schuldübernahme nur genehmigen, wenn sie ihm mitgeteilt wurde. Lässt der Gläubiger jedoch sechs Monate verstreichen, ohne dass er reagiert, dann wird die Genehmigung fingiert. § 416 BGB ist keine auf die Hypothek beschränkte Regelung, sondern kann auch auf die Grundschuld entsprechend angewendet werden.[422]

Vor der Genehmigung ist die Schuldübernahme schwebend unwirksam.[423] Wird die Genehmigung verweigert, gilt die Schuldübernahme als gescheitert gem. § 415 Abs. 2 BGB. Folglich ist die Schuldübernahme unwirksam, daher scheitert der Schuldnerwechsel.[424]

Des Weiteren ist zu unterstreichen, dass die Verweigerung der Genehmigung die Abrede zwischen dem Schuldner und dem Übernehmer nicht beeinflusst. Nach § 415 Abs. 3 BGB ist im Zweifelsfall eine Erfüllungsübernahme[425] i. S. v. § 329 BGB anzunehmen. Das bedeutet, dass der Übernehmer dem Schuldner gegenüber dann verpflichtet ist, den Gläubiger rechtzeitig zu befriedigen. Dieser Anspruch des Schuldners gegen den Übernehmer entsteht bereits mit der Abrede zwischen dem Schuldner und dem Übernehmer.

II. Im französischen Recht

Vor der Reform von 2016 war das Rechtsinstitut der Schuldübernahme im französischen Recht nicht zulässig. Trotzdem wurden die Rechtsmechanismen der unvollkommenen und der vollkommenen Schuldübernahme entwickelt, die mit dem Rechtsinstitut der Schuldübernahme vergleichbar sind. Eine Darstellung dieser beiden Arten der „Schuldübernahme" ermöglicht die mit der Reform in den *Code Civil* eingeführte Schuldübernahme zu verstehen.

---

420 *Looschelders*, SchuldR AT, S. 454 Rn. 8.
421 *Looschelders*, SchuldR AT, S. 454 Rn. 8.
422 *Lorenz*, JuS 2019, 424.
423 *Looschelders*, SchuldR AT, S. 454 Rn. 9.
424 Palandt/*Grüneberg*, § 415 Rn. 9.
425 BGH NJW 12, 1718.

1. *Vor der Reform von 2016*

a. *Die unvollkommene Schuldübernahme*

Die unvollkommene Schuldübernahme ist mit der deutschen Erfüllungsübernahme vergleichbar. Die unvollkommene Schuldübernahme wird auch als interne Schuldübernahme „*reprise interne de dette*" bezeichnet.[426] Für die unvollkommene Schuldübernahme war es erforderlich, dass der Schuldner und der Übernehmer sich über die Schuldübernahme einigen, ohne dass der Gläubiger bei dieser Vereinbarung mitwirkt oder später die Abrede genehmigt.

Diese Vereinbarung war zwar wirksam, aber sie entfaltete jedoch gegenüber dem Gläubiger keine Rechtswirkung. Sie galt nur *inter partes* als Ausfluss der Relativität der Schuldverhältnisse.[427] Daraus folgt, dass der Schuldner gegenüber dem Gläubiger verpflichtet bleibt, seiner Pflicht nachzukommen.

Der Übernehmer ist jedoch gegenüber dem Schuldner verpflichtet, den Gläubiger zu befriedigen. Eine solche Verpflichtung ergibt sich dann aus der zwischen den beiden abgeschlossenen Vereinbarung. Es handelt sich also um eine mit der deutschen Erfüllungsübernahme gem. § 329 BGB vergleichbaren Situation. Mit der Erfüllungsübernahme im deutschen Recht verpflichtet sich der Dritte gegenüber dem Schuldner, seinen Gläubiger zu befriedigen.[428] Der Gläubiger kann jedoch von dem Dritten keine Erfüllung verlangen.

Die unvollkommene Schuldübernahme ist keine Schuldübernahme *stricto sensus.* Dies erklärt auch ihre Denominierung als unvollkommen.

b. *Die vollkommene Schuldübernahme*

Die vollkommene Schuldübernahme ist mit der deutschen Schuldübernahme in der Form der Schuldübernahme zwischen dem Schuldner und dem Übernehmer i. S. v. § 415 BGB vergleichbar. Bei der vollkommenen Schuldübernahme handelt es sich um eine dreiteilige Rechtsbeziehung zwischen dem Schuldner, dem Übernehmer und dem Gläubiger. Der Schuldner und der Übernehmer einigen sich über die Übernahme der Schuld und der Gläubiger muss dann seine Zustimmung zur Schuldübernahme geben. Konsequenterweise wird der ursprüngliche Schuldner von seiner Leistungspflicht befreit.[429] Das Erfordernis der Mitwirkung aller drei Parteien machte die vollkommene Schuldübernahme

---

426 *Porchy-Simon,* Les obligations, Rn. 1169.

427 Cass. 1ière civ., 30 avr. 2009, D. 2009. 2400.

428 MüKoBGB/*Heinemeyer,* vor § 414 Rn. 25.

429 Cass. 1ière civ., 2 juin 1992, D. 1993. Somm. 211.

unattraktiv und unpraktisch. Der Grund lag darin, dass dasselbe Ergebnis über andere Rechtsinstitute wie die Novation, die vollkommene Delegation erreicht werden konnte und diese Rechtsinstitute hatten im Vergleich zur vollkommenen Schuldübernahme klare Voraussetzungen und Rechtsfolgen.[430]

Der einzige Unterschied zwischen der deutschen Schuldübernahme gem. § 415 BGB und der vollkommenen Schuldübernahme lag darin, dass die deutsche Schuldübernahme einen ausdrücklichen Niederschlag im Gesetz gefunden und klare Voraussetzungen und Rechtsfolgen hat. Im französischen Recht hingegen wurde die Schuldübernahme mit klaren Voraussetzungen und Rechtsfolgen erst mit der Reform von 2016 in den *Code Civil* eingeführt.

2. *Nach der Reform von 2016*

a. *Materielle Voraussetzungen*

Der *Code Civil* regelt nun die Schuldübernahme in dem Art. 1327 f C. civ. Nach Art. 1327 Abs. 1 C. civ. kann der Schuldner mit der Zustimmung des Gläubigers seine Schuld abtreten. Das französische Recht regelt also ausdrücklich nur den Fall der Schuldübernahme in der Form, dass der Schuldner und der Übernehmer sich einigen und zur Rechtswirkungsentfaltung dieser Einigung gegenüber dem Gläubiger ist dessen Zustimmung erforderlich. Es handelt sich also um einen mit dem § 415 BGB vergleichbaren Fall. Diese Zustimmung kann entweder in Form der Einwilligung gem. Art. 1327-1 C. civ. oder in der Genehmigung erfolgen.

Es fällt hier natürlich auf, dass der Begriff der Zustimmung des Gläubigers *„l'accord du créancier"* eine unerlässliche Bedeutung in der Rechtsfigur der Schuldübernahme hat. Wenn im deutschen Recht Einigkeit darüber besteht, dass darunter die Einwilligung und die Genehmigung des Gläubigers zu verstehen sind, so ist jedoch fraglich, welche Bedeutung diesem Begriff im französischen Recht beigemessen wird.

Bevor auf diese Frage eingegangen wird, ist zunächst zu untersuchen, ob diese Zustimmung überhaupt nötig ist. Mit der Schuldübernahme hat der Gläubiger dann einen neuen Schuldner und die Solvenz dieses Schuldners ist von erheblicher Bedeutung für den Gläubiger. Um die Interessen dieses Gläubigers zu schützen, scheint es sich aus der Natur der Sache zu ergeben, dass seine Mitwirkung erforderlich ist und ohne seine Zustimmung kann ihm kein anderer Schuldner aufgedrängt werden.

---

430 *Porchy-Simon,* Les obligations, Rn. 1170.

Die Frage der Erforderlichkeit der Zustimmung des Gläubigers stellt sich dennoch, da die Konstruktion der französischen Schuldübernahme eine Besonderheit aufweist. Der Gläubiger gibt zunächst seine Zustimmung zum Wirksamwerden der Schuldübernahme. Die Schuldübernahme wird ihm gegenüber aufgrund seiner ersten Zustimmung zur Schuldübernahme wirksam. Damit ist der Schuldner jedoch noch nicht von seiner Leistungspflicht befreit. Es entsteht dann eine Art Schuldbeitritt. Der ursprüngliche Schuldner und der Quasiübernehmer haften dann als Gesamtschuldner gem. Art. 1327-2 C. civ.[431] Daraus folgt, dass der Gläubiger zur Befreiung des Schuldners von seiner Leistungspflicht dann eine zusätzliche Willenserklärung mit dem Inhalt der Befreiung von diesem abgeben muss.[432]

Aus diesem Grund wurde vorgeschlagen, dass die Schuldübernahme ohne die Zustimmung des Gläubigers erfolgen soll (wie im Fall der unvollkommenen Schuldübernahme) und für die Befreiung des ursprünglichen Schuldners wir dann eine notwendige Zustimmung des Gläubigers unerlässlich.[433] Die Banken waren unter Beachtung ihrer Pflichten aus Normen über die Geldwäsche und die Terrorfinanzierung gegen eine solche Regelung.[434] Es war für sie von hoher Bedeutung zu wissen, wen sie genau als Schuldner haben.[435] Aus diesem Grund wurden beide Zustimmungen des Gläubigers beibehalten.

Diese Argumentation der Banken ist nicht überzeugend. Der zwischen dem Schuldner und Übernehmer abgeschlossene Vertrag hat keine Rechtswirkung gegen den Gläubiger und der ursprüngliche Schuldner bleibt dem Gläubiger gegenüber verpflichtet. Für eine eventuelle Befreiung des Schuldners aus seiner Leistungspflicht ist eine Mitwirkung des Gläubigers erforderlich. Es bestehen also keine Anhaltspunkte, die dafürsprechen, dass eine solche Konstruktion die Banken hätte hindern können, ihre Schuldner genau zu kennen. Wenn eine Zustimmung des Gläubigers sowieso erforderlich ist, um den ursprünglichen Schuldner zu befreien, wird die erste Zustimmung für die Wirksamkeit der Schuldübernahme überflüssig. Mit der zweiten Zustimmung wäre der Gläubiger ausreichend geschützt.

---

431 Art. 1327-2 C. civ.: «Si le créancier y consent expressement, le débiteur originaire est libéré pour l'avenir. A défaut, et sauf clause contraire, il est tenu solidiairement au paiement de la dette».

432 *Pellier*, LPA 2015, 8.

433 *Laithier*, La transmission des obligations en droit franco-belge, S. 773.

434 *Laithier*, La transmission des obligations en droit franco-belge, S. 773.

435 *Laithier*, La transmission des obligations en droit franco-belge, S. 773.

Die Zustimmung des Gläubigers wird als einfache Genehmigung gesehen, die nicht dazu führt, dass ein Vertrag zwischen drei Personen entsteht.[436] Nach anderer Auffassung jedoch handelt es sich bei der Zustimmung um eine Willenserklärung, die zur Entstehung eines Vertrages zwischen drei Personen führt.[437] Im Grunde genommen kann dieser Streit dahinstehen, weil die Zustimmung des Gläubigers eine Wirksamkeitsvoraussetzung ist und bei ihrem Fehlen keine Schuldübernahme erfolgen kann. Trotzdem ist dazu zu tendieren, dass die Zustimmung des Gläubigers nicht dazu führt, dass ein Vertrag zwischen drei Personen entsteht. Die Zustimmung dient lediglich dazu, die Interessen des Gläubigers zu wahren. Dies soll nicht soweit gehen, dass der Gläubiger zur Partei eines Vertrages wird, bei dem er den Inhalt nicht mitbestimmt hat.

Des Weiteren ist darauf hinzuweisen, dass wenn der Gläubiger seine Einwilligung zur Schuldübernahme erteilt hat *(consentement anticipé à la cession)*, kann die Schuldübernahme ihm gegenüber nur dann Wirkung entfalten oder dieser kann sich nur dann auf sie berufen, wenn sie ihm angezeigt wurde oder er davon Kenntnis nach Art. 1327-1 C. civ. genommen hat.

Weiterhin hat ein Gesetz vom 20. April 2018[438] für Rechtssicherheit gesorgt, indem es den redaktionellen Fehler[439] des Art. 1327-1 C. civ. korrigierte. Art. 1327-1 C. civ. sieht nun vor: «*Der Gläubiger, falls er im Voraus seine Zustimmung zur Abtretung erteilt hat „und" bei dieser nicht mitgewirkt hat, kann die Schuldübernahme ihm gegenüber nur an dem Tag, an dem sie ihm angezeigt oder er davon Kenntnis genommen hat, Wirkung entfalten*». Art. 1327-1 C. civ. (a. F.) sah an der Stelle des Wortes „und" ein *„oder"* vor. Art. 1327-1 C. civ. war so zu interpretieren, dass dem Gläubiger die Schuldübernahme entgegengehalten werden konnte, obwohl er bei dieser nicht mitgewirkt hat. Art. 1327-1 C. civ. (a. F.) führte ohne Zweifel zum Widerspruch zu Art. 1327 Abs. 1 C. civ. Demnach kann der Schuldner mit Zustimmung des Gläubigers seine Schuld abtreten. Auch war diese Norm nicht mit dem Sinn und Zweck des Rechtsinstituts der Schuldübernahme im französischen Recht zu vereinbaren.

b. Formelle Voraussetzungen

Nach Art. 1327 Abs. 2 C. civ.[440] ist die Schriftform für die Wirksamkeit der Schuldübernahme erforderlich. Ursprünglich hatte die Rechtsverordnung von

---

436 *Laithier*, La transmission des obligations en droit franco-belge, S. 774.

437 *Terré/Simler/Lequette/Chénedé*, Droit civil, les obligations, Rn. 1659.

438 Loi n°2018-287 du 20 avril 2018.

439 *Lasserre*, Die Reform des französischen Vertragsrechts, S. 235.

440 Art. 1327 Abs. 2 C. civ.: «La cession doit être constatée par écrit à peine de nullité».

2016 jedoch keine Regelung bezüglich der Formerfordernisse der Schulübernahme getroffen.[441] Auf der anderen Seite sah die Rechtsverordnung für die Forderungs- und Vertragsabtretung eine schriftliche Form vor, und diese galt *ad validatem.* Das heißt: Die Forderungsabtretung oder die Vertragsabtretung war dann unwirksam, wenn diese Rechtsgeschäfte nicht schriftlich erfolgt waren. Es war also fraglich, wie zu erklären war, dass eine solche schriftliche Form nicht bei der Schuldübernahme vorausgesetzt wurde. Es wurde argumentiert, dass es lediglich vergessen wurde, eine der Forderungs- und Vertragsabtretung entsprechenden Schriftform vorzusehen.[442] Das Ratifizierungsgesetz vom April 2018 fügte zum Artikel 1327 einen zweiten Absatz hinzu, der die schriftliche Form auch für die Schuldübernahme für erforderlich erklärt.

B. Vertrag zwischen Gläubiger und Übernehmer

I. Im deutschen Recht

Nach § 414 BGB kann die Schuld von einem Dritten durch Vertrag mit dem Gläubiger in der Weise übernommen werden, dass der Dritte an die Stelle des bisherigen Schuldners tritt. Das Rechtsgeschäft zwischen dem Gläubiger und dem Übernehmer weist einen Doppelcharakter auf. Mit dem Austausch des Schuldners wird der Inhalt des Schuldverhältnisses geändert und der Vertrag hat daher einen Verfügungscharakter.[443] Des Weiteren ist das Verfügungsgeschäft von dem zugrunde liegenden Verpflichtungsgeschäft zu unterscheiden. Dieses kann entweder zwischen dem Gläubiger und dem Schuldner oder zwischen dem Schuldner und dem Übernehmer entstehen.[444]

Weiterhin ist eine Mitwirkung des Altschuldners nicht erforderlich.[445] Dies erklärt sich dadurch, dass durch die Schuldübernahme die Position des Schuldners verbessert und ihm keine Pflicht auferlegt wird. Die Schuldübernahme in dieser Form ist in seinen Wirkungen mit dem Vertrag zugunsten Dritter vergleichbar.

Diese Art der Schuldübernahme ist selten zu finden, weil wenn die Schuldübernahme keine Schenkung des Übernehmers an den Schuldner ist, muss Letzterer für die Schuldübernahme ein Entgelt zahlen.[446]

---

441 *Hontebeyrie,* RDC 2018, 314.

442 *Terré/Simler/Lequette/Chénedé,* Droit civil, les obligations, Rn. 701.

443 *Looschelders,* SchuldR AT S. 453 Rn. 2.

444 *Looschelders,* SchuldR AT S. 453 Rn. 2.

445 *Medicus/Lorenz,* SchuldR AT, Rn. 833.

446 *Medicus/Lorenz,* SchuldR AT Rn. 833.

Der Übernahmevertrag kann grundsätzlich formfrei und daher auch konkludent geschlossen werden.[447] Etwas anderes ergibt sich jedoch, wenn für das betreffende Schuldverhältnis spezielle Formvorschriften bestehen, deren Schutzzweck die Erfassung der Schuldübernahme wie die Schenkung nach § 518 BGB erfordert.[448]

II. Im französischen Recht

Im französischen Recht ist eine mit dem deutschen Recht vergleichbare Regelung des § 414 BGB nicht vorhanden. Das Gesetz sagt also nicht, ob der Übernahmevertrag auch zwischen dem Gläubiger und dem Übernehmer erfolgen kann.

§ 3. Rechtsfolgen der Schuldübernahme

A. Im deutschen Recht

I. Übernahme der Schuld

Mit der Schuldübernahme tritt der Übernehmer an die Stelle des Schuldners. Letzterer wird von seiner Leistungspflicht befreit. Die Schuld geht auf den Übernehmer über, so wie sie bei dem Schuldner bestand. Der Gläubiger muss sich ab diesem Zeitpunkt nun an den Übernehmer wenden. Zu berücksichtigen ist jedoch, dass der Vertragspartner des Gläubigers weiterhin der Altschuldner bleibt. Der Übernehmer tritt nicht in die Rechtsbeziehung zwischen Gläubiger und Schuldner ein. Konsequenterweise kann der Übernehmer keine Gestaltungsrechte ausüben, denn diese verbleiben bei dem ursprünglichen Schuldner.[449]

II. Sicherungsrechte

Nach § 418 Abs. 1 BGB erlöschen die für die Forderung bestellten Sicherheiten infolge der Schuldübernahme. § 418 Abs. 1 BGB gilt jedoch nur für akzessorische Sicherheiten. Eine Ausnahme besteht für Hypotheken. Diese geht nach § 1163 BGB als Eigentümergrundschuld auf den Eigentümer über. Dem Wortlaut nach ist § 418 Abs. 1 BGB zwar nicht auf nichtakzessorische Sicherungsrechte anzuwenden, aber eine entsprechende Anwendung dieser Norm auf nichtakzessorische Sicherungsrechte könnte gerechtfertigt sein.[450]

---

447 BGH, NJW 74, 852; Palandt/*Grüneberg*, § 414 Rn. 1.

448 *Looschelders*, SchuldR AT, S. 453 Rn. 4.

449 *Looschelders*, SchuldR AT, S. 453 Rn. 13.

450 MüKoBGB/*Heinemeyer*, § 415 Rn. 4.

Der von § 418 Abs. 1 BGB verfolgte Zweck besteht darin, den Sicherungsgeber zu schützen. Der Sicherungsgeber ist deshalb schutzwürdig, weil er das Risiko trägt, in Anspruch genommen zu werden, falls der Schuldner seiner Leistungspflicht nicht nachkommen kann. Der Sicherungsgeber muss für ihn einstehen. Aus diesem Grund werden die Interessen des Sicherungsgebers betroffen, wenn ein Schuldneraustausch stattfindet. Willigt der Sicherungsgeber jedoch in den Schuldneraustausch ein, dann ist er natürlich nicht mehr schutzwürdig. Konsequenterweise erlöschen die Sicherheiten nicht, wie dies aus § 418 Abs. 1 S. 3 BGB entnommen werden kann. Zu berücksichtigen ist jedoch, dass eine Genehmigung des Sicherungsgebers aus Rechtsicherheitsgründen nicht dazu führt, dass die erloschenen Sicherheiten wieder aufleben.[451]

Ferner ist § 418 Abs. 1 BGB nur bezüglich bestellter Sicherheiten anwendbar. Eine analoge Anwendung auf gesetzliche Sicherheiten wie das Werkunternehmerpfandrecht nach § 647 BGB ist grundsätzlich nicht zulässig.[452] Aber unter bestimmten Bedingungen ist eine solche analoge Anwendung des § 418 Abs. 1 BGB auf gesetzliche Sicherheiten denkbar.[453]

III. Einwendungen des Übernehmers

1. Aus dem Verfügungsgeschäft

Gem. § 417 Abs. 1 BGB kann der Übernehmer dem Gläubiger die Einwendungen entgegenhalten, welche sich aus dem Rechtsverhältnis zwischen dem Gläubiger und dem bisherigen Schuldner ergeben. Eine dem bisherigen Schuldner zustehende Forderung kann er nicht aufrechnen.

§ 417 Abs. 1 S. 1 BGB erklärt sich dadurch, dass die befreiende Schuldübernahme den Inhalt der Forderung des Gläubigers unverändert lässt. Aus diesem Grund kann der Übernehmer dem Gläubiger die Einwendungen entgegensetzen, die sich aus dem Schuldverhältnis zwischen dem Gläubiger und dem Altgläubiger ergeben. Gestaltungsrechte stehen ihm jedoch nicht zu, da er nicht zur Vertragspartei wird. Aus dem Schuldverhältnis zwischen dem Altschuldner und dem Übernehmer kann sich ein Anspruch des Übernehmers gegen den Altschuldner ergeben, das Gestaltungsrecht auszuüben. Zudem soll diese Vorschrift sicherstellen, dass der Gläubiger nicht wegen des bloßen Vorgangs der Schuldübernahme bessergestellt wird. Es ist darauf hinzuweisen, dass die

---

451 *Looschelders*, SchuldR AT, S. 453 Rn. 13.
452 *Looschelders*, SchuldR AT, S. 455 Rn. 13.
453 *Medicus/Lorenz*, SchuldR AT, Rn. 839.

Einwendungen nach § 417 Abs. 1 S. 1 BGB begründet sein müssen.[454] Das heißt: dem Grunde nach angelegt sein.[455]

Der Übernehmer kann dem Gläubiger alle Mängel der Schuldübernahme entgegenhalten. Will der Übernehmer die Schuldübernahme wegen anglistischer Täuschung anfechten, hängt es davon ab, ob er den Übernahmevertrag mit dem Altschuldner oder dem Gläubiger abgeschlossen hat.[456] Je nachdem richtet sich sein Anfechtungsrecht entweder nach § 123 Abs. 1 BGB oder nach § 123 Abs. 2 S. 1 BGB.

§ 417 Abs. 1 S. 2 sieht weiterhin vor, dass der Übernehmer eine dem bisherigen Schuldner zustehende Forderung nicht aufrechnen kann. Der Übernehmer kann über die fremde Forderung nicht Verfügung. Ihm fehlt hierfür die Verfügungsbefugnis.[457]

2. Aus dem Verpflichtungsgeschäft

Nach § 417 Abs. 2 BGB kann der Übernehmer gegenüber dem Gläubiger keine Einwendungen aus dem der Schuldübernahme zugrunde liegenden Rechtsverhältnis zwischen ihm und dem bisherigen Schuldner herleiten. Dies ist lediglich Ausfluss des Abstraktionsprinzips. Zu berücksichtigen ist hier allerdings, dass sich etwas anderes aus der Fehleridentität ergeben kann. Demnach schließt die Abstraktheit der Schuldübernahme nicht aus, dass der Mangel, der die Nichtigkeit des Grundgeschäfts begründet, auch zur Nichtigkeit der Schuldübernahme führt.[458] Des Weiteren können nach dem Parteienwillen das Verpflichtungs- und das Verfügungsgeschäft eine Einheit i. S. v. § 139 BGB bilden, sodass die Unwirksamkeit des Grundgeschäftes den Übernahmevertrag erfassen kann.[459]

B. Im französischen Recht: insbesondere nach der Reform von 2016

Die Rechtsfolgen der Schuldübernahme im französischen Recht hängen nach Art. 1327-1 f. C. civ. davon ab, ob der Gläubiger seine Zustimmung nicht nur bezüglich der Schuldübernahme an sich, sondern auch bezüglich der Befreiung des Altschuldners gegeben hat. Je nachdem liegt dann entweder eine

454 Palandt/*Grüneberg*, § 417 Rn. 2.
455 *Looschelders*, SchuldR AT, S. 456 Rn. 15.
456 *Looschelders*, SchuldR AT, S. 456 Rn. 16.
457 MüKoBGB/*Heinemeyer*, § 417 Rn. 7.
458 H-K-BGB/*Schulze*, § 417 Rn. 3.
459 H-K-BGB/*Schulze*, § 417 Rn. 3.

Schuldübernahme mit befreiender oder ohne befreiende Wirkung vor. Letzterer Fall ist mit dem deutschen Schuldbeitritt vergleichbar.

I. Schuldübernahme mit befreiender Wirkung

a. Die Übernahme der Schuld

Nach Art. 1327-2 S. 1 C. civ. ist der Schuldner von seiner Leistungspflicht für die Zukunft befreit, wenn der Gläubiger zu seiner Befreiung seine ausdrückliche Zustimmung erteilt.[460] Es erfolgt daher ein Schuldnerwechsel. Ab dem Zeitpunkt der Befreiung des Schuldners durch den Gläubiger kann Letzterer die Leistung nur noch von dem Übernehmer fordern. Der ursprüngliche Schuldner ist für die Zukunft befreit.

Des Weiteren reicht eine konkludente Zustimmung nicht aus für die Befreiung des Schuldners unter Berücksichtigung des Gesetzeswortlautes. Eine ausdrückliche Zustimmung ist *„y consent expressément"* erforderlich. Diese ausdrückliche Zustimmung kann mündlich oder schriftlich erfolgen.[461]

Problematisch ist jedoch, dass das Gesetz keine Regelung darüber trifft, wann genau der Altschuldner befreit ist.[462] Art. 1327-2 C. civ. sieht lediglich vor, dass der Altschuldner für die Zukunft befreit ist. Diese Frage gewinnt dann vor allem an Bedeutung, wenn der Gläubiger zur Befreiung des Altschuldners eingewilligt hat. Der Schuldner ist in einem solchen Fall gleich mit der Einwilligung oder erst mit dem Abschluss des Übernahmevertrages von seiner Leistungspflicht befreit. Es wird argumentiert, dass es dem Gläubiger überlassen ist, wann er den Altschuldner befreien will.[463] Er kann entscheiden, dass der Altschuldner mit dem Abschluss des Übernahmevertrages oder auch zu einem späteren Zeitpunkt befreit wird. Wobei im Fall der Einwilligung des Gläubigers zur Schuldübernahme wird man von ihm verlangen können, dass er spätestens zum Zeitpunkt seiner Kenntnisnahme, oder wenn die Schuldübernahme nach Art. 1327-1 C. civ. angezeigt wird, über die Frage der Befreiung des Schuldners entscheidet.

Darüber hinaus ist es wichtig darauf hinzuweisen, dass der Schuldnerwechsel, der infolge der Schuldübernahme eintritt, nicht dazu führt, dass der Übernehmer zum Vertragspartner wird. Der Altschuldner bleibt Vertragspartner des

---

460 Art. 1327-2 S. 1 C. civ.: «Si le créancier y consent expressément, le débiteur originaire est libéré pour l'avenir».

461 *Laithier*, La transmission des obligations en droit franco-belge, S. 779.

462 *Hontebeyrie*, RDC 2017, 378.

463 *Laithier*, La transmission des obligations en droit franco-belge, S. 779.

Gläubigers. Der Übernehmer übernimmt lediglich die Schuldnerstellung und kann von dem Gläubiger zur Leistung in Anspruch genommen werden.

b. Einwendungen und Sicherheiten

aa. Einwendungen

Dem Art. 1328 C. civ.[464] kann man Folgendes entnehmen: Der Übernehmer und der Altschuldner, falls Letzterer verpflichtet bleibt, können dem Gläubiger die der Schuld anhaftenden Einreden wie die Nichtigkeit, die Einrede des nicht erfüllten Vertrages, die Vertragsauflösung oder die Aufrechnung konnexer Schulden entgegenhalten. Jeder kann auch seine persönlichen Einreden geltend machen. Hier ist also zwischen den Schuld anhaftenden bzw. innewohnenden Einwendungen und den persönlichen Einwendungen zu unterscheiden.

(1). Einreden aus dem Grundgeschäft zwischen Altschuldner und Gläubiger

Die der Schuld anhaftenden Einwendungen sind solche, die hauptsächlich zwischen dem Altschuldner und dem Gläubiger entstanden sind. Es wird argumentiert, dass sich diese neue Regelung aus der Natur der Sache ergibt, weil der Übernehmer eine Schuld übernimmt, die identisch geblieben ist.[465] Es ist also logisch, dass er als Übernehmer der Schuld dem Gläubiger die Einwendungen entgegenhält, die zwischen dem Gläubiger und dem Altschuldner entstanden sind.

Ferner ist die Aufrechnung konnexer Schulden[466] zulässig. Diese Art von Aufrechnung wird als eine der Schuld anhaftenden Einwendung gesehen, also als eine aus dem Verhältnis zwischen Altschuldner und Gläubiger entstandene Einwendung.

Weiterhin ist darauf hinzuweisen, dass der Übernehmer auch Gestaltungsrechte geltend machen kann, wenn diese als der Schuld innewohnend gesehen werden können.

---

464 Art. 1328 C. civ.: «Le débiteur substitué, et le débiteur originaire s'il reste tenu, peuvent opposer au créancier les exceptions inhérentes à la dette, telles que la nullité, l'exception d'inexécution, la résolution ou la compensation de dettes connexes. Chacun peut aussi opposer les exceptions qui lui sont personnelles».

465 *Laithier*, La transmission des obligations en droit franco-belge, S. 780.

466 Siehe S. 97 für die Definition der konnexen Schulden.

(2). Persönliche Einwendungen

Bezüglich der persönlichen Einwendungen sieht Art. 1328 S. 2 C. civ. vor, dass jeder dem Gläubiger seine persönlichen Einwendungen entgegenhalten kann. Das bedeutet, dass der Übernehmer dem Gläubiger diesem gegenüber entstandenen Einwendungen entgegenhalten kann. Und dasselbe gilt auch für den Altschuldner, wenn der Gläubiger ihn nicht befreit hat.

(3). Einwendungen aus dem Übernahmevertrag zwischen Übernehmer und Altschuldner

Das französische Recht kennt grundsätzlich kein Trennungs- und Abstraktionsprinzip. Und im *Code Civil* gibt es auch keine Norm, die die Behandlung der Einwendungen aus dem Übernahmevertrag zwischen dem Übernehmer und dem Altschuldner regelt. Richtigerweise wird in dieser Situation vertreten, dass der Übernehmer diese Einwendungen gegen den Gläubiger nicht geltend machen kann.[467] Auch wenn der Gläubiger seine Zustimmung für die Schuldübernahme erteilt, wird er nicht zum Vertragspartner. Unter Berücksichtigung der Relativität der Schuldverhältnisse wird man wohl annehmen müssen, dass der Übernehmer seine aus dem Vertrag zu dem Altschuldner entstanden Einwendungen gegenüber dem Gläubiger nicht geltend machen kann.

bb. Sicherheiten

Im französischen Recht richtet sich das Schicksal der Sicherheiten nach Art. 1328-1 C. civ.[468] Demnach ist danach zu unterscheiden, ob der Altschuldner vom Gläubiger befreit wird oder nicht. Im Fall der Befreiung des Altschuldners durch den Gläubiger erlöschen die Sicherheiten, es sei denn, die Sicherheitsgeber erteilen ihre Zustimmung zum Gegenteil gem. Art. 1328-1 Abs. 1 S. 2 C. civ. Diese Regelung erklärt sich dadurch, dass mit der Schuldübernahme ein anderer an die Stelle des ursprünglichen Schuldners tritt. Die Solvenz dieser Schuldner ist den Sicherheitsgebern meistens unbekannt. Sie laufen also Gefahr in Anspruch genommen zu werden, falls der Übernehmer nicht solvent ist. Um

467 *Lasserre*, La cession de dette consacrée par le code civil à la lumière du droit allemand, D. 2016, 1578.

468 Art. 1328-1 C. civ.: «Lorsque le débiteur originaire n'est pas déchargé par le créancier, les sûretés subsistent. Dans le cas contraire, les sûretés consenties par des tiers ne subsistent qu'avec leur accord.
Si le cédant est déchargé, ses codébiteurs solidaires restent tenus déduction faite de sa part dans la dette»; *Deshayes*, RDC 2017, 189.

diesem Umstand gerecht zu werden, sieht Art. 1328-1 Abs. 1 S. 2 C. civ. vor, dass die Sicherheiten erlöschen, wenn der Altschuldner vom Gläubiger befreit wird. Das ist dem Gläubiger gegenüber auch nicht ungerecht, weil er die Wahl hat, den Altschuldner zu befreien oder nicht. Entscheidet er sich für die Lösung der Befreiung des Altschuldners, verliert er seine Sicherheiten.

II. Schuldübernahme ohne befreiende Wirkung

1. L'adjonction de débiteurs

a. Allgemeines

Nach Art. 1327-2 C. civ.[469] ist der ursprüngliche Schuldner für die Zukunft befreit, wenn der Gläubiger dafür seine ausdrückliche Zustimmung erteilt. Anderenfalls entsteht eine gesamtschuldnerische Haftung, es sei denn, eine entgegenstehende Klausel wurde vereinbart. Art. 1327-2 S. 2 C. civ. führt zu einer solidarischen Haftung des ursprünglichen Schuldners und des Übernehmers. Es handelt sich also nicht um einen Fall der Schuldübernahme, sondern um den des Schuldbeitritts, wie man es aus dem deutschen Recht kennt. Würde der „Übernehmer" sich nur gegenüber dem Schuldner verpflichten, den Gläubiger zu befriedigen, dann würde hier lediglich eine Erfüllungsübernahme vorliegen.

In der Literatur wird richtigerweise vertreten, dass es sich bei der Schuldübernahme ohne befreiende Wirkung lediglich um einen Schuldbeitritt[470] „*adjonction de débiteurs*" handelt, der nicht als Schuldübernahme im engeren Sinn qualifiziert werden sollte.

Wenn der Gläubiger seine Zustimmung zur „Schuldübernahme" erteilt, ohne den ursprünglichen Schuldner zu befreien, handelt es sich entgegen dem Wortlaut des Art. 1327-2 *Code Civil* um einen Schuldbeitritt (*adjonction de débiteurs*) und nicht um eine Schuldübernahme.

Der Gläubiger kann jeden der Schuldner für die Höhe der Gesamtschuld in Anspruch nehmen. Konsequenterweise kann der neue Schuldner gegen den Altschuldner seinerseits vorgehen, wenn er den Gläubiger befriedigt hat, es sei denn, etwas anderes wurde vereinbart. Dieser Gedanke hat seinen gesetzlichen

469 Art. 1327-2 C. civ.: «Si le créancier y consent expressement, le débiteur originaire est libéré pour l'avenir. A défaut, et sauf clause contraire, il est tenu solidiairement au paiement de la dette».

470 *François*, RDC 2016, 45; *Porchy-Simon*, Les obligations, Rn. 1175.

Niederschlag in dem Art. 1318 S. 3 C. civ.[471] gefunden. Demnach können die anderen Schuldner den ursprünglichen Schuldner in Anspruch nehmen, wenn sie den Gläubiger bezahlt haben. Zu berücksichtigen ist jedoch, dass gem. Art. 1327-2 S. 2 C. civ. die Parteien etwas anderes vereinbaren können.

b. Einwendungen

Art. 1328 C. civ. regelt wie bereits erwähnt die Frage der Einwendungen. Demnach können der Altschuldner, wenn dieser nicht befreit wurde, und der neue Schuldner dem Gläubiger die der Schuld anhaftenden Einwendungen wie die Nichtigkeit, die Einrede des nicht erfüllten Vertrags, die Vertragsauflösung oder die Aufrechnung entgegenhalten. Jeder kann auch seine persönlichen Einwendungen geltend machen. Die Rechtlage des neuen Schuldners bleibt dieselbe wie bei der Schuldübernahme mit befreiender Wirkung. Er kann die Schuld anhaftenden Einwendungen, die sich aus dem Vertrag zwischen Gläubiger und Altschuldner ergeben, sowie seine persönlichen Einwendungen zum Gläubiger geltend machen.

Der Altschuldner kann sich seinerseits auch nicht nur auf die der Schuld anhaftenden Einwendungen berufen, sondern auch auf seine persönlichen Einwendungen zum Gläubiger.

c. Sicherheiten

Nach Art. 1328-1 S. 1 C. civ. erlöschen die zur Besicherung der Forderung bestellten Sicherheiten zugunsten des Gläubigers nicht, wenn der ursprüngliche Schuldner vom Gläubiger nicht befreit wird. Die „Schuldübernahme“ ohne befreiende Wirkung ist eine günstige Rechtskonstruktion für den Gläubiger. Er behält seinen ursprünglichen Schuldner und die Sicherheiten, die zur Besicherung seiner Forderung bestellt wurden und dazu erhält er einen zusätzlichen Schuldner, gegen den er ebenfalls vorgehen kann. Die Sicherheiten erlöschen nicht, weil der Gläubiger den ursprünglichen Schuldner nicht befreit. Bezüglich dieser ändert sich jedoch nichts. Der neue Schuldner tritt lediglich der Schuld bei.

---

471 Art. 1318 C. civ.: «Si la dette procède d'une affaire qui ne concerne que l'un des codébiteurs solidaires, celui-ci est seul tenu de la dette à l'égard des autres. S'il l'a payée, ils disposent d'un recours contre lui».

2. *Ein Vergleich mit dem deutschen Schuldbeitritt*

a. *Allgemeines*

Der Schuldbeitritt hat im deutschen Recht noch keinen allgemeinen gesetzlichen Niederschlag gefunden. Der Schuldbeitritt ist jedoch unter Berücksichtigung der schuldrechtlichen Typenfreiheit zulässig.[472] Diese kumulative Schuldübernahme bzw. Schuldmitübernahme lässt sich grundsätzlich auf zwei Wegen gestalten. Der Schuldbeitritt erfolgt meistens durch Vertrag zwischen dem neuen Schuldner und dem Gläubiger. Es ist auch möglich, dass der ursprüngliche Schuldner und der beitretende einen echten Vertrag zugunsten des Gläubigers i. S. v. § 328 BGB abschließen. Hier ist natürlich eine Zustimmung des Gläubigers nicht erforderlich. Dies erklärt sich dadurch, dass seine Interessen nicht verletzt werden. Außerdem kann er auch von seinem Zurückweisungsrecht Gebrauch machen und den gewonnenen Anspruch gem. § 333 BGB zurückweisen.[473] Bezüglich des Schuldbeitritts ist ein Formzwang nicht vorgesehen.[474]

b. *Rechtsfolgen*

Der Schuldbeitritt führt dazu, dass der Gläubiger einen zusätzlichen Schuldner erhält, auf den er zugreifen kann. Ferner haften beide Schuldner als Gesamtschuldner i. S. v. §§ 421 ff. BGB.[475]

Weiterhin wird gegen den Beitretenden eine zusätzliche Schuld begründet, die mit dem Inhalt der Hauptschuld zum Zeitpunkt des Beitritts gleich ist.[476] Hat der Beitretende den Gläubiger befriedigt, kann er seinerseits den ursprünglichen Schuldner grundsätzlich in Regress nehmen. Ein solcher Anspruch kann sich aus § 426 BGB oder im Fall des Auftrages aus § 670 BGB ergeben.[477]

Bezüglich der Einwendungen kann der Beitretende dem Gläubiger die Einwendungen des ursprünglichen Schuldners, die zum Zeitpunkt des Beitritts begründet waren, gem. § 417 Abs. 1 BGB analog entgegenhalten. Der Beitretende soll die Möglichkeit erhalten, die Einwendungen geltend zu machen, die zum Zeitpunkt seines Beitrittes begründet waren.[478] Für

---

472 *Medicus/Lorenz,* SchuldR AT, Rn. 910.
473 *Looschelders*, SchuldR AT, S. 458 Rn. 22.
474 *Medicus/Lorenz,* SchuldR AT, Rn. 910.
475 *Medicus/Lorenz,* SchuldR AT, Rn. 911.
476 Palandt/*Grüneberg,* Überbl. v. § 414 Rn. 7.
477 *Medicus/Lorenz,* SchuldR AT, Rn. 911.
478 *Medicus/Lorenz,* SchuldR AT, Rn. 911.

die Einwendungen, die später entstanden sind, finden die §§ 442 ff. Anwendung.[479]

Wenn es um die eigenen Einwendungen des Beitretenden aus seinem Rechtsverhältnis zum Altschuldner geht, sind zwei Fälle zu unterscheiden. Wenn der Beitretende den Schuldbeitrittsvertrag mit dem Gläubiger geschlossen hat, so kann der Beitretende dem Gläubiger seine Einwendungen aus seinem Rechtsverhältnis zum Altschuldner gem. § 417 Abs. 2 BGB nicht analog entgegenhalten. Etwas anderes ergibt sich erst dann, wenn der Beitretende den Schuldbeitrittsvertrag mit dem Altschuldner geschlossen hat. Der Gläubiger muss sich in einem solchen Fall die Einwendungen aus dem Rechtsverhältnis zwischen Beitretendem und Altschuldner entgegenhalten lassen i. S. v. § 334 BGB.[480]

§ 4. Zusammenfassung und Würdigung des Rechtsvergleichs der Auswechselung des Schuldners

A. Zusammenfassung

Mit der Reform des französischen Rechts vom 2016 sind jetzt das französische und das deutsche Recht bezüglich der Schuldübernahme im Einklang, und zwar im Sinne, dass beide Rechtsordnungen das Rechtsinstitut der Schuldübernahme nicht nur anerkennen, sondern auch gesetzlich regeln.

In der Rechtskonstruktion sind allerdings einige Unterschiede feststellbar. Im französischen Recht erfolgt die Schuldübernahme lediglich durch Vertrag zwischen dem ursprünglichen Schuldner und dem Übernehmer – dieser Vertrag wird dann vom Gläubiger genehmigt. Der Fall des Abschlusses des Übernahmevertrages zwischen dem Übernehmer und dem Gläubiger ist nicht vorgesehen. Im deutschen Recht sind beide Arten der Schuldübernahme gesetzlich vorgesehen. Zudem ist im deutschen Recht das Trennungs- und Abstraktionsprinzip, das im französischen Recht nicht zu finden ist, zu beachten.

Erfolgt der Schuldübernahmevertrag zwischen dem Schuldner und dem Übernehmer, ist den beiden Rechtsordnungen gemeinsam, dass der ursprüngliche Schuldner ohne Mitwirkung des Gläubigers nicht befreit werden kann.

Grundsätzlich erfolgt der Schuldübernahmevertrag im deutschen Recht formlos, im französischen Recht ist ein Formerfordernis *ad validatem* erforderlich.

Weiterhin wird die Schuldübernahme wirksam und der ursprüngliche Schuldner wird befreit, wenn der Gläubiger im deutschen Recht der Schuldübernahme

---

479 *Looschelders*, SchuldR AT, S. 64 Rn. 24.

480 *Schlechtriem/Schmiedt-Kessel*, SchuldR AT, Rn. 822.

zugestimmt hat. Eine einzige Willenserklärung ist hierfür nötig. Im französischen Recht hingegen muss der Gläubiger zweimal mitwirken. Zum ersten Mal muss er seine Zustimmung zur Wirksamkeit des Übernahmevertrages ihm gegenüber und zum zweiten Mal zur Befreiung des ursprünglichen Schuldners erteilen.

Was die Sicherheiten angeht, sehen die beiden Rechtsordnungen das Gleiche vor. Stimmt der Gläubiger der Befreiung des ursprünglichen Schuldners zu, dann erlöschen die vom Dritten zur Besicherung der Forderung bestellten Sicherheiten. Es sei denn, diese bestimmen etwas anderes.

Bezüglich der Einwendungen sehen die beiden Rechtsordnungen grundsätzlich ebenfalls das Gleiche vor. Der Übernehmer kann die der Schuld anhaftenden Einwendungen gegenüber dem Gläubiger geltend machen. Es handelt sich um die Einwendungen, die sich aus dem Rechtsverhältnis zwischen Gläubiger und ursprünglichem Schuldner ergeben. Unterschiede bestehen allerdings bezüglich der Gestaltungsrechte. Im deutschen Recht kann der Übernehmer diese nicht gegen den Gläubiger geltend machen, da er nicht Vertragspartei ist. Die Gestaltungsrechte verbleiben bei dem ursprünglichen Schuldner. Das französische Recht hingegen berücksichtigt die Gestaltungsrechte als die der Schuld anhaftenden Einwendungen und daher können sie vom Übernehmer geltend gemacht werden.

Zudem können die Einwendungen, die sich aus dem Verpflichtungsgeschäft ergeben, das heißt aus dem der Schuldübernahme zugrunde liegenden Geschäft, dem Gläubiger gegenüber nicht geltend gemacht werden. Es sei denn, dieses Rechtsgeschäft wurde zwischen dem Übernehmer und dem Gläubiger abgeschlossen. Diese Frage ist im französischen Recht zwar nicht ausdrücklich geregelt, es wird jedoch überwiegend vertreten, dass hier unter Berücksichtigung der Relativität der Schuldverhältnisse zwei Verträge zu unterscheiden sind, auch wenn das Trennungs- und Abstraktionsprinzip im französischen Recht nicht gegeben ist. Der Schuldübernahmevertrag ist von dem Vertrag zu unterscheiden, der zu dem Schuldübernahmevertrag geführt hat. Der Übernehmer kann die Einwendungen, die sich aus dem Vertrag, der den Grund des Schuldübernahmevertrages darstellt, dem Gläubiger nicht entgegenhalten. Aus deutscher Sicht würde man den Satz folgendermaßen formulieren: Die Einwendungen aus dem Verpflichtungsgeschäft können vom Übernehmer dem Gläubiger gegenüber nicht entgegengehalten werden.

B. Würdigung des Rechtsvergleichs

Es ist zwar zu begrüßen, dass die Schuldübernahme auch im französischen Recht einen gesetzlichen Niederschlag gefunden hat. Die Reform bezüglich der Schuldübernahme wäre noch zufriedenstellender, wenn die Möglichkeit eines Abschlusses des Schuldübernahmevertrages zwischen dem Gläubiger und dem Übernehmer vorgesehen worden wäre, wie im deutschen Recht. Eine solche Konstruktion bringt in keiner Weise Rechtsgefahr für den ursprünglichen Schuldner mit sich.

Auf den ersten Blick kann das französische System der Schuldübernahme bezüglich der Zustimmung des Gläubigers als sehr kompliziert geregelt gesehen werden. Es ist fraglich, warum eine doppelte Zustimmung des Gläubigers – einmal für die Rechtswirkungsentfaltung der Schuldübernahme ihm gegenüber und einmal für die Befreiung des Schuldners – erforderlich ist. Eine einzige Zustimmung wäre durchaus ausreichend gewesen. Mit der Zustimmung des Gläubigers hätte die Schuldübernahme ihm gegenüber Rechtswirkungen entfaltet und der ursprüngliche Schuldner wäre damit auch befreit worden.

Den Vorteil dieser zwei erforderlichen Zustimmungen kann man jedoch möglicherweise daran erkennen, dass die Normen über die Schuldübernahme und das Erfordernis der doppelten Zustimmung nicht nur das Rechtsinstitut der Schuldübernahme regelt, sondern auch das des Schuldbeitritts. Der Schuldbeitritt hat also auch im französischen Recht indirekt einen gesetzlichen Niederschlag gefunden. Bei der ersten Zustimmung des Gläubigers entfaltet die Schuldübernahme ihm gegenüber Rechtswirkung. Bei der zweiten Zustimmung wird der ursprüngliche Schuldner von seiner Leistungspflicht befreit. Andernfalls tritt lediglich ein Schuldbeitritt ein.

Kapitel III: Die Vertragsübernahme

§ 1. Einführung

Gem. Art. 1216 Abs. 1 C. civ. kann ein Vertragspartner (der Zedent) seine Eigenschaft als Vertragspartei mit der Zustimmung seines Vertragspartners (der „Zedierte“) an einen Dritten (der Zessionar) abtreten.[481] Die Norm spricht von Vertragsabtretung, aber diese Begrifflichkeit bringt keine besondere inhaltliche Bedeutung mit sich. Gemeint ist lediglich die Vertragsübernahme, wie man es im deutschen Recht kennt.

Das Rechtsinstitut der Vertragsübernahme wurde also in dem französischen Recht kodifiziert. Im deutschen Recht hat dieses Rechtsinstitut noch keinen gesetzlichen Niederschlag gefunden. Das französische Recht seinerseits hat das Rechtsinstitut der Vertragsübernahme erst mit der Reform von 2016 in den *Code Civil* eingeführt.[482]

Unter Vertragsübernahme in den beiden Rechtsordnungen versteht man die Übertragung eines Schuldverhältnisses im Ganzen.[483] Die Vertragsübernahme führt zu einer vollständigen Auswechselung einer Vertragspartei. Die Passiva und Aktiva des Vertrages gehen auf sie über. Auch geht die Vertragsübernahme in den beiden Rechtsordnungen über die Kombination einer Forderungsabtretung und einer Schuldübernahme hinaus. Bei der Vertragsübernahme tritt der Dritte in die Vertragsposition der ausscheidenden Vertragspartei. Daraus folgt, dass dem neuen Vertragspartner alle Rechte eines Vertragspartners zustehen und er andererseits die Pflichten zu beachten hat, die sich aus dem Vertrag ergeben. Die Vertragsübernahme ist also nicht eine bloße Forderungsabtretung.[484]

Nach deutschem Recht kann der Vertrag rechtsgeschäftlich übertragen werden. Das französische Recht regelt dasselbe mit dem Art. 1216 C. civ. Fraglich ist jedoch, ob alle Verträge abtretbar sind. Man wird jedoch annehmen müssen, dass Verträge, bei denen die Person des Vertragspartners von erheblicher Bedeutung ist, sog. Verträge mit *intuitu personae* Elemente bzw. höchstpersönliche Verträge

481 Art. 1216 Abs. 1 C. civ.: «Un contractant, le cédant, peut céder sa qualité de partie au contrat à un tiers, le cessionaire, avec l'accord de son cocontractant, le cédé».

482 *Pillet*, RDC 2017, 392; *Tadros*, RDC 2017, 400.

483 *Maurer*, BWNotZ 2005, 114; *Bénabent*, Droit des obligations, Rn. 274.

484 *Danos*, RDC 2019, 110.

grundsätzlich nicht übertragbar sind.[485] Ausnahmsweise können die Vertragsparteien etwas anderes bestimmen, wenn diese Bestimmung nicht gegen gesetzliche Verbote verstößt.[486]

Des Weiteren ist die rechtsgeschäftliche Vertragsübernahme von der gesetzlichen zu unterscheiden. In den beiden Rechtsordnungen findet man im BGB und im *Code Civil* zerstreut Normen über die gesetzliche Vertragsübernahme.

§ 566 BGB Abs. 1 BGB sieht Folgendes vor: Wird der vermietete Wohnraum nach der Überlassung an den Mieter von dem Vermieter an einen Dritten veräußert, so tritt der Erwerber anstelle des Vermieters in die sich während der Dauer seines Eigentums aus dem Mietverhältnis ergeben Rechte und Pflichten ein. Inhaltsgleich sieht Art. 1743 C. civ. vor, dass, wenn der Vermieter die vermietete Sache verkauft, kann der Käufer den Bauer, den „Pächter" oder den Mieter, der einen wirksamen Mietvertrag hat, nicht kündigen.

Genauso sehen es auch § 613a BGB und Art. L. 1224-1 C. trav. Nach diesen Normen tritt kraft Gesetzes der rechtsgeschäftliche Erwerber eines Betriebes oder Betriebsteils in die zum Zeitpunkt des Übergangs bestehenden Arbeitsverhältnisse ein.

Im Versicherungsrecht regeln § 69 VGG und Art. L. 1224-1 C. assur., dass der rechtsgeschäftliche Erwerber der versicherten Sache in den bestehenden Versicherungsvertrag eintritt.

Außer den gesetzlichen Vertragsübernahmefällen war es fraglich im französischen Recht, ob ein Vertrag rechtsgeschäftlich übernommen werden konnte. Vor der Reform von 2016 wurde diese Frage kontrovers diskutiert.[487] Die Rechtsprechung hatte bereits vor der Reform die Möglichkeit für die Übernahme eines Vertrages anerkannt.[488]

Die Reform von 2016 hat dem Meinungsstreit bezüglich der Vertragsübernahme ein Ende gesetzt und die Rechtsprechung kodifiziert. Die Voraussetzungen und Rechtsfolgen der Vertragsübernahme sind nun in dem Art. 1216 C. civ. geregelt.

Ferner gewinnt diese Rechtsfigur weiterhin größere praktische Relevanz, vor allem bei der Veräußerung von Unternehmen. Denn normalerweise wollen die

---

485 BeckOGK/*Heinig, BGB* § 414 Rn. 34; *Pillet*, La transmission des obligations en droit franco-belge, S. 1005 Rn. 27.

486 BeckOGK/*Heinig, BGB* § 414 Rn. 34; *Pillet*, La transmission des obligations en droit franco-belge, S. 1005 Rn. 27.

487 *Porchy-Simon*, Les obligations, Rn. 1178.

488 Cass. 1ière civ., 14 dec. 1982, D. 1983. 413, note *L. Aynès*.

Beteiligten, dass der Käufer nicht nur bezüglich der vertraglichen Pflichten, sondern auch hinsichtlich der Rechte an die Stelle des Verkäufers eintritt.[489] Das ist vor allem bei Dauerschuldverhältnissen, bei denen für die Zukunft weitere Leistungen ausstehen, wenn ausschließlich der Käufer an diesen Leistungen interessiert ist.

Auch wenn die rechtsgeschäftliche Vertragsübernahme im deutschen Recht nicht kodifiziert ist, ist sie nach überwiegender Auffassung zulässig.[490] Aufgrund der vergleichbaren Situation finden im Grundsatz die Normen der Forderungsabtretung gem. §§ 398 BGB sowie die der Schuldübernahme gem. §§ 414 ff. BGB auf die Vertragsübernahme je nach Lage entsprechend Anwendung.[491] Des Weiteren ist hier wiederum zu berücksichtigen, dass die Vertragsübernahme im deutschen Recht eine Verfügung über das Schuldverhältnis als Ganzes darstellt, und muss daher von dem ihr zugrunde liegenden Kausalgeschäft unterschieden werden.

§ 2. Die Rechtsgeschäftliche Vertragsübernahme

A. Voraussetzungen

I. Materielle Voraussetzungen

1. Im französischen Recht

Bezüglich der materiellen Voraussetzungen formuliert der *Code Civil* die Regeln der Vertragsübernahme wie die der Schuldübernahme. Es handelt sich um einen Vertrag, bei dem alle Beteiligten mitwirken müssen. Die Übernahme erfolgt durch einen Vertrag zwischen dem Übernehmer und der ausscheidenden Vertragspartei mit dem Inhalt, dass der Übernehmer neuer Vertragspartner wird. Grundsätzlich kann aufgrund der Vertragsautonomie jede Vertragsart übernommen werden. Es sind jedoch bestimmte Ausnahmen zu beachten. Zum Beispiel, wie bereits dargelegt, sind grundsätzlich höchstpersönliche Verträge nicht abtretbar, es sei denn, die Vertragsparteien haben etwas anderes vereinbart und diese Vereinbarung verstößt nicht gegen gesetzliche Verbote. Zudem können nur Verträge übernommen werden, die noch nicht alle ihre Wirkungen entfaltet haben wie Dauerschuldverhältnisse oder Verträge, bei denen die Leistungen

489 BeckOGK/*Heinig*, *BGB* § 414 Rn. 28 ; vgl. *Malinvaud/Mekki/Seube*, Droit des obligations, Rn. 524.

490 *Medicus/Lorenz*, SchuldR AT, Rn. 845.

491 BeckOGK/*Heinig*, *BGB* § 414 Rn. 40.

noch nicht bewirkt wurden.[492] Schließlich ist die Vertragsübernahme nicht möglich, wenn eine Klausel des zu übernehmenden Vertrags es wirksam verbietet.[493]

Die Mitwirkung der verbliebenen Vertragspartei ist für die Wirksamkeit der Vertragsübernahme erforderlich. Vor der Reform von 2016 wurde die Frage der Mitwirkung der verbliebenen Vertragspartei im französischen Recht kontrovers diskutiert. Zwei Entscheidungen[494] der *Cour de Cassation* setzten dem Streit ein Ende und entschieden, dass die Zustimmung des „Zedierten" (der Vertragspartner, der seinen ursprünglichen Vertragspartner verliert) zur Wirksamkeit der Vertragsübernahme unerlässlich ist. Diese Lösung der *Cour de Cassation* wurde nun in Art. 1216 Abs. 1 C. civ. kodifiziert. Dieser Norm kann man entnehmen, dass ohne die Zustimmung des „Zedierten" der Übernahmevertrag unwirksam ist und keine Rechtswirkungen entfaltet. Dies erklärt sich dadurch, dass der „Zedierte" schutzwürdig ist. Es soll verhindert werden, dass ihm ein Vertragspartner ohne sein Einverständnis aufgedrängt wird. Die Person des Übernehmers kann für den „Zedierten" von erheblicher Bedeutung sein. Um diesem Umstand Rechnung zu tragen, wurde die Wirksamkeit der Vertragsübernahme von der Zustimmung des „Zedierten" abhängig gemacht.

Des Weiteren ist darauf hinzuweisen, dass die Mitwirkung aller Beteiligten, nämlich des „Zedierten", des Übernehmers und des ausscheidenden ursprünglichen Vertragspartners, nicht dazu führt, dass ein Vertrag zwischen allen Beteiligten zustande kommt.[495] Die Zustimmung des „Zedierten" führt lediglich dazu, dass die Vertragsübernahme wirksam wird. Er wird nicht zum Vertragspartner. Folglich sind lediglich der Übernehmer und der ausscheidende Vertragspartner die Vertragsparteien der Vertragsübernahme.

Die erforderliche Zustimmung des „Zedierten" kann unter Umständen zu verschiedenen Zeitpunkten erfolgen. Sie kann zum Beispiel zum Zeitpunkt des Abschlusses des Übernahmevertrages oder zum Zeitpunkt des Abschlusses des zu übernehmenden Vertrages erfolgen. Hier ist Art. 1216 Abs. 2 C. civ. zu berücksichtigen. Danach kann diese Zustimmung im Voraus erfolgen, namentlich zwischen den ursprünglichen Vertragspartnern. In einem solchen Fall entfaltet der Übernahmevertrag erst dann Rechtswirkung gegenüber dem „Zedierten", wenn er ihm angezeigt wurde oder er davon Kenntnis genommen hat.

---

492 *Porchy-Simon,* Les obligations, Rn. 1181.

493 *Porchy-Simon,* Les obligations, Rn. 1181.

494 Cass. com., 6 mai 1997, D. 1997, 588, note M. *Billiau et C. Jamin*; Cass. com., 18 déc. 2007, Bull. n° 268.

495 *Malinvaud/Mekki/Seube*, Droit des obligations, Rn. 527.

Fraglich ist jedoch, wie die Situation zu würdigen ist, wenn der „Zedierte“ seine Zustimmung zur Vertragsübernahme verweigert. Grundsätzlich ist ihm überlassen, ob er seine Zustimmung erteilt oder verweigert. Das Gesetz sieht Gegenteiliges nicht vor. Nur so kann der durch die Zustimmung des „Zedierten“ verfolgte Zweck erreicht werden, nämlich den Schutz des „Zedierten“ vor einem Aufdrängen eines anderen Vertragspartners, den er selbst nicht ausgewählt hat. Der „Zedierte“ muss jedoch die Grenzen des Rechtsgrundsatzes des Rechtsmissbrauches beachten. Und das vor allem, wenn man berücksichtigt, dass die Zustimmung des „Zedierten“ zur Vertragsübernahme nicht automatisch zum Austausch seines Vertragspartners führt.

2. *Im deutschen Recht*

Im deutschen Recht wird vertreten, dass ein dreiseitiger Übernahmevertrag zwischen allen Beteiligten zulässig ist.[496] Darüber hinaus und unter Berücksichtigung des § 415 BGB analog ist eine Vereinbarung zwischen ausscheidender und eintretender Vertragspartei zulässig.[497] Im letzteren Fall, wie sich aus § 415 BGB analog ergibt, ist zur Wirksamkeit der Vertragsübernahme die Genehmigung der verbliebenen Vertragspartei erforderlich. Zudem kann man unter entsprechender Anwendung des § 414 BGB ebenfalls vertreten, dass der Übernahmevertrag zwischen dem Übernehmer und dem verbliebenen Vertragspartner abgeschlossen werden kann. Zur Wirksamkeit des Vertrages ist jedoch die Zustimmung des ausscheidenden Vertragspartners erforderlich.[498] Auch ist die letzte Möglichkeit zulässig, nämlich eine Vereinbarung zwischen dem verbliebenen und der ausscheidenden Vertragspartei mit der Zustimmung des Übernehmers.[499]

Zusammenfassend lässt sich also sagen, dass eine Vereinbarung zwischen zwei Beteiligten unter der Zustimmung des Drittens ausreichend ist. Diese Abschlussformen der Vertragsübernahme sind deshalb möglich, weil alle Beteiligten Einfluss auf ihren Abschluss haben. Ferner werden sie keine Vertragspartner ohne ihre Zustimmung und sie sehen sich keiner bestimmten Situation aufgedrängt.

Ist der Übernahmevertrag wirksam zustande gekommen, spielt ein im Vertrag vorgesehenes Übertragungs- oder Abtretungsverbot i. S. v. § 399 Alt. 2 BGB keine Rolle mehr.[500] Das

496 BeckOGK/*Heinig, BGB* § 414 Rn. 44.
497 *Dörner*, NJW 1986, 2916 (2918).
498 BeckOGK/*Heinig, BGB* § 414 Rn. 44.
499 BGHZ 72, 394 (396) = NJW 1979, 369 (370).
500 *Wagner*, JuS 1997, 690 (692).

Übertragungs- oder Abtretungsverbot muss nicht vorher aufgehoben worden sein.[501]

Es ist auch möglich, zukünftige Verträge zu übernehmen, wenn die allgemeinen Regeln beachtet werden. Damit ist gemeint, dass der künftig zu übernehmende Vertrag als hinreichend bestimmt bezeichnet sein muss, sodass ein unbeteiligter Dritter ohne Zuhilfenahme besonderer Umstände den Vertrag individualisieren kann.[502]

Da für die Vertragsübernahme eine Vereinbarung zwischen lediglich zwei Parteien mit der Zustimmung der dritten Partei zulässig ist, fragt man sich, wie diese Zustimmung zu erfolgen hat. Hier ist auf jeden Fall nicht nur die nachträgliche, sondern auch die vorherige Zustimmung ausreichend.[503] Die Zustimmung kann gem. § 182 Abs. 1 BGB gegenüber beiden Teilen erklärt werden und ist gem. § 182 Abs. 2 BGB formfrei möglich.[504] Die Zustimmung ist als einseitige empfangsbedürftige Willenserklärung mit ihrem Zugang wirksam und bedarf keiner Annahme oder Bestätigung durch den Empfänger.[505]

II. Formelle Voraussetzungen

1. Formerfordernisse

a. Im französischen Recht

Im französischen Recht ist die Vertragsübernahme ein formbedürftiges Rechtsgeschäft. Gem. Art. 1216 Abs. 3 C. civ.[506] muss die Vertragsübernahme schriftlich erfolgen. Die Nicht-Beachtung dieses Formerfordernisses führt zur Nichtigkeit der Vertragsübernahme. Vor der Reform von 2016 war die Vertragsübernahme im französischen Recht zwar nicht kodifiziert worden, aber sie war formlos möglich. Das Formerfordernis wurde mit der Reform eingeführt.

b. Im deutschen Recht

Im deutschen Recht bedarf die Vertragsübernahme der Form des übernommenen Vertrages.[507] Der Leitsatz der höchstrichterlichen Entscheidung, der

501 *Schaffland*, Die Vertragsübernahme, S. 57.
502 *Schaffland*, Die Vertragsübernahme, S. 57.
503 BeckOGK/*Heinig, BGB* § 414 Rn. 46; OLG köln 2000, 267 (268).
504 BGHZ 137, 255 (259 f.); Staudinger/*Busche*, Einl. §§ 398 ff., Rn. 201.
505 BeckOGK/*Heinig, BGB* § 414 Rn. 47.
506 Art. 1216 Abs. 3 C. civ.: «La cession doit être constatée par écrit, à peine de nullité».
507 BGHZ 72, 394.

festgelegt hat, dass die Vertragsübernahme der Form des übernommenen Vertrags bedarf, lautet wie folgt: „Hat der Vermieter eines Grundstücks dem Mieter in dem schriftlich abgeschlossenen Vertrage das Recht eingeräumt, Substituten zu benennen, die auf Zeit in die Rechtstellung als Mieter eintreten, während der bisherige Mieter für die Dauer der Substitution die Bürgschaft für die Erfüllung der Mieterpflichten zu übernehmen hat, so bedarf der Vertrag zwischen Mieter und Substituten für längere Zeit als ein Jahr der Schriftform (Ergänzung zu BGHZ 65, 49)".[508] Der Urteilsbegründung kann man entnehmen, „dass nicht einzusehen ist, weshalb die Änderung eines Mietverhältnisses in einem so wesentlichen Punkt wie die Identität der Vertragsparteien nicht formbedürftig sein soll".[509]

Bezüglich der Form des Übernahmevertrages wird die Auffassung vertreten, dass sich dies nicht aus der Rechtsnatur der Vertragsübernahme als Nachfolgegeschäft, sondern von Fall zu Fall aus dem von der Formvorschrift verfolgten Zweck ergibt.[510] Des Weiteren wird vorgebracht, dass die Vorgehensweise der Rechtsprechung nicht konsequent ist.[511] Die Anwendung der Formvorschriften zum Beispiel von Kausalverträgen auf abstrakte Rechtsgeschäfte bedeutet eine Vermischung der Vorschriften für das Kausalgeschäft einerseits und für Verfügungsgeschäft andererseits, was mit dem Trennungs- und Abstraktionsprinzip nicht in Einklang zu bringen ist. Zudem wurde ein Formerfordernis gesetzlich nicht vorgesehen. Trotzdem ist die Vorgehensweise der Rechtsprechung vorzugswürdig. Sie trägt den Interessen aller Parteien Rechnung. So werden auch die vom Gesetzgeber verfolgten Ziele durch das Vorschreiben eines Formerfordernisses verwirklicht. Soll ein Kaufvertrag über den Kauf eines Grundstücks übernommen werden, so ist der Übernehmer auch ausreichend geschützt, wenn der Vertrag notariell beurkundet wird gem. § 311b BGB. Der Notar wird den Übernehmer ebenfalls ausreichend beraten können.

---

508 *Maurer*, BWNotZ 2005, 114.
509 *Maurer*, BWNotZ 2005, 114.
510 Erman/*Röthel*, vor § 414 Rn. 7.
511 Vgl. *Martinek*, JZ 2000, 551.

2. *Wirkungsentfaltung der Vertragsübernahme gegenüber den Beteiligten: „opposabilité“*

a. *Im französischen Recht*

Wie bereits aus den anderen Rechtsfiguren kennengelernt, spielt die Frage der „*opposabilité*“ bzw. Wirkungsentfaltung der Rechtsgeschäfte im französischen Recht eine erhebliche Rolle. Dieselbe Problematik stellt sich hier erneut.

Die Reform von 2016 hat bezüglich der Frage der Entgegenhaltbarkeit der Vertragsübernahme hauptsächlich gegenüber dem „Zedierten“ (der ursprüngliche Vertragspartner, der bleibt) Neuerungen eingeführt. Dieser Punkt lässt sich besser erfassen, wenn die Lage vor und nach der Reform von 2016 dargestellt wird.

Die Vertragsübernahme (im französischen Recht Vertragsabtretung) war vor der Reform von 2016 im französischen Recht als eine Kombination von Forderungsabtretung und Schuldübernahme verstanden worden.[512] Dies führte logischerweise dazu, dass die Formerfordernisse der Forderungsabtretung, wie bereits behandelt, gem. Art. 1690 C. civ. (a. F.) Anwendung fanden.[513] Daraus folgt, dass zur Wirksamkeit der Vertragsübernahme die Forderungsabtretung dem „Zedierten“ durch einen Gerichtsvollzieher angezeigt werden musste oder er musste die Forderungsabtretung durch zum Beispiel eine notarielle Urkunde annehmen.

Die Anzeige durch den Gerichtsvollzieher war der übliche Weg, um eine betroffene Partei über ein Rechtsgeschäft in Kenntnis zu setzen.[514] Zur Verwirklichung dieser Formalität war sowohl der Übernehmer als auch der Ausscheidende dazu befugt, den Gerichtsvollzieher zu beauftragen. Eine Frist zur Kenntnissetzung des „Zedierten“ war nicht vorgesehen. Es bestand jedoch die Gefahr, dass die vom „Zedierten“ vorgenommenen Rechtsgeschäfte im Zusammenhang mit dem Vertrag gültig waren, weil er nichts von der Vertragsübernahme wusste. Die Annahme der Vertragsübernahme zum Beispiel durch notarielle Urkunde durch den „Zedierten“ war eine alternative zur Anzeige durch den Gerichtsvollzieher.

Die Rechtsprechung hatte jedoch entschieden, dass wenn die Vertragsübernahme von der Zustimmung des „Zedierten“ abhängig gemacht worden war, war die Beachtung der zusätzlichen Voraussetzungen des Art. 1690 C. civ. (a. F.) nicht mehr erforderlich, damit die Vertragsübernahme ihm gegenüber Wirkung entfaltet.[515] Dies erklärt sich dadurch, dass wenn der „Zedierte“ seine

---

512 Vgl. *Borghetti*, Die Reform des französischen Vertragsrechts, S. 208.

513 *Porchy-Simon*, Les obligations, Rn. 1187.

514 *Porchy-Simon*, Les obligations, Rn. 1145 ff.

515 Cass. com., 6 mai 1997, D. 1997, 588.

Zustimmung zur Vertragsübernahme erteilt hatte, dann hatte er denknotwendig Kenntnis darüber, dass sein Vertragspartner sich ändern wird.

Der *Code Civil* sieht nach der Reform von 2016 keine Vornahme von bestimmten Formalitäten vor, damit die Vertragsübernahme gegenüber dem „Zedierten" Rechtswirkungen entfaltet. Trotzdem ist auf Art. 1216 Abs. 2 C. civ. hinzuweisen. Im Fall einer Einwilligung des „Zedierten" entfaltet die Vertragsübernahme, wenn sie von dem Übernehmer und dem Ausscheidenden abgeschlossen wurde, dem „Zedierten" gegenüber Rechtswirkung erst dann, wenn sie ihm angezeigt wurde oder er davon Kenntnis genommen hat.

Diese Regelungen dienen im Grunde genommen lediglich dazu, den „Zedierten" über die Vertragsübernahme zu informieren.

b. Im deutschen Recht

Im deutschen Recht gibt es bezüglich der Frage der Entgegenhaltbarkeit der Vertragsübernahme gegenüber den jeweiligen Parteien keine Besonderheiten. Wie bereits bei der Forderungsabtretung erwähnt, entfaltet auch die Vertragsübernahme Rechtswirkung zum Zeitpunkt, in dem sie zwischen allen Parteien wirksam zustande gekommen ist. Dies ist auch nachvollziehbar, da zum Zustandekommen einer wirksamen Vertragsübernahme die Mitwirkung aller Parteien erforderlich ist. Die Vornahme einer zusätzlichen Formalität, damit eine wirksame Vertragsübernahme gegenüber den Parteien Rechtswirkung entfaltet, wäre überflüssig und unnötig.

B. Rechtsfolge

I. Im französischen Recht

Die Rechtsfolgen der Vertragsübernahme unterscheiden sich erheblich, wenn man sie vor oder nach der Reform von 2016 analysiert. Es ist auch nicht überflüssig, die Rechtslage vor der Reform zu untersuchen, denn dies ermöglicht ein besseres Verständnis der Gründe der Reform und zudem finden die Regelungen vor der Reform auf die Vertragsübernahmen, die vor der Reform entstanden sind, Anwendung.

1. Vor der Reform von 2016

Mangels Kodifikation und unter Berücksichtigung des Rechtsstreits um die Vertragsübernahme herrschte auch vor der Reform Unsicherheit bezüglich der Rechtsfolgen der Vertragsübernahme. Nach langem Zögern hatte die

Rechtsprechung die Befreiung des Zedenten für die Zukunft anerkannt.[516] Die Rechtsprechung korrigierte seine Rechtsauffassung und entschied, dass das Recht der *délégation* auf die Vertragsübernahme Anwendung fand.[517] Dies führt dazu, dass der Zedent nicht automatisch befreit wurde. Der „Zedierte" konnte ihn trotz der Vertragsübernahme durch einen Dritten in Anspruch nehmen. Etwas anderes war nur dann anzunehmen, wenn der „Zedierte" den Zedenten ausdrücklich befreit hatte.[518] Des Weiteren führt die Entscheidung der *Cour de Cassation* dazu, dass der „Zedierte" zwei Vertragspartner hatte, nämlich den Zedenten – da dieser nicht befreit wurde – und den Übernehmer (das sog. *adjonction de contractants*).

Zusammenfassend lässt sich sagen, dass die Vertragsübernahme vollkommen war, wenn der „Zedierte" den Zedenten von seiner Vertragsposition befreit hatte. In einem solchen Fall wurde der Übernehmer der neue Vertragspartner des „Zedierten" und der Zedent wurde befreit. Befreit der „Zedierte" den Zedenten hingegen nicht, dann handelt es sich um einen Fall der unvollkommenen Vertragsübernahme. Diese Unterscheidung hat die Reform von 2016 in Hinsicht auf die Vertragsübernahme geprägt.

2. *Nach der Reform von 2016*

a. *Rechtsfolge zwischen den ursprünglichen Vertragspartnern*

aa. *Die vollkommene Vertragsabtretung*

Dem Art. 1216-1 C. civ. kann man Folgendes entnehmen: «Si le cédé y a expressément consenti, la cession de contrat libère le cédant pour l'avenir».[519] In einem solchen Fall kann die Vertragsabtretung als „vollkommen" qualifiziert werden. Es erfolgt ein Austausch der Vertragsparteien. Der Zedent scheidet als Vertragspartner vom Vertrag aus und wird durch den Übernehmer bzw. den Zessionar ersetzt. Der grundsätzlich verfolgte Zweck der Vertragsübernahme tritt ein.

Diese Zustimmung des „Zedierten" ist mit der Zustimmung zum Wirksamwerden der Vertragsübernahme nicht zu verwechseln. Damit ist gemeint, dass zwei Zustimmungen des „Zedierten" erforderlich sind. Die erste Zustimmung ist die des Art. 1216 Abs. 1 C. civ. Demnach kann ein Vertragspartner seine Eigenschaft als Vertragspartner mit der Zustimmung seines Vertragspartners (*avec*

516 Cass. civ. 3ième, 12 juill. 1988, Bull. civ. III, n° 125.

517 Cass. civ. 3ième, 12 déc. 2001, D. 2002, 984 note C. *Jamin et M. Billau.*

518 Art. 1275 C. civ. (a. F.).

519 Art. 1216-1 S. 1 C. civ.: «Wenn der „Zedierte" seine ausdrückliche Zustimmung erteilt, befreit die Vertragsabtretung den Zedenten für die Zukunft».

l'accord de son co-contractant) abtreten. Diese erste Zustimmung führt nur zur Wirksamkeit der Vertragsübernahme.[520] Damit ist der Zedent bzw. die ausscheidende Partei noch nicht von seiner Stellung als Vertragspartei befreit. Er kann immer noch von dem „Zedierten" in Anspruch genommen werden. Um von seiner Stellung als Vertragspartei befreit zu werden, ist eine zweite Zustimmung des „Zedierten" erforderlich. Der „Zedierte" muss klar zum Ausdruck bringen, dass er nicht nur mit der Vertragsübernahme einverstanden ist, sondern auch, dass er seine ursprüngliche Vertragspartei verliert und sich nur noch an den Übernehmer wenden kann. Diese erforderliche zweite Zustimmung ergibt sich aus Art. 1216-1 C. civ.

Ferner reicht auch eine Einwilligung seitens des „Zedierten" aus, damit die Vertragsübernahme wirksam zustande kommt. Fraglich ist, ob eine solche Einwilligung auch für die Befreiung des Zedenten ausreichen würde. Aufgrund der Vertragsfreiheit ist dies natürlich denkbar und würde ausreichen, um die Voraussetzung des Art. 1216-1216-1 C. civ. zu erfüllen. Aus praktischer Sicht ist es unwahrscheinlich, dass ein Vertragspartner den ausscheidenden Vertragspartner befreien wird, ohne den Übernehmer zu kennen. Der „Zedierte" wird normalerweise eine solche Befreiung nur dann erteilen, wenn er seinen zukünftigen Vertragspartner bzw. den Übernehmer unter die Lupe genommen hat und zum Ergebnis kommt, dass dieser den ausscheidenden Vertragspartner ohne Risiko ersetzen kann.

Weiterhin ist fraglich, ob der „Zedierte" einen Ermessenspielraum bezüglich der Zustimmung zur Befreiung des Zedenten hat.[521] Auf diese Frage geht der *Code Civil* nicht ein. Hier kann man verschiedene Meinungen vertreten. Man kann argumentieren, dass es dem „Zedierten" überlassen ist, ob er den Zedenten befreien will oder nicht.[522] Vertretbar ist auch zu sagen, dass nur eine begründete Verweigerung der Zustimmung akzeptabel ist. Eine solche Begründung könnte sich aus dem Umstand ergeben, dass der Zessionar bzw. Übernehmer nicht solvent ist.[523] Vorzugswürdiger ist jedoch dem „Zedierten" ein Ermessensspielraum zu geben. Er entscheidet nach freiem Ermessen, ob er den Zedenten befreien will oder nicht. Hier hat er jedoch die allgemeinen Rechtsgrundsätze zu beachten. Er darf nicht gegen Treu und Glauben verstoßen oder sein Ermessensrecht missbrauchen.

---

520 *Porchy-Simon,* Les obligations, Rn. 1193.

521 *Pillet,* La transmission des obligations en droit franco-belge, S. 1015 Rn. 41.

522 *Pillet,* La transmission des obligations en droit franco-belge, S. 1016 Rn. 41.

523 *Pillet,* La transmission des obligations en droit franco-belge, S. 1016 Rn. 41.

Hat der „Zedierte“ die zwei erforderlichen Zustimmungen – zum einen zum Wirksamwerden der Vertragsübernahme und zum anderen zur Befreiung des Zedenten – erteilt, ist der „Zedierte“ für die Zukunft befreit. Der „Zedierte“ kann die Leistung nun nur noch von dem Übernehmer fordern.

bb. Die unvollkommene Vertragsabtretung

Gem. Art. 1216-1 Abs. 2 C. civ.[524], wenn der „Zedierte“ den Zedenten nicht befreit hat, haftet er gesamtschuldnerisch mit dem Zessionar zur Erfüllung des Vertrages, es sei denn, eine gegenteilige Klausel wurde vereinbart. In dem von Art. 1216-1 Abs. 2 C. civ. vorgesehenen Fall erteilt der „Zedierte“ zwar seine Zustimmung zum Wirksamwerden der Vertragsübernahme, er verweigert jedoch die Zustimmung zur Befreiung des Zedenten. Der „Zedierte“ hat dann zwei Vertragspartner.[525]

Es handelt sich im Grunde genommen nicht um eine Vertragsübernahme (Vertragsabtretung im französischen Recht). Es findet kein Austausch der Vertragspartner statt. Deswegen kann dieses Rechtsgeschäft als unvollkommene Vertragsübernahme bezeichnet werden.

Art. 1216-1 Abs. 2 C. civ. kann als Widerspruch zu Art. 1216 Abs. 1 C. civ. gesehen werden. Nach Letzterem setzt die Vertragsübernahme voraus, dass ein Austausch von Vertragspartnern stattfindet. Im Fall der unvollkommenen Vertragsübernahme ist dies allerdings nicht der Fall. Es handelt sich vielmehr um einen Vertragsbeitritt. Der *Code Civil* spricht jedoch auch in diesem Fall von Vertragsübernahme.

Laut Gesetz führt die unvollkommene Vertragsübernahme zu einer gesamtschuldnerischen Haftung des Zedenten und des eintretenden Vertragspartners. Der „Zedierte“ kann also Erfüllung nicht nur vom Zedenten, sondern auch vom Zessionar verlangen.

Weiterhin ist fraglich, was unter der entgegenstehenden Klausel des Art. 1216-1 Abs. 2 C. civ. zu verstehen ist. Denn diese Norm sieht vor, dass der Zedent und der Übernehmer gesamtschuldnerisch haften, es sei denn, eine entgegenstehende Klausel sieht etwas anderes vor. Denkbar wäre, dass sie die Regeln über ihre solidarische Haftung gegenüber dem „Zedierten“ näher regelt.[526] Die gesamtschuldnerische Haftung führt dazu, dass der „Zedierte“ auch die Leistung von

---

524 Art. 1216-1 Abs. 2 C. civ.: «À défaut, et sauf clause contraire, le cédant est tenu solidairement à l'exécution du contrat».

525 Vgl. *Bénabent,* Droit des obligations, Rn. 283.

526 *Pillet,* La transmission des obligations en droit franco-belge, S. 1016 f. Rn. 42 f.

dem Zedenten fordern kann. Dies entspricht nicht dem von den Parteien mit der Vertragsübernahme verfolgten Zweck. Denn die Parteien wollen, dass der Übernehmer die Stelle des Ausscheidenden einnimmt. Die entgegenstehende Klausel könnte also vorsehen, dass zum Beispiel vorrangig gegen den Übernehmer vorzugehen ist. Der „Zedierte" kann in einem solchen Fall nur subsidiär gegen den Zedenten vorgehen. Das Problem mit einer solchen Vorgehensweise ist jedoch, dass diese Klausel den „Zedierten" aufgrund der Relativität der Schuldverhältnisse nicht binden kann. Zwar stimmt der „Zedierte" dem Wirksamwerden der Vertragsübernahme zu, aber dies geht nicht soweit, dass er zum Vertragspartner wird. Man kann hier jedoch argumentieren, dass Art. 1216-1 Abs. 2 C. civ. den Zedenten und den Zessionar ermächtigt, eine solche Klausel vorzusehen und hierdurch den „Zedierten" verpflichtet. Der Zedent wird sozusagen zu einem Bürgen des Zessionars. Diese Frage wurde bis jetzt noch nicht von der Rechtsprechung entschieden.[527]

Die Formulierung der entgegenstehenden Klausel wirft viele Fragen bezüglich der neuen Vertragsübernahme in dem *Code Civil* auf. Es handelt sich um einen Vertrag zwischen zwei Personen, der um wirksam zu werden, die Zustimmung einer dritten Partei erfordert.[528] Ansonsten ist zu fragen: Wie können zwei Vertragsparteien etwas vereinbaren und einen Dritten dabei binden? Es sei denn, Art. 1216-1 Abs. 2 C. civ. ermöglicht eine solche Vorgehensweise. Rechtsdogmatisch gesehen ist dies nicht überzeugend. Aus diesem Grund wird argumentiert, dass die Vertragsübernahme einen Vertrag zwischen drei Personen darstellt.[529] Auch der Bericht über die Reform an den französischen Präsidenten geht auf diese Frage nicht ein.

Vorzugswürdig ist zu sagen, dass Art. 1216-1 Abs. 2 C. civ. die Rechtsgrundlage ist, die den Vertragsparteien erlaubt, eine Vereinbarung zu treffen, die den Dritten bindet. Es handelt sich hier um eine gesetzliche Ausnahme zu der Relativität der Schuldverhältnisse. Zwar ist diese Ausnahme dogmatisch gesehen nicht optimal, aber der Dritte bleibt nicht ohne Schutz. Er hat sogar das letzte Wort. Enthält die Vertragsübernahme eine solche Klausel, die für ihn nicht in Ordnung ist, kann er seine Zustimmung zum Wirksamwerden der Vertragsübernahme verweigern.

---

527 *Pillet*, La transmission des obligations en droit franco-belge, S. 1017 Rn. 43.

528 *Terré/Simler/Lequette/Chénedé*, Droit civil, les obligations, Rn. 1669.

529 *Porchy-Simon*, Les obligations, Rn. 1182.

b. Rechtsfolge zwischen Übernehmer und verbliebene Vertragspartei

aa. Ausführung des Vertrages nach dem ursprünglichen Inhalt

Mit der Vertragsabtretung wird der Dritte, der ursprünglich bei dem Vertragsabschluss nicht mitgewirkt hat, zur vollwertigen Vertragspartei. Er ersetzt die ausscheidende Vertragspartei. Dies hat zur Folge, dass der Vertrag mit dem Dritten fortgesetzt wird. Ab dem Zeitpunkt der Vertragsabtretung kann der Dritte von der verbliebenen Vertragspartei die Leistung fordern und er seinerseits kann von der verbliebenen Partei in Anspruch genommen werden.

Bezüglich der Rechte der eintretenden Vertragspartei kann man also sagen, dass nur der Dritte den Vertrag auflösen kann, den Vertrag abtreten und alle sich aus dem Vertrag ergebenden Rechte ausüben. Diese beschriebene Rechtslage gilt natürlich nur, wenn ein Fall der vollkommenen Vertragsübernahme vorliegt. Das heißt, dass die ausscheidende Vertragspartei von der verbliebenen Vertragspartei befreit wurde. In einem solchen Fall wird der Dritte tatsächlich zum neuen Vertragspartner und kann dementsprechend die sich aus dem Vertrag ergebenden Rechte ausüben.

bb. Einwendungen und Einreden

Was die Einwendungen und Einreden angeht, findet hier wiederum Art. 1216-2 C. civ. Anwendung. Nach Art. 1216-2 Abs. 1 C. civ. kann der Dritte dem verbliebenen Vertragspartner die der Schuld anhaftenden Einwendungen entgegenhalten. Die Norm ist inhaltlich identisch mit der Norm über die Einwendungen und Einreden bei der Forderungsabtretung und der Schuldübernahme.

Die verbliebene Vertragspartei kann ihrerseits der eintretenden alle Einwendungen und Einreden, die sie gegen die ausscheidende Vertragspartei hätte geltend machen können, gem. Art. 1216-2 Abs. 2 C. civ.[530] entgegenhalten. Es ist jedoch fraglich, ob diese Regelung soweit geht, dass der „Zedierte" (die verbliebene Vertragspartei) dem Zessionar (die eintretende Vertragspartei) auch seine Einwendungen und Einreden im Verhältnis zum Zedenten (die ausscheidende Vertragspartei), die nicht mit dem übernommenen Vertrag im Zusammenhang steht, entgegenhalten kann. Nach dem Wortlaut des Gesetzes wäre diese Frage zu bejahen.

530 Art. 1216-2 Abs. 2 C. civ.: «Le cédé peut opposer au cessionnaire toutes les exceptions qu'il aurait pu opposer au cédant».

c. Rechtsfolge zwischen Übernehmer und ausscheidender Vertragspartei

Die neuen Regelungen des *Code Civil* über die Vertragsübernahme gehen kaum auf die Rechtsbeziehung zwischen dem Zedenten und dem Zessionar ein. Dem Art. 1216 C. civ. kann man allerdings entnehmen, dass der Zessionar seine Eigenschaft als neuer Vertragspartner aus dem Übernahmevertrag zwischen ihm und dem Zedenten ableitet.

Unter Berücksichtigung der Regelungen der Schuldübernahme und der Forderungsabtretung können einige Antworten auf die Frage der Rechtsfolge der Vertragsabtretung zwischen dem Zedenten und dem Zessionar gefunden werden. Aus diesem Grund haftet der Zedent für die Verität des zu übernehmenden Vertrages. Er hat sozusagen für dessen Bestand zu sorgen, als ob es sich um eine Forderung handeln würde.[531]

Hier wiederum regelt Art. 1216-1 Abs. 1 C. civ., dass der Zedent für die Zukunft befreit wird. Fraglich ist, wann diese Zukunft beginnt. Es ist zwar nicht einfach zu bestimmen, wann die Vergangenheit in diesem Zusammenhang endet und wann die Zukunft beginnt. Aber als Ende der Vergangenheit und Beginn der Zukunft kommen hier verschiedene Zeitpunkte in Betracht. Das Abschlussdatum des Abtretungsvertrages bzw. Übernahmevertrages könnte maßgeblich sein. Ferner kann das fragliche Datum ebenfalls auf die Anzeige der Zession oder die Zustimmung des „Zedierten" gesetzt werden. Da das Gesetz auf diese Frage keine Antwort gibt, ist es vorzugswürdig, das Datum der Zustimmung als der Beginn der Zukunft anzunehmen. Denn ab diesem Datum entscheidet der „Zedierte", ob er den Zedenten befreit oder nicht und den Interessen aller Parteien wird mit dieser Lösung Rechnung getragen.

Des Weiteren ist zu ermitteln, was unter „für die Zukunft" zu verstehen ist bzw. was der Sinn und Zweck dieser Formulierung ist. Mit dieser Formulierung wollte der Gesetzgeber regeln, für welche Forderungen die eintretende Vertragspartei in Anspruch genommen werden oder ihrerseits die verbliebene Vertragspartei in Anspruch nehmen kann.[532] Im Gegenteil stehen die Forderungen und Schulden, die vor der Vertragsübernahme entstanden sind, der ausscheidenden Vertragspartie zu. Hier werden verschiedene Beispiele angeführt. Wenn bei einem Arbeitsvertrag der Arbeitgeber seine Stellung als Vertragspartner abtritt, ist die neue eintretende Vertragspartei grundsätzlich nicht verpflichtet,

531 *Marty/Raynaud*, Les obligations, S. 363.

532 *Pillet*, La transmission des obligations en droit franco-belge, S. 1009, Rn. 33.

die ausstehenden Löhne zu zahlen, die vor der Vertragsübernahme entstanden sind.[533] Zudem wurde entschieden, dass der neue Vermieter als eintretender Vertragspartner dem Mieter wegen früheren, vor der Vertragsübernahme erfolgten Vertragsverletzungen grundsätzlich nicht kündigen kann.[534] Vorzugswürdig ist jedoch der Begriff der „Zukunft" wie bei der Schuldübernahme zu interpretieren.[535]

II. Im deutschen Recht

Im deutschen Recht tritt der von den Beteiligten verfolgte Zweck, nämlich die Auswechselung einer der Vertragsparteien, mit der Wirksamkeit der Vertragsübernahme ein. Der Übernehmer tritt an die Stelle der ausscheidenden Vertragspartei.[536] Ab diesem Zeitpunkt kann er alle Rechte geltend machen, die sich aus dem Vertrag ergeben.[537] Auf der anderen Seite kann er auch von der verbliebenen Vertragspartei bezüglich der Verbindlichkeiten aus dem Vertrag in Anspruch genommen werden.[538]

1. Inhalt und Umfang der Vertragsübernahme

Wenn die Vertragsparteien nichts vereinbart haben, übernimmt die eintretende Vertragspartei den Vertrag mit dem Inhalt wie ursprünglich zwischen der verbliebenen und der ausscheidenden Vertragspartei vereinbart und die Vertragsübernahme hat grundsätzlich keinen Einfluss auf den Inhalt des übernommenen Vertrages.[539] In bestimmten Fällen können jedoch Verbraucher schützende Normen zur Anwendung kommen, obwohl am ursprünglichen Vertrag kein Verbraucher beteiligt war.[540] Dies dient dazu, die Verbraucher ausreichend zu schützen.

Der Umfang des übernommenen Vertrages ist durch Auslegung zu ermitteln, wenn die Vertragsparteien nichts Bestimmtes vereinbart haben. Normalerweise übernimmt die eintretende Vertragspartei den übernommenen Vertrag mit all

533 Cass. soc., 22. 16 janv. 1976 n°75-40453, Bull., IV, zit. aus. *Pillet*, La transmission des obligations en droit franco-belge, S. 1009, Rn. 33.

534 Cass. 3ième civ., 2 oct. 2002, n°01-00696, Bull., III, n° 189.

535 Siehe S. 117 ff.

536 MüKoBGB/*Heinemeyer*, vor § 414 Rn. 7.

537 BeckOGK/*Heinig, BGB* § 414 Rn. 83.

538 BeckOGK/*Heinig, BGB* § 414 Rn. 83.

539 *Pieper*, Vertragsübernahme und Vertragsbeitritt, S. 210.

540 Vgl. Palandt/*Weidenkaff*, § 491 Rn. 9.

den Rechten und Pflichten. Die Parteien können allerdings vereinbaren, dass bestimmte Rechte und Pflichten aus der Vertragsübernahme ausgeschlossen werden.[541]

2. Vertragliche Rechte und Pflichten

a. Zwischen Übernehmer und verbliebener Vertragspartei

Im deutschen Recht kann der Übernehmer alle Rechte geltend machen, die der ausscheidenden Vertragspartei zustanden. Diese Rechte müssen jedoch noch bestehen. Ist der Vertrag bereits erfüllt worden, geht die Vertragsübernahme logischerweise ins Leere.[542] Dem Übernehmer stehen nicht nur die Erfüllungsansprüche zu, sondern auch die Schadensersatzansprüche. Der Übernehmer wird zum vollwertigen Vertragspartner. Eine diesem Rechtsinstitut zugrunde liegende Idee ist, dass der Übernehmer als neuer Vertragspartner von seiner Stellung profitieren kann, indem er seine, aus dem übernommenen Vertrag erworbenen Rechte geltend machen kann.

Bei den Schadensersatzansprüchen sind Unterscheidungen vorzunehmen. Liegt eine Vertragspflichtverletzung vor der Vertragsübernahme vor, die dem Übernehmer einen Schaden zugefügt hat, kann er diese gegen den verbliebenen Vertragspartner geltend machen.[543] Die Schadenersatzansprüche des ausscheidenden Vertragspartners verbleiben bei diesem, wenn zwischen den Vertragspartnern nichts vereinbart wurde.[544]

Im Gegenzug kann der Übernehmer als neuer Vertragspartner von dem verbliebenen Vertragspartner in Anspruch genommen werden. Er kann von dem Übernehmer also Erfüllung verlangen. Ferner haftet der Übernehmer als neuer Vertragspartner logischerweise auch für alle Schäden, die er dem verbliebenen Vertragspartner zufügt. Des Weiteren haftet er auch für die Schäden, die vor der Vertragsübernahme entstanden sind, es sei denn, die Vertragspartner haben etwas anderes vereinbart.[545]

Art. 241 Abs. 2 BGB sieht vor, dass bei einem Schuldverhältnis jeder Teil zur Rücksicht auf die Rechte, Rechtsgüter und Interessen des anderen Teils verpflichtet ist. Im Fall der Vertragsübernahme obliegen ab der Vertragsübernahme diese Pflichten nur noch dem Übernehmer als neuem Vertragspartner.

541 *Wagner*, JuS 1997, 690 (693).
542 Vgl. BeckOGK/*Heinig, BGB* § 414 Rn. 94.
543 BeckOGK/*Heinig, BGB* § 414 Rn. 94.
544 *Klimke*, Die Vertragsübernahme, S. 250 f.
545 BeckOGK/*Heinig, BGB* § 414 Rn. 94.

b. Zwischen Übernehmer und ausscheidender Vertragspartei

Das Rechtsverhältnis zwischen dem Übernehmer und der ausscheidenden Vertragspartei regelt den zwischen ihnen abgeschlossenen Vertrag. Die Stellung als Vertragspartei geht von der ausscheidenden Vertragspartei auf den Übernehmer mit allen Rechten und Pflichten über.

c. Zwischen ausscheidendem Vertragspartner und verbliebener Vertragspartei

Grundsätzlich wird der ausscheidende Vertragspartner gegenüber dem Vertragspartner von seiner Leistungspflicht befreit. Zwischen ihnen besteht kein Vertrag mehr.

C. Sicherungsrechte

I. Im französischen Recht

1. Allgemeines

a. Die unvollkommene Vertragsabtretung

Das Schicksal der Sicherheiten im französischen Recht im Fall der unvollkommenen Vertragsabtretung, das heißt eine Vertragsübernahme ohne befreiende Wirkung für die „ausscheidende“ Vertragspartei, richtet sich nach Art. 1216-3 Abs. 1 S. 1 C. civ. Demnach, wenn der Zedent (die „ausscheidende“ Vertragspartei) nicht von dem „Zedierten“ (die verbliebene Vertragspartei) befreit wurde, bleiben die bestellten Sicherheiten bestehen. Diese Lösung des *Code Civil* ist logisch, weil die angeblich ausscheidende Vertragspartei nicht befreit wird. Sie haftet mit dem eintretenden Vertragspartner als Gesamtschuldner. Zudem bleiben die Risiken bestehen, die die Sicherheiten decken sollten. Es ändert sich nichts Wesentliches an der Lage. Zwar bekommt der „Zedierte“ einen zusätzlichen Vertragspartner, gegen den er vorgehen kann. Allerdings ist zu berücksichtigen, dass wenn ein zusätzlicher Vertragspartner, nämlich der eintretende Vertragspartner, erforderlich ist, um den „Zedierten“ zu beruhigen, dann ist die Sicherheit, die der „Zedierte“ erhalten hat, möglicherweise nicht ausreichend. Aus diesem Grund ist nicht davon auszugehen, dass die Sicherheiten durch den Eintritt des neuen Vertragspartners erlöschen.

Ferner hat auch ein Bestehen der Sicherheiten im Fall der unvollkommenen Vertragsübernahme eine sehr praktische Wirkung. Zu berücksichtigen ist, dass zum Wirksamwerden der Vertragsübernahme im französischen Recht eine Zustimmung des „Zedierten“ notwendig ist. Bleiben die bestellten Sicherheiten bestehen, wird er seine Zustimmung leichter erteilen, weil er sozusagen nichts zu verlieren hat, als wenn diese Sicherheiten erlöschen würden.[546]

b. Die vollkommene Vertragsabtretung

Art. 1216-3 Abs. 1 S. 2 C. civ. trifft eine Regelung über die Sicherheiten im Fall einer vollkommenen Vertragsabtretung, das heißt, eine Vertragsübernahme mit befreiender Wirkung für den Zedenten. Danach bleiben die von Dritten bestellten Sicherheiten nur mit ihrer Zustimmung bestehen. Diese Regelung ist ebenfalls logisch, weil der Dritte Sicherheiten nur für eine bestimmte Person geben wollte. Erfolgt ein Austausch des Vertragspartners, dann erlöschen konsequenterweise die vom Dritten bestellten Sicherheiten.

Problematisch bezüglich des Art. 1216-3 Abs. 1 S. 2 C. civ. ist, dass er nichts darüber sagt, was mit den von dem Zedenten bestellten Sicherheiten geschieht. Dies hat natürlich zu kontroversen Meinungsstreitigkeiten in der Literatur geführt. Nach einer Auffassung müssen die vom Zedenten bestellten Sicherheiten ebenfalls erlöschen.[547] Als Argument wird angeführt, dass der Zedent vom „Zedierten" befreit wird und deshalb müssen auch die vom ihm bestellen Sicherheiten untergehen. Gleichzeitig wird zugegeben, dass diese Lösung nicht ideal ist, weil sie eine Willenserklärung des „Zedierten" fingiert, den Zedenten bezüglich der Sicherheiten zu befreien. Diese Meinung geht davon aus, dass, wenn der „Zedierte" den Zedenten befreit hat, dann verzichtet er ebenfalls auf die Sicherheiten, die dieser bestellt hatte, obwohl grundsätzlich der Verzicht auf ein Recht nicht vermutet wird. Nach anderer Auffassung ist eine *e contrario* Auslegung des Art. 1216-3 Abs. 1 S. 2 C. civ. vorzugswürdiger.[548] Demnach, wenn der Gesetzgeber ausdrücklich geregelt hat, dass im Fall einer Befreiung des Zedenten die von Dritten bestellten Sicherheiten erlöschen sollen, will er *e contrario*, dass die vom Zedenten bestellten Sicherheiten bestehen bleiben. Es kommen die gleichen Regelungen zur Anwendung, als ob der Zedent nicht befreit wurde. Hätte der Gesetzgeber etwas anderes gewollt, hätte er dies mit der Befreiung des Dritten mitgeregelt.

Vorzugswürdig ist die letztgenannte Auffassung. Die vom Zedenten bestellten Sicherheiten werden als akzessorisch (*accessoire*) zu dem übernommenen Vertrag gesehen. Da der Vertrag nicht untergeht, bleiben die Sicherheiten ebenfalls bestehen. Zwar ist es anders im Fall der vom Dritten bestellten Sicherheiten, aber

---

546 *Juillet,* RDC 2017, 382.
547 *Juillet,* RDC 2017, 382.
548 *Andreu,* Du changement de débiteur, S. 215.

der Gesetzgeber wollte diese schützen und es handelt sich um eine Ausnahme zum Prinzip, dass die Sicherheiten grundsätzlich bestehen bleiben müssen. Zusätzlich ist darauf hinzuweisen, dass der „Zedierte“ seine Zustimmung zur Befreiung des Zedenten leichter erteilen wird, wenn die Sicherheiten bestehen bleiben. Wenn die Befreiung des Zedenten automatisch zum Erlöschen der Sicherheiten führen würde, wird der „Zedierte“ seine Zustimmung zur Befreiung möglicherweise nicht erteilen. Es ist also für den Zedenten viel günstiger, befreit zu werden und gegebenenfalls seine Sicherheit in Anspruch genommen zu werden.[549] Zusammenfassend lässt sich sagen, dass die Sicherheiten immer bestehen bleiben, sei es ein Fall der unvollkommenen oder der vollkommenen Vertragsübertragung.

Geht man richtigerweise davon aus, dass die vom Zedenten bestellten Sicherheiten in den von dem französischen Recht vorgesehenen beiden Fällen der Vertragsübernahme bestehen bleiben, bleibt fraglich, wie die Inanspruchnahme der Sicherheiten durch den „Zedierten“ abläuft, wenn der Übernehmer seiner Leistungspflicht nicht nachkommt. Eine Antwort darauf hängt wiederum davon ab, ob die Frage im Hinblick auf die unvollkommene oder vollkommene Vertragsabtretung gestellt wird.

2. *Inanspruchnahme der Sicherheiten*

a. *Die unvollkommene Vertragsabtretung*

Gem. Art. 1216-1 Abs. 2 C. civ. haften der Zessionar und der Zedent als Gesamtschuldner, wenn Letzterer von dem „Zedierten“ nicht befreit wurde. Daraus folgt, dass der „Zedierte“ sich sowohl an den Zessionar als auch an den Zedenten wenden kann. Wenn beide den „Zedierten“ nicht befriedigen können, dann kann der „Zedierte“ Befriedigung an den vom Zedenten bestellten Sicherheiten suchen. Der Zedent muss zuerst vergeblich versucht haben, die Leistung von den beiden Schuldnern zu erhalten. Erst danach hat er Zugriff auf die Sicherheiten des Zedenten.[550]

b. *Die vollkommene Vertragsabtretung*

Im Fall der vollkommenen Vertragsabtretung ist die Rechtslage jedoch anders. Hier ist der Zedent nicht mehr Schuldner des „Zedierten“. Er wurde vom Letzteren befreit. Zur Leistung verpflichtet bleibt lediglich der Übernehmer. Der

549 *Juillet*, RDC 2017, 382.
550 Vgl. Cass. com. 18 janv. 2017, n°15-12951.

„Zedierte“ kann den Zedenten nur dann im Hinblick auf die von ihm bestellten Sicherheiten in Anspruch nehmen, wenn der Zessionar seiner Leistungspflicht nicht nachkommen kann. Der Zugriff auf seine Sicherheiten ist subsidiär. Es ist jedoch darauf hinzuweisen, dass der Zedent dem „Zedierten“ nicht entgegenhalten kann, dass dieser zuerst in die Sachen des Zessionars hinein vollstrecken muss. Dies erklärt sich dadurch, dass sich die Rechte des „Zedierten“ bezüglich der vom Zedenten bestellten Sicherheiten im Fall einer Vertragsübernahme nicht ändern. Ohne die Befreiung des Zedenten hätte der „Zedierte“ direkt die Sicherheiten des Zedenten gehabt. Etwas anderes ergibt sich auch nicht im Fall der befreienden Vertragsübernahme.[551]

3. *Rechte des Zedenten*

Der Vertragsübernahme zugrunde liegender Gedanke ist, dass der Übernehmer zum neuen Vertragspartner wird. Daraus folgt, dass er allein zur Leistung verpflichtet wird. Kommt es aber dazu, dass der Zedent den „Zedierten“ befriedigen muss, hat er seinerseits Rückgriffansprüche gegen den Zessionar.[552] Im Fall einer unvollkommenen Vertragsübernahme ergibt sich dies aus den Regelungen der Gesamtschuldnerschaft und im Fall der vollkommenen Vertragsübernahme aus den Regelungen des Sachenrechts.

4. *Die bestellten Sicherheiten der Dritten*

Nach Art. 1216-3 Abs. 1 C. civ. bleiben die Sicherheiten bestehen, wenn der Zedent vom „Zedierten“ nicht befreit wurde. Andernfalls bleiben diese nur dann bestehen, wenn Dritte ihre Zustimmung hierfür erteilen.

Art. 1216-3 Abs. 1 C. civ. sieht also unmissverständlich vor, dass die von Dritten bestellen Sicherheiten nur dann erlöschen, wenn der Zedent befreit wurde. *E contrario* bedeutet dies, dass die bestellten Sicherheiten bestehen bleiben, wenn der „Zedierte“ den Zedenten nicht befreit. Diese Lösung ist logisch, weil der Zedent immer noch Schuldner des „Zedierten“ ist.

Der zweite Fall, bei dem die von Dritten bestellten Sicherheiten bestehen bleiben, liegt dann vor, wenn Dritte im Fall der vollkommenen Vertragsübernahme ihre Zustimmung zum Bestehenbleiben der Sicherheiten erteilen. Das Prinzip bleibt hier, dass die Sicherheiten erlöschen und etwas anderes ergibt sich ausnahmsweise nur, wenn Dritte ihre Zustimmung erteilen. Es wird hier vertreten,

---

551 *Aynès*, Quelques aspects du régime juridique des sûretés réelles pour autrui, S. 1 ff.
552 *Juillet*, RDC 2017, S. 382.

dass diese Zustimmung nicht stillschweigend erfolgen kann, weil es sich um eine Ausnahme handelt und Ausnahmen sind restriktiv auszulegen.[553]

Es ist fraglich, was die Folgen dieser Zustimmung durch Dritte sind. Diese Zustimmung führt dazu, dass die Sicherheiten nicht erlöschen, sondern sie bleiben bestehen. Der Wortlaut des Gesetzes *„ne subsistent“* spricht auch für eine solche Analyse.

Wird der Dritte in Anspruch genommen, kann er seinerseits unter Umständen entweder gegen den Zedenten oder den Zessionar Rückgriffansprüche geltend machen.

II. Im deutschen Recht

Wie bereits erwähnt hat die Vertragsübernahme im deutschen Recht keinen gesetzlichen Niederschlag gefunden. Auf sie finden unter Umständen jedoch die Normen der Forderungsabtretung und der Schuldübernahme entsprechend Anwendung.[554] Nach § 401 Abs. 1 BGB gehen mit der Abtretung die Hypotheken, Schiffshypotheken oder Pfandrechte, die für sie bestehen, sowie die Rechte aus einer für sie bestellten Bürgschaft auf den neuen Gläubiger über. Die bestellten Sicherheiten bleiben also mit der Forderungsabtretung bestehen. Etwas anderes sieht jedoch § 418 Abs. 1 BGB im Fall der Schuldübernahme vor. Demnach erlöschen die für die Forderung bestellten Bürgschaften und Pfandrechte. Besteht für die Forderung eine Hypothek oder eine Schiffhypothek, so tritt das Gleiche ein, wie wenn der Gläubiger auf die Hypothek oder die Schiffshypothek verzichtet. Diese Vorschriften finden keine Anwendung, wenn der Bürge oder derjenige, welchem der verhaftete Gegenstand zur Zeit der Schuldübernahme gehört, in diese einwilligt. Die bestellten Sicherheiten erlöschen grundsätzlich mit der Schuldübernahme.

Es wird befürwortet, hier eine differenzierte Lösung anzunehmen. Bei einer Rechtsnachfolge auf Gläubigerseite sollen die bestellten Sicherheiten erhalten bleiben.[555] Wenn der Parteiwechsel jedoch auf der Schuldnerseite erfolgt, sollen die Sicherheiten erlöschen, es sei denn, die Sicherungsgeber bestimmen etwas anderes. Aus dieser Lösung ergibt sich, dass die Regelungen der Forderungsabtretung bezüglich der Sicherungsrechte auf die Vertragsübernahme entsprechend anwendbar sind, wenn ein Parteiwechsel auf Gläubigerseite erfolgte.

---

553 Vgl. Cass. com. 27 nov. 1978, Bull. civ. IV, n° 277.

554 BGH NJW 12, 1728; Palandt/*Grüneberg*, § 398 Rn. 44 ; Staudinger/*Busche*, Einl. zu §§ 398 ff. Rn. 206.

555 Vgl. BGHZ 95, 88.

Anderenfalls finden die Regelungen der Schuldübernahme entsprechend Anwendung.

§ 3. Würdigung des Rechtsvergleichs

Die Vertragsübernahme ist im deutschen Recht zwar nicht gesetzlich geregelt, aber anerkannt. Gegebenenfalls finden auf sie die Regelungen der Forderungsabtretung sowie der Schuldübernahme entsprechend Anwendung. Mit der Reform von 2016 hat der französische Gesetzgeber die Vertragsübernahme im *Code Civil* übernommen. Davor wurde kontrovers diskutiert, ob eine rechtsgeschäftliche Vertragsübernahme im französischen Recht überhaupt zuzulassen ist. Die Reform hat diese Frage nun endgültig entschieden. Mir der Reform steht das deutsche und das französische Recht bezüglich der dogmatischen Einordnung der Vertragsübernahme im Einklang. Beide Rechtsordnungen sehen vor, dass die Vertragsübernahme keine Summe von Forderungsabtretung und Schuldübernahme darstellt, sondern ist ein eigenständiges Rechtsinstitut.

Bezüglich der Gestaltung der Vertragsübernahme sieht das deutsche Recht drei Möglichkeiten vor. Bei diesen verschiedenen Möglichkeiten ist jedoch die Mitwirkung aller Beteiligten erforderlich. Die französische Vertragsübernahme sieht jedoch nur eine Möglichkeit des Abschlusses der Vertragsübernahme vor. Im französischen Recht kommt die Vertragsübernahme zustande, indem der Übernehmer und die ausscheidende Vertragspartei den Übernahmevertrag abschließen und der verbliebene Vertragspartner muss der Wirksamkeit dieses Vertrages zustimmen. Im deutschen Recht können zusätzlich der Übernehmer und der verbliebene Vertragspartner mit der Zustimmung der ausscheidenden Vertragspartei eine Vertragsübernahme abschließen. Zudem können alle Beteiligten einen einheitlichen Vertrag vereinbaren.

Die Konstruktion der französischen Vertragsübernahme ähnelt der der Schuldübernahme. Der französische Gesetzgeber hätte hier auch andere Möglichkeiten vorsehen können und nicht nur die eine. Die französische Vertragsübernahme hat zwar den Vorteil, kodifiziert worden zu sein, aber diese Kodifikation wurde nicht zu Ende geführt.

Ferner ist darauf hinzuweisen, dass im französischen Recht zwei Zustimmungen erforderlich sind, um die ausscheidende Vertragspartei zu befreien. Zum einen ist eine Zustimmung der verbliebenen Vertragspartei erforderlich, damit die Vertragsübernahme wirksam wird, und zum anderen ist die Zustimmung zur Befreiung der ausscheidenden Vertragspartei nötig. Andernfalls liegt lediglich ein Vertragsbeitritt vor. Man spricht von vollkommener und unvollkommener Vertragsübernahme. Diese Vorgehensweise des französischen Rechts hat den Vorteil, dass sie die Vertragsübernahme und den Vertragsbeitritt mit denselben Normen regelt. Im deutschen Recht wird die ausscheidende Vertragspartei befreit, wenn die Vertragsübernahme wirksam zustande kommt.

Die Kodifikation der Vertragsübernahme hat das französische Recht zwar modernisiert, aber der Gesetzgeber hätte weitergehen können, um das Rechtsinstitut mehr anzureichern. Die Zukunft wird jedoch noch zeigen, ob die Vertragsübernahme wie sie im *Code Civil* geregelt ist, ausreichen wird, um die verfolgten Ziele zu erreichen. Interessant aus deutscher Sicht ist vor allem diese doppelte Zustimmung der französischen Vertragsübernahme. Da weder die Vertragsübernahme noch der Vertragsbeitritt im deutschen Recht kodifiziert sind, wäre die französische doppelte Zustimmung eine Inspirationsquelle zur Gestaltung der deutschen Vertragsübernahme und des Vertragsbeitritts in denselben Normen.

Kapitel IV: *Subrogation*, Novation und *Délégation*

§ 1. *Subrogation*

A. Einführung

I. Allgemeines

Die *Subrogation* ist im *Code Civil* in den Art. 1346 ff. geregelt. Eine gesetzliche Definition dieser Rechtsfigur ist jedoch nicht vorhanden. Nach dem Wörterbuch kommt der Begriff *Subrogation* aus dem lateinischen Wort *subrogatio.* Die *Subrogation* liegt dann vor, wenn eine Person oder eine Sache durch eine andere ersetzen wird.[556] Auf die zu ersetzende Person oder Sache finden die gleichen Rechtsrahmen der ersetzten Person oder Sache Anwendung.[557]

Wenn eine Person durch eine andere in einer Rechtsbeziehung ersetzt wird, spricht man von persönlicher *Subrogation* (*la subrogation personnelle*). Wird hingegen eine Sache durch eine andere ausgewechselt, spricht man von realer *Subrogation (la subrogation réelle).* Dies kann auch als sachenrechtliche *Subrogation* bezeichnet werden. Die reale *Subrogation* wird eher dem Sachenrecht zugeordnet und eine Behandlung dieser Rechtsfigur würde hier den Rahmen dieser Arbeit sprengen. Das Augenmerk wird deswegen auf die persönliche *Subrogation* gelegt.

Bei der persönlichen *Subrogation* geht es darum, dass eine Person (der *solvens* oder *subrogé*) freiwillig und ohne befreiende Wirkung die Schuld eines Dritten für diesen begleicht.[558] Der *Solvens* seinerseits kann dann den Dritten in Regress nehmen. Um seine Regressansprüche geltend zu machen, stehen dem *Solvens* verschiedene Möglichkeiten zur Verfügung. Als Anspruchsgrundlage kommen hier die der Stellvertretung, der Geschäftsführung ohne Auftrag und unter Umständen auch das Bereicherungsrecht in Betracht.[559] Wichtig ist vor allem, dass sich der *Solvens* an den Dritten im Wege der *Subrogation* wenden kann.[560]

---

556 *Guinchard/Debard*, Lexique des termes juridiques, S. 1003.

557 *Cabrillac*, Droit des obligations, Rn. 455.

558 *Borghetti*, Die Reform des französischen Vertragsrechts, S. 210.

559 *Porchy-Simon*, Les obligations, Rn. 1196.

560 *Cabrillac*, Droit des obligations, Rn. 455.

Nachdem der *Solvens* den Gläubiger befriedigt hat, tritt er in die Rechtsposition des Gläubigers ein.[561] Die Forderung des Gläubigers geht mit allen seinen Nebenrechten auf ihn über.[562] Mit der *Subrogation* erfolgt eine Auswechselung des Gläubigers und dieser wird durch den *Solvens* ersetzt. Er kann dann von dem Schuldner die geschuldete Leistung fordern.

Es ist darauf hinzuweisen, dass die *Subrogation* in die Gegenrichtung ebenfalls funktioniert. Das heißt, dass eine Auswechselung des Schuldners ebenfalls zulässig ist. Diese Möglichkeit gestaltet sich zwar komplizierter im Vergleich zu der des Gläubigers, aber sie ist unter Umständen möglich.

Des Weiteren gibt es auch eine *Subrogation* kraft Gesetzes. Diese wird von Art. 1346 C. civ. geregelt. Die gesetzliche *Subrogation* wurde von der Reform jedoch reformiert und vereinfacht.

Im Mittelpunkt der *Subrogation* steht die Zahlung. Es kann grundsätzlich keine *Subrogation* ohne Zahlung geben. Die *Subrogation* wurde vor der Reform von 2016 als eine besondere Art der Zahlung gesehen. Diese Sichtweise der *Subrogation* hat sich mit der Reform von 2016 auch nicht geändert.[563] Die Untersektion IV des *Code Civil* über die *Subrogation* macht dies sogar mit ihrer Überschrift „Die Bezahlung mit Subrogation" deutlich.

II. Ursprung der Subrogation

Die französische *Subrogation* ist auf das römische Recht zurückzuführen. Im römischen Recht war die Forderungszession zum Beispiel nicht zulässig. Ein Schuldverhältnis war als eine enge Verbindung zwischen dem Gläubiger und dem Schuldner zu sehen.[564] Dies hatte zur Folge, dass eine Zession *stricto sensus* nicht möglich war. Problematisch in diesem Zusammenhang war jedoch, dass ein Bürge der vom Gläubiger beispielsweise in Anspruch genommen wurde, von dem Gläubiger keine Abtretung seiner Rechte gegen den Schuldner verlangen konnte. Der Bürge stand allerdings die *exceptio cedendarum actionum* als Einrede zu.[565] Der Bürge konnte sich weigern, den Gläubiger zu befriedigen, wenn er seine Rechte gegen den Schuldner nicht erhalten hatte. Kann der Bürge nicht

561 *Borghetti*, Die Reform des französischen Vertragsrechts, S. 210.
562 *Porchy-Simon*, Les obligations, Rn. 1196.
563 *Porchy-Simon*, Les obligations, Rn. 1197.
564 *Honsell*, Römisches Recht, S. 110.
565 *Terré/Simler/Lequette/Chénedé*, Droit civil, les obligations, Rn. 1476.

in die Rechte des Gläubigers eintreten, wird er sogar von seiner Leistungspflicht befreit.[566]

Die *successio in locum creditoris* seinerseits war jedoch ein Rechtsmechanismus, wodurch ein Dritter, der den Hypothekar befriedigt hatte, in dessen Rechtsstellung einrücken konnte. Die *exceptio cedendarum* und die *successio in locum creditoris* wurden sozusagen kombiniert, um die *Subrogation* zu schaffen.[567]

III. Anwendungsbereich

Der Anwendungsbereich der *Subrogation* ist umfangreich und kann in verschiedenen Situationen zur Anwendung kommen. *Die Subrogation* kann die Refinanzierung eines Kredits zu niedrigeren Kosten ermöglichen.[568] Wenn die Leihzinsen auf niedrigem Niveau sind, kann der Schuldner einen Kredit aufnehmen, um seine Schuld zu begleichen. Um die Gewährung des Kredits zu erleichtern, wird der Kreditgeber in die Rechte des befriedigten Gläubigers gesetzt. Der Kreditgeber erhält nicht nur die Forderung des befriedigten Gläubigers als Sicherheit, sondern auch die mit der Forderung verbundenen Sicherheiten.

Ferner findet die *Subrogation* auch Anwendung, wenn ein Dritter generell seiner eigenen Leistungspflicht gegenüber dem Gläubiger nachkommt.[569] Das ist zum Beispiel der Fall, wenn der Bürge den Gläubiger befriedigt hat. In diesem Fall kann er seinerseits den Hauptschuldner oder den Mitbürgen in Anspruch nehmen. Es sind vor allem diese Fälle, die im deutschen Recht als Legalzession bezeichnet werden.

Des Weiteren spielt die *Subrogation* eine essenzielle Rolle im Versicherungsrecht. Wenn die Versicherung eine Leistung erbringt, kann sie ihrerseits den Schädiger in Anspruch nehmen. Weiterhin kommt die *Subrogation* ebenfalls zur Anwendung in den Fällen der Lohnfortzahlung.[570]

Ausgenommen von diesen gesetzlichen Fällen spielt die *Subrogation* eine entscheidende Rolle, wenn ein Dritter die Schuld des Schuldners begleicht. Durch die vertragliche *Subrogation* tritt er in die Rechte des Gläubigers ein. Und diese

---

566 *Terré/Simler/Lequette/Chénedé*, Droit civil, les obligations, Rn. 1476.

567 *Terré/Simler/Lequette/Chénedé*, Droit civil, les obligations, Rn. 1476.

568 *Latina*, La subrogation ex parte debitoris depuis la réforme du droit des obligations, AJ contrat, S. 424.

569 *Meier*, Subrogation, EuP 2009: http://hwb-eup2009.mpipriv.de/index.php/Subrogatio, abgerufen am 02.03.2021.

570 *Terré/Simler/Lequette/Chénedé*, Droit civil, les obligations, Rn. 1476.

kann rechtstechnisch in verschiedenen Rechtskonstruktionen zur Anwendung kommen.

B. Dogmatische Einordnung der *Subrogation*

I. Allgemeines

Es besteht keine Einigkeit über die dogmatische Einordnung der *Subrogation*. Das Problem liegt darin, dass die Bezahlung im Mittelpunkt dieses Rechtsinstituts steht und diese Bezahlung nicht zum Erlöschen der Forderung führt, sondern hat vielmehr eine Übertragungswirkung. Das heißt, wenn ein Dritter die Schuld eines Schuldners bzw. des Hauptschuldners begleicht, erlischt diese Forderung nicht, sondern geht auf ihn über. Fraglich war, wie dies dogmatisch zu begründen war, weil die Zahlung grundsätzlich zum Erlöschen der Forderung führt.

Nach einer Auffassung führt die Zahlung des Dritten zum Erlöschen der Forderung. Die zur Besicherung der Forderung bestellten Sicherheiten bleiben jedoch bestehen. Es entsteht dann durch die Zahlung des Dritten eine neue Forderung von diesem gegen den Schuldner und die nicht erloschenen Sicherheiten dienen dann zur Besicherung dieser Forderung.[571] Als Argument wurde angeführt, da die Zahlung zum Erlöschen der Forderung führt, kann dieselbe Forderung nicht mehr übertragen werden. Die *Subrogation* dient nur zur Übertragung der Sicherheiten der erloschenen Forderung auf die durch die Zahlung des Dritten entstandene Forderung. Der Fall, dass eine Zahlungsforderung durch Erfüllung erlischt, ist zwar richtig, aber es ist jedoch schwer begründbar, dass die zur Besicherung der erloschenen Forderung bestellten Sicherheiten weiterhin bestehen bleiben. Heutzutage ist eine solche Meinung kaum vertretbar bzw. kaum überzeugend.[572]

Eine weitere Auffassung, die als dualistisch bezeichnet werden kann, unterscheidet zwischen der gesetzlichen und der vertraglichen *Subrogation*.[573] Demnach ist die gesetzliche *Subrogation* eine echte Zahlung mit Übertragung der Sicherheiten, die vertragliche *Subrogation,* hingegen, ist eine Forderungszession. Zwar findet diese Unterscheidung Stütze im *Code Civil*, aber es ist nicht

---

571 *Merlin*, Receuil alphabétique des questions de droit qui se présentent fréquemment devant les tribunaux, 1820, au mot subrogation de personnes, § 1, zit. aus *Stoffel-Munck/Ranouil*, La transmission des obligations en droit franco-belge, S. 372.

572 *Stoffel-Munck/Ranouil*, La transmission des obligations en droit franco-belge, S. 372.

573 *Lucas-Championière/Rigaud*, traité des drtois de l'enregistrement. II, 1841, n°1250, zit. aus *Stoffel-Munck/Ranouil*, La transmission des obligations en droit franco-belge, S. 372.

haltbar, dass die vertragliche *Subrogation* eine Forderungszession darstellt. Beide Rechtsmechanismen haben nicht die gleichen Rechtsfolgen. Ferner haben die gesetzliche und die vertragliche *Subrogation* die gleichen Wirkungen, nämlich die Befriedigung des Gläubigers und die Übertragung der Forderung auf den Dritten. Zwar erfolgt auch eine Übertragung der Forderung auf den Zessionar im Fall einer Zession, aber der Zessionar erhält grundsätzlich die gesamte Forderung. Im Fall der *Subrogation* erhält der *Solvens* nur die Forderung in Höhe der Zahlung.

Vorzugswürdig ist jedoch die *Subrogation* als eine juristische Fiktion zu sehen. Mit der Zahlung des Dritten erlischt die Forderung nicht, sondern wird auf den Dritten übertragen. Es handelt sich um eine Zahlung, die grundsätzlich die Forderung nicht zum Erlöschen bringt. Es wird sogar argumentiert, dass die *Subrogation* eine wichtige Ausnahme zu den Grundprinzipien des Zivilrechts ist.[574] Denn die Zahlung bringt die Geldforderung normalerweise zum Erlöschen. Im Fall der *Subrogation* überträgt die Zahlung die Forderung. Diese Vorgehensweise kann nur durch eine juristische Fiktion erklärt werden.

II. Abgrenzung zur Forderungsabtretung

Zwar wurde bereits kurz auf die Frage der Abgrenzung der Forderungsabtretung und die der *Subrogation* eingegangen. Aber ist dennoch lohnenswert, diese Unterscheidung hier zu vertiefen, weil sich die *Subrogation* und die Forderungszession in ihren Rechtswirkungen ähneln können. Vor der Reform wurde die *Subrogation* als Ersatz zur Forderungszession häufiger benutzt, weil die Forderungszession strenge Formerfordernisse vorsah.[575]

Mangels Trennungs- und Abstraktionsprinzips wird die Forderungsabtretung im französischen Recht als ein Kaufvertrag gesehen. Hier wird die Forderung grundsätzlich verkauft. Der Forderungsabtretung liegt die Spekulation zugrunde. Das heißt: Der Käufer zahlt normalerweise nicht den vollen Preis für die Forderung und trägt deshalb das Bonitätsrisiko des Schuldners. Wichtig ist hier vor allem, dass der Zessionar nicht den kompletten Preis für die Forderung zahlt, den Schuldner jedoch für den vollen Wert der Forderung in Anspruch nehmen kann. Im Fall der *Subrogation* wird der *Solvens* den Schuldner nur in Höhe der bezahlten Summe in Anspruch nehmen können.

574 *Savaux*, „Subrogation personelle“ Rép. civ. Dalloz, 2011.
575 *Borghetti*, Die Reform des französischen Vertragsrechts, S. 202.

Nehmen wir an, dass A dem B 100 € schuldet und C dem B 80 € zahlt. Wenn C in die Rechte des B infolge einer *Subrogation* aufgrund der gezahlten 80 € eintritt, kann er den A nur in Höhe von 80 € in Anspruch nehmen. Die verbleibenden 20 € schuldet der A dem B weiterhin. Geht man jedoch von einer Forderungsabtretung aus, kann der C den A in Höhe der gesamten 100 € in Anspruch nehmen, auch wenn er dem B im Rahmen der Abtretung nicht 100 € gezahlt hat.

Dieses Beispiel ist so zu verstehen, dass keine Abtretung eines Teils der Forderung vorliegt und der Abtretung der Spekulation zugrunde liegt.

C. Entstehung der *Subrogation*

Es gibt zwei Arten von *Subrogation*. Die gesetzliche und die vertragliche *Subrogation*. Diese Unterscheidung ist auch in den Art. 1346, 1346-1 und Art. 1346-2 C. civ. vorgesehen. Diese verschiedenen Arten von *Subrogation* haben unterschiedliche Voraussetzungen.

I. Voraussetzungen

1. Vertragliche Subrogation

Die vertragliche *Subrogation* kann entweder mit Zustimmung des Gläubigers oder mit der des Schuldners erfolgen. Je nachdem sind verschiedene Voraussetzungen zu beachten.

a. Subrogation *mit Zustimmung des Gläubigers*

Gem. Art. 1346-1 Abs. 1 C. civ. erfolgt die *Subrogation* auf Initiative des Gläubigers, wenn dieser die Zahlung von Dritten erhält und Letzteren in seine Rechte eintreten lässt. Mit anderen Worten zahlt der Dritte dem Gläubiger und wird infolge dieser Zahlung der neue Gläubiger des Schuldners. Diese Art von *Subrogation* wird als *Subrogation ex parte creditoris* bezeichnet.[576] Es ist darauf hinzuweisen, dass diese Zahlung des Dritten ohne legitimes Interesse erfolgt, wie dies sich aus Art. 1346 C. civ. *e contrario* ergibt. Die *Subrogation ex parte creditoris* kommt zum Beispiel im Fall des Factorings (*l'affacturage*) vor.[577] Wenn die Forderung des Gläubigers nicht fällig ist, kann er sich an einen Dritten wenden. Dieser wird die Forderung des Gläubigers gegenüber dem Schuldner begleichen, nämlich durch Zahlung der geschuldeten Summe, und als Folge wird er zum

---

576 *Fages*, Droit des obligations, Rn. 542.

577 *Bénabent*, Droit des obligations, Rn. 720.

neuen Gläubiger. Die *Subrogation* kann hier also als Alternative zur Forderungsabtretung betrachtet werden.

Die Voraussetzungen, die für die Entstehung einer *Subrogation* zu beachten sind, ergeben sich aus Art. 1346-1 C. civ. Es handelt sich hierbei um drei notwendige Voraussetzungen.

aa. Die ausdrückliche Zustimmung des Gläubigers

Nach Art. 1346-1 Abs. 2 C. civ. muss die *Subrogation* ausdrücklich sein. Damit ist gemeint, dass die Zustimmung nicht vermutet wird. Der Gläubiger muss ausdrücklich zustimmen, dass der zahlende Dritte die Rechte des Gläubigers gegen den Schuldner übernimmt. Praktisch gesehen vereinbaren der *Solvens* und der Gläubiger einen Subrogationsvertrag, kraft dessen der *Solvens* zum neuen Gläubiger wird, wenn er die vom Schuldner geschuldete Zahlungsforderung begleicht. Der Schuldner nimmt an diesem Vertrag nicht teil.

Diese ausdrückliche Zustimmung ist deshalb nötig, weil die Zahlung hier ausnahmsweise nicht zum Erlöschen der Forderung führt, sondern die Forderung wird an den *Solvens* übertragen. Aus der Vereinbarung zwischen dem *Solvens* und dem Gläubiger muss deshalb ohne Zweideutigkeit hervorgehen, dass der *Solvens* den Gläubiger in seiner Gläubigerstellung ersetzten soll. Andererseits erlischt die Forderung.

Trotzdem ist zu unterstreichen, dass die Parteien das Wort *Subrogation* nicht verwenden müssen. Es reicht aus, wenn eine Auslegung des Vertrages ergibt, dass der *Solvens* und der Gläubiger eine *Subrogation* vereinbart haben und vor allem, dass der Gläubiger dem *Solvens* seine Stellung überlassen wollte.[578] Diese Auslegung geht aber nicht soweit, dass eine stillschweigende *Subrogation* angenommen werden kann.[579] Der Tenor der *Cour de Cassation* Entscheidung macht klar, dass die Annahme einer konkludenten *Subrogation* nicht zulässig ist. Danach wurde die Entscheidung, die die *Subrogation* auf eine Vermutung gestützt hatte, aufgehoben.

bb. Der Zeitpunkt der Zahlung

Der Zeitpunkt der Zahlung des *Solvens* ist für die *Subrogation* äußerst wichtig. Aus diesem Grund wurde dieser Zeitpunkt gesetzlich geregelt. Gem. Art. 1346-1 Abs. 3 S. 1 C. civ. muss die *Subrogation* zeitgleich mit der Zahlung erfolgen *„Elle*

---

578 *Porchy-Simon,* Les obligations, Rn. 1201.

579 Cass. 1^{ière} civ., 18 oct. 2005, Bull. civ. I, n°374; Defrenois 2006, p. 614, obs. *R. Libchaber.*

doit être cosentie en même temps que le paiement". Das bedeutet grundsätzlich, dass die *Subrogation* weder antizipiert werden noch *a posteriori* erfolgen kann.

Wird die *Subrogation* vor der Bezahlung geschlossen, kann im Grunde genommen keine *Subrogation* erfolgen, weil zum Zeitpunkt der Gewährung der vermeintlichen *Subrogation* keine Zahlung erfolgt war. Eine *Subrogation* kann auch nicht nach der Zahlung erfolgen, weil die Zahlung prinzipiell zum Erlöschen der Forderung führt. Aus diesem Grund muss die *Subrogation* gleichzeitig mit der Zahlung erfolgen. Die Rechtsprechung ließ früher keine andere *Subrogation* zu, außer der, die zeitgleich mit der Zahlung erfolgte.[580] Die Rechtsprechung wird jedoch im Laufe der Zeit eine antizipierte *Subrogation* zulassen.[581] Die Reform wird die neue Lösung der Rechtsprechung übernehmen. Art. 1346-1 Abs. 3 S. 1 C. civ. sieht vor, dass die *Subrogation* vor der Zahlung erfolgen kann.[582] Bei einer *Subrogation* durch Antizipation treten die Rechtsfolgen der *Subrogation* jedoch erst nach der Zahlung ein.[583]

Fraglich bleibt weiterhin, ob eine nachträgliche *Subrogation* möglich ist. Bis jetzt ging die Rechtsprechung nur von der Zulässigkeit der vorherigen *Subrogation* aus. Diese Lösung wurde auch kodifiziert. Das Gesetz sieht ausdrücklich vor, dass die vorherige *Subrogation* zulässig ist. *E contrario* kann man folgern, dass eine nachträgliche *Subrogation* unzulässig ist. Als Erklärung kann man sagen, dass die nachträgliche *Subrogation* voraussetzt, dass die Zahlung vorher erfolgen muss. Zu berücksichtigen ist jedoch, dass die Zahlung zum Erlöschen der Forderung führt. Ein solches Problem ist bei der antizipierten *Subrogation* nicht zu finden, weil die Zahlung sowieso erst nach der *Subrogation* erfolgt.

Zu begrüßen ist auf jeden Fall die Zulässigkeit der antizipierten *Subrogation*. Die Interessen aller Parteien werden gewahrt, weil die Rechtswirkungen der *Subrogation* erst mit der Zahlung eintreten. Bezüglich der Möglichkeit einer nachträglichen *Subrogation*, hätte der Gesetzgeber dies ausdrücklich zulassen sollen,

---

580 Cass. 2ième civ., 8 févr. 2006, Bull. civ. II, n°46, JCP G 2006, IV 1483.

581 Cass. Com., 29 janv. 1991, Bull. civ. IV, n°48.

582 Art. 1346-1 C. civ.: «La subrogation conventionnelle s'opère à l'initiative du créancier lorsque celui-ci, recevant son paiement d'une tierce personne, la subroge dans ses droits contre le débiteur.
Cette subrogation doit être expresse.
Elle doit être consentie en même temps que le paiement, à moins que, dans un acte antérieur, le subrogeant n'ait manifesté la volonté que son cocontractant lui soit subrogé lors du paiement. La concomitance de la subrogation et du paiement peut être prouvée par tous moyens».

583 *Porchy-Simon*, Les obligations, Rn. 1202.

ohne in Art. 1346-1 Abs. 3 S. 1 C. civ vorzusehen, dass die *Subrogation* früher erfolgen kann. Eine neutrale Formulierung hätte ausgereicht. Da die *Subrogation* sowieso eine Fiktion darstellt, spielt es keine Rolle, wenn sie nachträglich erfolgt. Es ist zuzugeben, dass dies zu Rechtsunsicherheiten führen kann. Zum Beispiel, wenn eine Zahlung bereits erfolgt ist und drei Monate danach eine *Subrogation* vereinbart wird. Dieses Problem könnte dadurch überwunden werden, indem man vorsieht, dass zum Zeitpunkt der Zahlung ohne Mehrdeutigkeit bekannt gemacht wird, dass eine *Subrogation* nachträglich erfolgen wird. Andernfalls kann keine nachträgliche *Subrogation* wirksam vereinbart werden.

cc. Zahlung durch Dritte

Gem. Art. 1346-1 Abs. 1 C. civ. muss der Gläubiger seine Zahlung von einem Dritten erhalten. Eine vertragliche *Subrogation* ist also bei einer Zahlung durch den Schuldner selbst nicht möglich. Diese Lösung gilt auch dann, wenn der Schuldner mit Mitteln zahlt, die er vom Dritten erhalten hat.[584] Die *Subrogation* setzt voraus, dass die Zahlung direkt vom Dritten kommt oder durch den Schuldner als Stellvertreter des Dritten.[585] Die Regelung, dass der Dritte unbedingt die Schuld einer anderen Person begleichen muss, wurde jedoch von der Rechtsprechung gelockert. Die *Cour de Cassation* entschied, dass wenn jemand eine Schuld begleicht, die er auch persönlich hätte begleichen müssen, kann dieser trotzdem in die Rechte des befriedigten Gläubigers eintreten, wenn die beglichene Schuld in ihrer Gesamtheit von einem Hauptschuldner hätte getragen werden müssen.[586] Diese Lösung der Rechtsprechung war im Einklang mit der in der Literatur vertretenen Auffassung bezüglich der *Subrogation*.[587] Die Reform von 2016 hat an dieser Regelung nichts geändert. Diese Lösung der *Cour de Cassation* ist mit den gesetzlichen Regressen der Bürgschaft oder der Gesamtschuldnerschaft vergleichbar.

dd. Formerfordernisse

Die Artikel der *Code Civil* über die *Subrogation* sowie der Rechtsprechung sehen grundsätzlich keine besonderen Formen bezüglich der *Subrogation* vor. Für eine Entstehung der *Subrogation* sind lediglich die drei oben genannten Voraussetzungen zu beachten. Dies ist auch der Grund, warum die *Subrogation* bei den

---

584 Cass. com., 4 nov. 1969, D. 1969. 505, note D. Alexandre.

585 *Terré/Simler/Lequette/Chénedé*, Droit civil, les obligations, Rn. 1485.

586 Cass. 1[ière] civ., 22 juill. 1987, GAJC, vol. 2, n°255.

587 *Porchy-Simon*, Les obligations, Rn. 1206.

Rechtsanwendern beliebter war als die Forderungsabtretung, die strenge Formerfordernisse voraussah.

b. Subrogation *mit Zustimmung des Schuldners*

aa. Allgemeines

Gem. Art. 1346-2 Abs. 1 S. 1 C. civ. kann die *Subrogation* erfolgen, wenn der Schuldner ein Gelddarlehen aufnimmt, um den Gläubiger zu bezahlen, und dieser den Darlehensgeber in seine Rechte mit seiner Mitwirkung eintreten lässt. Die *Subrogation* durch den Schuldner wird auch als *Subrogation ex parte debitoris* bezeichnet. Bei der *Subrogation ex parte debitoris* spielt der Gläubiger eine wichtige Rolle. Diese Art von *Subrogation* kann nur mit seiner Mitwirkung erfolgen und ist nur in den Fällen zulässig, in denen der Schuldner einen Kredit aufnimmt, um seine Schuld zu begleichen. Die *Subrogation* an sich wurde hier nur zugelassen, um die Gewährung des Kredites zu erleichtern. Der Darlehensgeber tritt in die Rechte des befriedigten Gläubigers ein.

In der Literatur wurde der *Subrogation ex parte debitoris* keine so große Aufmerksamkeit geschenkt wie der *Subrogation ex parte creditoris.* Dies zeigt sich dadurch, dass man sich in der Literatur viel zu wenig mit der *Subrogation* durch den Schuldner befasst hat und in den gängigen Lehrbüchern wird darüber auch nur sehr knapp berichtet. Dieses Desinteresse vis-à-vis der *Subrogation* durch den Schuldner erklärt sich durch zwei Elemente.

Erstens waren die Autoren generell auf die Frage der Rechtsnatur der *Subrogation* fokussiert. Fraglich war, ob die *Subrogation* als eine Art Übertragung von Forderungen oder als reine Art von Erfüllung bzw. Zahlung zu sehen war.[588] Nach dem Catala-Projekt[589] zum Beispiel war die *Subrogation* eine Art von Forderungsübertragung. Das Terré-Projekt[590] hingegen betrachtete die *Subrogation* als eine Art von Erfüllung. Unter Berücksichtigung des Zweckes der *Subrogation* wurde dieses Rechtsinstituts vom Gesetzgeber den Erfüllungsmethoden zugeordnet.

Zweitens erregte die *Subrogation* Aufmerksamkeit dadurch, dass der Gesetzgeber die *Subrogation ex parte creditoris* mit der Reform aus dem *Code Civil* entfernen wollte. Die Debatte hat sich also nur auf diese Art von *Subrogation*

---

588 *Latina*, La subrogation ex parte debitoris depuis la réforme du droit des obligations, AJ contrat, S. 424.

589 Art. 1258 f. des Cata-Projekts. notariellen Beurkundungmmt. Diesermmt. Der Empfangsscheinsgestellt wird, beinhalten, dass die vom befriedigten Gläubiger erhalt

590 Art. 85 f. des Terré-Projekts.

konzentriert. Der Gesetzgeber wollte die *Subrogation ex parte creditoris* aus dem *Code Civil* entfernen, weil diese Rechtsfigur lediglich benutzt wurde, um mit den strengen Formerfordernissen der Forderungsabtretung umzugehen. Da die Reform die Forderungsabtretung grundlegend reformiert und praktikabler gemacht hat, schien es dem Gesetzgeber überflüssig, die *Subrogation ex parte creditoris* im *Code Civil* zu behalten. Einige Stimmen in der Praxis sowie in der Literatur plädieren jedoch dafür, die *Subrogation ex parte creditoris* im *Code Civil* beizubehalten[591]. Die Rechtsanwender haben sich an dieses Rechtsinstitut gewöhnt und brachten ihm Vertrauen entgegen. Unter diesen Umständen ist die *Subrogation ex parte debitoris* in den Hintergrund geraten.

Die *Subrogation ex parte debitoris* dient vor allem der Refinanzierung der Schulden. Sind die Leihzinsen niedrig, kann der Schuldner einen Kredit aufnehmen, um seine Schuld zu begleichen. Dadurch tritt dann der Kreditgeber in die Rechte des befriedigten Gläubigers ein. Man könnte zwar auf die Idee kommen, auch in einem solchen Fall die *Subrogation ex parte creditoris* anzuwenden. Problematisch ist jedoch, dass, auch wenn der Kreditgeber direkt an den Gläubiger leistet, er dies für den Schuldner tut. Mit der Kreditaufnahme wird der Kreditnehmer Eigentümer der Darlehenssumme im französischen Recht. Der Kreditgeber handelt dann für ihn. Aus diesem Grund kann keine *Subrogation ex parte creditoris* erfolgen, da diese ausscheidet, wenn der Schuldner selbst die Leistung erfüllt.

bb. Einigung zwischen Schuldner und Dritter mit Mitwirkung des Gläubigers

Für die Entstehung einer *Subrogation ex parte debitoris* setzt Art. 1346-2 Abs. 1 S. 1 C. civ. voraus, dass neben der Einigung zwischen Schuldner und Dritten der Gläubiger mitwirkt. Im französischen Recht spricht der *Code Civil* von *„avec concours du créancier"*. Gem. Art. 1346-2 Abs. 1 S. 2 C. civ. muss die *Subrogation* ausdrücklich erfolgen. Der Gläubiger muss deutlich machen, dass im Fall der Kreditgewährung an den Schuldner, um ihn zu befriedigen, der Kreditgeber an seine Stelle tritt.

Die *Subrogation ex parte debitoris* mit Mitwirkung des Gläubigers rückt den Gläubiger auch in den Mittelpunkt. Was ist jedoch unter der Mitwirkung des Gläubigers zu verstehen? Darauf gibt der *Code Civil* keine Antwort. Diese Mitwirkung des Gläubigers kann als dessen Genehmigung interpretiert werden. Das

591 *Latina*, La subrogation ex parte debitoris depuis la réforme du droit des obligations, AJ contrat, S. 424.

heißt, der Schuldner und der Kreditgeber einigen sich und zum Wirksamwerden dieser Einigung ist die Genehmigung des Gläubigers erforderlich. Weiterhin muss der Ursprung des Geldes in einem Empfangsschein vom befriedigten Gläubiger offenbart werden.

cc. Einigung zwischen Schuldner und Dritter ohne Mitwirkung des Gläubigers

Gem. Art. 1346-2 Abs. 2 C. civ. kann die *Subrogation* auch ohne die Mitwirkung des Gläubigers erfolgen. Wenn der Gläubiger nicht mitwirkt, muss seine Forderung fällig sein. In einem solchen Fall sind jedoch strenge Formerfordernisse gem. Art. 1346-2 Abs. 2 S. 2 C. civ. zu beachten. Der Kreditvertrag zwischen dem Schuldner und dem Kreditgeber mit dem Inhalt, dass die Kreditsumme zur Begleichung einer Schuld verwendet wird, bedarf der notariellen Beurkundung. Des Weiteren muss der Empfangsschein, der vom Gläubiger ausgestellt wird, beinhalten, dass die vom befriedigten Gläubiger erhaltene Summe aus dem Kreditvertrag stammt. Dieser Empfangsschein bedarf ebenfalls der notariellen Beurkundung.

Im Grunde genommen kann man hier nicht von einer *Subrogation* ohne Mitwirkung des Gläubigers reden. Der Gläubiger genehmigt den Vertrag zwischen dem Schuldner und dem Kreditgeber zwar nicht, aber ohne seine Mitwirkung bezüglich des Empfangsscheins kann keine *Subrogation* erfolgen. Fraglich in diesem Zusammenhang ist allerdings, was der Schuldner und der Kreditgeber unternehmen können, wenn der Gläubiger das Verfahren blockiert bzw. nicht mitwirken will. In einem solchen Fall können die Parteien von Art. 1345 C. civ.[592] Gebrauch machen. Demnach kann der Schuldner den Gläubiger bei Fälligkeit der Zahlung mahnen, die Zahlung anzunehmen oder zu ermöglichen, wenn der Gläubiger ohne legitimen Grund die Annahme der Zahlung verweigert oder durch sein Verhalten die Zahlung verhindert. Danach kann er die zu zahlende Summe hinterlegen und es wird dann fingiert, dass die erforderlichen Voraussetzungen zur Entstehung einer *Subrogation ex parte debitoris* ohne Mitwirkung

---

592 Art. 1345 C. civ.: «Lorsque le créancier, à l'échéance et sans motif légitime, refuse de recevoir le paiement qui lui est dû ou l'empêche par son fait, le débiteur peut le mettre en demeure d'en accepter ou d'en permettre l'exécution.
La mise en demeure du créancier arrête le cours des intérêts dus par le débiteur et met les risques de la chose à la charge du créancier, s'ils n'y sont déjà, sauf faute lourde ou dolosive du débiteur.
Elle n'interrompt pas la prescription».

des Gläubigers erfüllt sind.[593] Die strengen Formerfordernisse dienen dazu, die Rechte Dritter zu schützen und Täuschungen zu verhindern.[594]

2. *Gesetzliche Subrogation*

a. *Vor der Reform von 2016*

Wie bereits erwähnt, führt die Erfüllung einer Forderung grundsätzlich zum Erlöschen dieser Forderung. Erhält der Gläubiger einer Zahlungsforderung die geschuldete Leistung, erlischt diese Forderung grundsätzlich. Die Autoren des *Code Civil* von 1804 gingen von dieser Idee aus, als sie die Regelung über die gesetzliche *Subrogation* geschrieben haben. Die Zahlung hatte also zur Folge, dass die Forderung erlischt. Es wurde jedoch eine Ausnahme zu dieser Regelung vorgesehen. Unter Umständen kann jemand eine Forderung erfüllen, obwohl er nicht der Hauptschuldner dieser Forderung ist. Aus diesem Grund hatten die Autoren des *Code Civil* in Art. 1251 C. civ. (a. F.) vorgesehen, dass unter Umständen der Zahlende den Hauptschuldner in Regress nehmen kann. Diese fünf Ausnahmen waren abschließend und sehr restriktiv auszulegen.

Artikel 1251 C. civ. (a. F.)[595] sah Folgendes vor: «La subrogation a lieu de plein droit:

1 Au profit de celui qui étant lui-même créancier paie un autre créancier qui lui est préférable à raison de ses privilèges ou hypothèques;
2 Au profit de l'acquéreur d'un immeuble, qui emploie le prix de son acquisition au paiement des créanciers auxquels cet héritage était hypothéqué;

---

593 *Latina*, La subrogation ex parte debitoris depuis la réforme du droit des obligations, AJ contrat, S. 425.

594 *Terré/Simler/Lequette/Chénedé*, Droit civil, les obligations, Rn. 1489.

595 Art. 1251 C. civ. (a. F.): «Die *Subrogation* tritt von Rechts wegen ein:
1° zugunsten desjenigen, der selbst Gläubiger ist und einen anderen Gläubiger bezahlt; eine bessere Position aufgrund seiner Privilegien oder Hypotheken hat;
2° zugunsten des Käufers eines Gebäudes, der den Kaufpreis verwendet, um die Gläubiger, an die diese Erbschaft verpfändet wurde, zu bezahlen;
3° zugunsten desjenigen, der mit anderen oder für andere zur Begleichung der Schuld verpflichtet ist und ein berechtigtes Interesse dafür hatte;
4° zugunsten des Erben, der mit seinem eigenen Vermögen bis zur Höhe des Nettovermögens die Erbschaftsschulden beglichen hat;
5° zugunsten desjenigen, der die Beerdigungskosten im Namen der Nachfolge bezahlt hat».

3 Au profit de celui qui, étant tenu avec d'autres ou pour d'autres au paiement de la dette, avait intérêt de l'acquitter;
4 Au profit de l'héritier acceptant à concurrence de l'actif net qui a payé de ses deniers les dettes de la succession;
5 Au profit de celui qui a payé de ses deniers les frais funéraires pour le compte de la succession».

Zu den von Art. 1251 C. civ. (a. F.) aufgezählten Ausnahmen wurde eine andere Ausnahme aus dem Handelsgesetzbuch und besondere Gesetze hinzugefügt.[596] Eine Analyse der Ausnahmen des Art. 1251 C. civ. (a. F.) ergibt, dass Art. 1251 Nr. 3 C. civ. (a. F.) die zentrale Norm war, von der die anderen Ausnahmen abgeleitet wurden.[597] Entweder begleicht der Dritte eine Schuld im Rahmen einer Gesamtschuld oder für eine andere Person.

aa. Art. 1251 Nr. 3 C. civ. (a. F.): Gesamtschuldnerschaft oder eine Zahlung für andere

Nach Art. 1251 Nr. 3 C. civ. (a. F.) tritt der *Solvens* von Rechts wegen an die Stelle des befriedigten Gläubigers, wenn er im Rahmen einer Gesamtschuldnerschaft den Gläubiger befriedigt oder zur Zahlung für den Schuldner verpflichtet war. Die erste Variante der Norm setzt eine Mehrheit von Schuldnern voraus.[598] Zahlt einer der Schuldner die gesamte Forderung oder mehr als seinen Anteil, dann kann er seinerseits die übrigen Schuldner in Regress nehmen. Die zweite Variante der Norm setzte voraus, dass der *Solvens* verpflichtet war, an andere zu leisten.[599] Das ist zum Beispiel dann der Fall, wenn er als Bürge in Anspruch genommen wurde. Er könnte sich dann an den Schuldner wenden.

Es ist darauf hinzuweisen, dass Art. 1251 Nr. 3 C. civ. (a. F.) nur dann einschlägig war, wenn der *Solvens* selbst zur Zahlung verpflichtet war: entweder mit anderen oder für andere. Diese Norm findet also keine Anwendung, wenn ein Dritter die Leistung begleicht, ohne jegliche Verpflichtung diesbezüglich zu haben.[600]

---

596 *Terré/Simler/Lequette/Chénedé*, Droit civil, les obligations, Rn. 1478.
597 Vgl. *Fages*, Droit des obligations, Rn. 540; *Porchy-Simon*, Les obligations, Rn. 1206.
598 *Porchy-Simon*, Les obligations, Rn. 1211 f.
599 *Porchy-Simon*, Les obligations, Rn. 1211 f.
600 Cass. 1^{ière} civ., 2 juin. 1992, Bull. civ. I, n° 167; RTD civ. 1993. 130.

bb. *Die anderen Ausnahmen von Art. 1251 C. civ. (a. F.)*

Die anderen Ausnahmen von Art. 1251 C. civ. (a. F.) kamen selten zur Anwendung.[601] Im Art. 1251 Nr. 1 C. civ. (a. F.) geht es darum, dass der Schuldner mehrere Gläubiger hat und der nachrangige Gläubiger, den vorrangigen befriedigt und dessen Stelle übernimmt. Die zugunsten der befriedigten Gläubiger bestellten Sicherheiten gingen dann auf ihn über.

Gem. Art. 1251 Nr. 2 C. civ. (a. F.) kann der Käufer einer Immobilie das Geld des Kaufpreises verwenden, um die Gläubiger des Verkäufers zu befriedigten und in deren Rechte bezüglich der Immobilie zu treten, die er selbst erworben hat. Der Verkäufer geht grundsätzlich aus dem Geschäft leer aus. Dies stellt allerdings eine Sicherheit für den Käufer dar.

Art. 1251 Nr. 4 C. civ. (a. F.) ermöglich einem Erben, der mit seinem eigenen Vermögen die Erbschaftsschulden bezahlt hat, die anderen Erben in Anspruch zu nehmen.

Nach Art. 1251 Nr. 5 C. civ. (a. F.) kann sich derjenige, der die Beerdigungskosten übernommen hat, an die Erben wenden.

b. *Nach der Reform von 2016*

aa. *Darstellung des Art. 1346 C. civ.*

Die Reform von 2016 hat die gesetzliche *Subrogation* grundlegend reformiert. Der Gesetzgeber hat die abschließende Aufzählung des Art. 1251 C. civ. (a. F.) nicht übernommen. Stattdessen fasst nun eine einzige Norm alle Fälle der gesetzlichen *Subrogation* zusammen. Art. 1346 C. civ.[602] sieht Folgendes vor: «La subrogation à lieu par le seul effet de la loi au profit de celui qui, y ayant un intérêt légitime, paie dès lors que son paiement libère envers le créancier celui sur qui doit peser la charge définitive de tout ou partie de la dette».

Die Aufzählung war unpraktisch und sorgte nicht für Rechtssicherheit. Jeder, der ein legitimes Interesse hat, kann eine Drittschuld begleichen und tritt *ipso iure* an die Stelle des befriedigten Gläubigers. Der *Solvens* muss nicht einmal zur Zahlung verpflichtet gewesen sein.

Es fällt natürlich sofort auf, dass der Begriff des legitimen Interesses eine entscheidende Rolle in der neuen gesetzlichen *Subrogation* spielt. Fraglich ist

---

601 *Porchy-Simon*, Les obligations, Rn. 1214.

602 Art. 1346 C. civ.: «Die *Subrogation* findet von Rechts wegen zugunsten desjenigen statt, der ein legitimes Interesse hat und die Schuld eines Hauptschuldners zahlt, wenn diese Zahlung den Hauptschuldner von seiner Leistungspflicht befreit».

also, was darunter konkret zu verstehen ist. Diesen Begriff hat der *Code Civil* im Zusammenhang mit der *Subrogation* nicht definiert. Das Einfügen dieser Voraussetzung für die gesetzliche *Subrogation* erklärt sich dadurch, dass der Gesetzgeber eine Schranke schaffen wollte, um einen Missbrauch des Art. 1346 C. civ. zu verhindern. Als Beispiel wird hier der Fall des Wettbewerbes zitiert.[603] Man könnte die Schuld eines Konkurrenten begleichen, um sein neuer Gläubiger zu werden, um diese Stellung zu missbrauchen.

Auch wenn man von dem Sinn und Zweck her weiß, warum der Gesetzgeber die Voraussetzung des legitimen Interesses in Art. 1346 C. civ. aufgenommen hat, bleibt unbeantwortet, was darunter zu verstehen ist. In der Literatur wird auf diese Frage nicht eingegangen, sondern nur klargestellt, dass damit Missbräuche vermieden werden sollen.[604] Es war unter Berücksichtigung des Zwecks des Art. 1346 C. civ. die Absicht des Gesetzgebers, hier einen unbestimmten Rechtsbegriff zu benutzen, um den Rechtsanwendern und vor allem den Richtern einen Ermessenspielraum zu gewähren.

Die neue Norm ist eine Art Generalklausel, die viele Fälle erfassen soll. Aus diesem Grund wird man wohl annehmen können, dass die Aufzählungen des Art. 1251 C. civ. (a. F.) als Fälle des legitimen Interesses gelten können. Zwar hat der Gesetzgeber diese Aufzählungen in der neuen Norm aufgegeben, aber dies diente lediglich zur Vereinfachung und Übersichtlichkeit der gesetzlichen *Subrogation*. Es sind keine Anhaltspunkte vorhanden, die glauben lassen können, dass der Gesetzgeber beim Vorliegen dieser Fälle keine gesetzliche *Subrogation* mehr zulassen wollte. Es wird die Aufgabe der Richter sein, den Begriff des legitimen Interesses zu definieren bzw. zu spezifizieren.[605]

Schließlich muss gem. Art. 1346 C. civ. der Schuldner durch die Zahlung des Gläubigers von der Leistungspflicht befreit sein. Der Hauptschuldner und der *Solvens* müssen denknotwendig personenverschieden sein. Anderenfalls kann keine *Subrogation* vorliegen.

bb. Ausnahmen

Unter Umständen kann ein Dritter mit berechtigtem Interesse die Schuld eines anderen begleichen, ohne in die Rechte des Gläubigers einzutreten. Das ist zum

---

603 Rapport au président de la République relatif à l'ordonnance du 10 février 2016, *JO*, S. 25.

604 *Malaurie*, Droit des obligations, Rn. 1400; *Porchy-Simon*, Les obligations, Rn. 1215.

605 *Borghetti*, Die Reform des französischen Vertragsrechts, S. 212; *Terré/Simler/Lequette/Chénedé*, Droit civil, les obligations, Rn. 1482.

Beispiel dann der Fall, wenn der zahlende Dritte selbst Schuldner des befreiten Schuldners war.[606] Die Zahlung in einem solchen Fall erfolgt nur, um die Situation gegenüber allen Beteiligten zu vereinfachen. Der befreiende Schuldner und der zahlende Schuldner werden beide gleichzeitig befreit und der Gläubiger erhält seine Zahlung. Es wäre ungereimt, wenn der zahlende Dritte noch einmal den befreiten Schuldner in Anspruch nehmen könnte. Er würde doppelt von der Lage profitieren. Zweitens erfolgt keine gesetzliche *Subrogation* auch dann nicht, wenn der zahlende Dritte ohne ein legitimes Interesse gezahlt hat.[607] Man würde hier aber annehmen müssen, dass der zahlende Dritte den Gläubiger wegen unberechtigter Bereicherung in Anspruch nehmen kann.

II. Rechtsfolgen

1. Übertragung der Forderung

Die Rechtsfolge der *Subrogation* ist grundsätzlich die gleiche für alle Arten der *Subrogation*.[608] Wie die Forderungsabtretung führt die *Subrogation* zu einer Übertragung der Forderung. Der *Solvens* wird zum neuen Gläubiger. Die Forderung – wie bereits ausgeführt – erlischt nicht infolge der Zahlung des *Solvens*. Der *Solvens* wird zum neuen Gläubiger und der befriedigte Gläubiger verliert seine Gläubigerstellung. Der *Solvens* erwirbt des Weiteren die Forderung mit allen Sicherheiten und Nebenrechten. Er erwirbt, sozusagen, die Forderung, wie diese bereits bestand. Wenn der *Solvens* beispielsweise ein Verbraucher ist und er aber die Schuld eines Unternehmers gegenüber einem anderen Unternehmer begleicht, übernimmt er eine Forderung, die dem Handelsrecht zuzuordnen ist.[609] Diese Lösung wurde vor der Reform bereits von der Rechtsprechung bestätigt.[610] Diese Lösung wurde auch von dem *Code Civil* in Art. 1346-4 C. civ.[611] übernommen.

---

606 *Bénabent,* Droit des obligations, Rn. 719.

607 *Bénabent,* Droit des obligations, Rn. 719.

608 *Porchy-Simon,* Les obligations Rn. 1216.

609 Vgl. T. confl., 6 mai 2002, Bull. civ., P. 19.

610 Cass. 3ième civ., 7 juill. 2010, RDC 2011. 133.

611 Art. 1346-4 C. civ.: «La subrogation transmet à son bénéficiaire dans la limite de ce qu'il a payé, la créance et ses accessoires, à l'exception des droits exclusivement attachés à la personne du créancier.
Toutefois, le subrogé n'a droit qu'à l'intérêt légal à compter d'une mise en demeure, s'il n'a convenu avec le débiteur d'un nouvel intérêt. Ces intérêts sont garantis par les sûretés attachés à la créance, dans les limites, lorsqu'elles ont été constituées par des tiers, de leurs engagements initiaux s'ils ne consentent à s'obliger au-delà».

Mit der Forderung gehen auch alle akzessorischen Rechte auf den neuen Gläubiger über. Der neue Gläubiger kann dann den Schuldner sowie die zur Besicherung der Forderung bestellten Sicherheiten, wenn die Voraussetzungen vorliegen, gem. Art. 1346-4 C. civ. in Anspruch nehmen.

Zwar erwirbt der *Solvens* die Forderung mit allen dazu gehörigen Rechten, aber es ist darauf hinzuweisen, dass höchstpersönliche Rechte nicht auf den *Solvens* übergehen.[612] Zum Beispiel erwirbt der *Solvens* gegebenenfalls keine öffentliche Rechte, auch wenn er die Stellung eines Hoheitsträgers übernimmt.[613] Art. 1346-Abs. 1 C. civ. sieht vor, dass die Forderung zwar auf den *Solvens* übergeht, aber ausgenommen der höchstpersönlichen Rechte.

2. *Umfang der Übertragung*

Zwar führt die *Subrogation* zu einer Übertragung der Forderung auf den *Solvens.* Aber fraglich ist, in welcher Höhe. Gem. Art. 1346-4 C. civ. geht die Forderung nur in Höhe von der vom *Solvens* gezahlten Summe über. Hat der *Solvens* die Schuld teilweise gezahlt, dann erhält er nur diesen Teil der gezahlten Forderung, wie bereits oben dargestellt. Problematisch ist hier jedoch, dass wenn der *Solvens* die Schuld nur teilweise beglichen hat, hat der Schuldner dann zwei Gläubiger. Zum Beispiel[614] A schuldet dem B 100 € und C zahlt 50 € an B im Rahmen einer *Subrogation.* A muss noch dem B und C jeweils 50 € zahlen. Nehmen wir aber an, dass das Vermögen des A nur noch 80 € beträgt. Problematisch ist dann hier, welcher der beiden Gläubiger zuerst zu befriedigen ist, oder ob die Gläubiger je 40 € bekommen. Die Lösung auf diese Frage ist in Art. 1346-3 C. civ. zu finden. Demnach kann die *Subrogation* nicht zulasten des Gläubigers erfolgen, wenn dieser nur einen Teil der geschuldeten Leistung erhalten hat. Der Gläubiger genießt in einem solchen Fall ein Vorzugsrecht. Unter Berücksichtigung des Grundsatzes *nemo contra se subrogeasse consetur* (niemand soll gegen sich selbst eine *Subrogation* vornehmen) ist der Gläubiger zuerst zu zahlen und der *Solvens* bekommt die übrig gebliebenen 30 €.

Diese Bevorzugung des Gläubigers überzeugt jedoch nicht jeden.[615] Dieser Regelung wird vorgeworfen, nicht gerecht bzw. nicht erklärbar zu sein. Diese Regelung ist jedoch kein zwingendes Recht und ist deshalb abdingbar. Die

612 *Stoffel-Munck/Ranouil,* La transmission des obligations en droit franco-belge, S. 386.
613 *Porchy-Simon,* Les obligations, Rn. 1219.
614 Vgl. *Porchy-Simon,* Les obligations, Rn. 1224.
615 *Porchy-Simon,* Les obligations, Rn. 1226.

Parteien können durch Vertrag etwas anderes vorsehen, was sie normalerweise im Fall einer vertraglichen *Subrogation* höchstwahrscheinlich machen würden.[616]

Der Vorwurf der Bevorzugung des Gläubigers ist allerdings nicht überzeugend. Es sollte sich nichts an der Situation des Gläubigers ändern, wenn dieser eine teilweise Zahlung von einem Dritten erhält. Die Bevorzugung des Gläubigers ist sogar ein Anreiz für ihn, sich auf die *Subrogation* einzulassen. Er hat dadurch, sozusagen, nichts zu verlieren. Würde dies jedoch anders herum sein, kann er zum Beispiel seine Zustimmung zur *Subrogation* verweigern. Es ist zwar unter Umständen im Interesse des Gläubigers, eine teilweise Zahlung anzunehmen, wenn es zum Beispiel offensichtlich ist, dass der Schuldner seiner Leistungspflicht nicht nachkommen wird. Der Normalfall muss trotzdem sein, dass der Gläubiger bei einer teilweisen Zahlung eine Bevorzugung bezüglich des Restbetrages genießt. Der *Solvens* hat immerhin noch die Möglichkeit, etwas anderes während der Subrogationsvertragsverhandlung zu verhandeln.

3. *Geltendmachung der Forderung durch den Solvens*

Mit der Zahlung erwirbt der *Solvens* die Forderung. Er tritt an die Stelle des früheren Gläubigers. Die *Subrogation* verhindert, dass die Forderung durch Zahlung erlischt. Der *Solvens* kann sich seinerseits an den Schuldner zur Zahlung wenden.

4. *Schutz des Schuldners*

a. *Einwendungen und Einreden*

Der *Solvens* erwirbt die Forderung, wie sie ist. Er wird zum neuen Gläubiger. Der Schuldner kann ihm deshalb alle Einwendungen und Einreden entgegenhalten, die er gegen den befriedigten Gläubiger hätte geltend machen können. Die Einwendungen und Einreden müssen jedoch vor der *Subrogation* vorgelegt worden sein. Dies erklärt sich dadurch, dass nach der *Subrogation* die Forderung nicht mehr im Vermögen des befriedigten Gläubigers vorhanden ist.[617] Diese Lösung gilt für alle Einwendungen und Einreden, die der Schuld anhaften. Auch der Schuldner kann dem *Solvens* alle Einwendungen und Einreden entgegenhalten,

616 *Porchy-Simon,* Les obligations, Rn. 1224.

617 *Stoffel-Munck/Ranouil,* La transmission des obligations en droit franco-belge, S. 381.

die vor der *Subrogation* entstanden sind. Art. 1346-5 Abs. 3 C. civ.[618] hat diese Lösungen mit der Reform kodifiziert.

b. *Wirkungsentfaltung der* Subrogation *gegenüber dem Schuldner und Dritten:* „opposabilité"

Art. 1346-5 Abs. 1 und 2 C. civ. regelt die Wirkungsentfaltung der *Subrogation* gegenüber dem Schuldner und anderen Dritten. Gem. Art. 1346-5 Abs. 2 C. civ. entfaltet die *Subrogation* Wirkung gegenüber anderen Dritten ab dem Zeitpunkt der Zahlung. Das Datum der Zahlung ist deshalb wichtig, weil dieses auch für die Übertragung der Forderung auf den *Solvens* maßgeblich ist.[619]

Der Schuldner nimmt normalerweise an dem *Subrogationsvertrag* nicht teil. Aus diesem Grund sieht Art. 1346-5 Abs. 1 C. civ. vor, dass die *Subrogation* ihm gegenüber nur dann Wirkung entfaltet, wenn sie ihm angezeigt wurde oder er davon in Kenntnis gesetzt wurde. Das heißt nun, dass die *Subrogation* und die Forderungsabtretung bezüglich ihrer Wirkungsentfaltung das Gleiche vorsehen. Daraus folgt, dass wenn der Schuldner von der *Subrogation* in Kenntnis gesetzt wurde, kann er nicht mehr mit befreiender Wirkung an den Gläubiger zahlen. Der *Solvens* wird demnach der neue Gläubiger und deshalb ab Kenntnis der *Subrogation* muss er an diesen zahlen. Ausnahmsweise kann eine Zahlung des Schuldners an den Gläubiger wirksam sein, wenn die Voraussetzungen des Art. 1342-3 C. civ. vorliegen. Demnach ist die Zahlung an einen scheinbaren Gläubiger wirksam, wenn diese gutgläubig erfolgt ist.

Vor der Reform entfaltete die *Subrogation* gegenüber dem Schuldner ohne Beachtung von besonderen Formerfordernissen Wirkung. Die *Subrogation* musste dem Schuldner weder angezeigt noch musste dieser in Kenntnis gesetzt werden. Das neue Formerfordernis ist nicht zu begrüßen und bringt auch keinen Mehrwert mit sich. Zwar nahm der Schuldner am Subrogationsvertrag nicht teil, aber es ist darauf hinzuweisen, dass wenn er an den Gläubiger nach der

---

618 Art. 1346-5 C. civ.: «Le débiteur peut invoquer la subrogation dès qu'il en a connaissance mais elle ne peut lui être opposée que si elle lui a été notifiée ou s'il en a pris acte. La subrogation est opposable aux tiers dès le paiement.
Le débiteur peut opposer au créancier subrogé les exceptions inhérentes à la dette, telles que la nullité, l'exception d'inexécution, la résolution ou la compensation de dettes connexes. Il peut également lui opposer les exceptions nées de ses rapports avec le subrogeant avant que la subrogation lui soit devenue opposable, telles que l'octroi d'un terme, la remise de dette ou la compensation de dettes non connexes».

619 Cass. 1ière civ., 11 juin 2008, n° 06-20104, Bull. civ. I, n° 171.

Subrogation gezahlt hatte, war er von seiner Gutgläubigkeit geschützt.[620] Diese Zahlung war trotzdem wirksam. Wenn der Gesetzgeber trotz der Vereinfachung der Forderungsabtretung das Rechtsinstitut der *Subrogation* im *Code Civil* behalten hat, ist nicht einsehbar, warum die Wirkungsentfaltung der *Subrogation* geändert wurde. Die *Subrogation* verliert dadurch ein Element, das sie bei den Rechtsanwendern beliebt machte.[621]

Schließlich kann sich der Schuldner auf die *Subrogation* berufen, wenn er davon Kenntnis genommen (*s'il en à pris connaissance*) hat gem. Art. 1346-5 Abs. 1 C. civ. Das kann zum Beispiel unter Berücksichtigung des Sinns und Zwecks der Norm der Fall sein, wenn der Gläubiger Zahlung fordert, obwohl eine *Subrogation* erfolgt ist. In einem solchen Fall kann sich der Schuldner auf die *Subrogation* berufen und die Zahlung verweigern, weil der *Solvens* sein neuer Gläubiger ist.

III. Die Subrogation und die Reform von 2016

Die Reform von 2016 hat das Rechtsinstitut der *Subrogation* grundlegend reformiert. Die gesetzliche *Subrogation* (die Subrogation kraft Gesetzes) wurde glücklicherweise vereinfacht und übersichtlicher gestaltet. Mit der Vereinfachung der Forderungsabtretung und der Vereinheitlichung einiger Voraussetzungen bezüglich der Forderungsabtretung und der *Subrogation* ist es jedoch befremdlich, dass der Gesetzgeber die vertragliche *Subrogation* im *Code Civil* beibehalten hat. Die vertragliche *Subrogation* – könnte man denken – ist überflüssig geworden. Aus diesem Grund hatte das Reformprojekt von 2015 die vertragliche *Subrogation* im *Code Civil* nicht mehr vorgesehen.[622] Alle Subrogationsfälle sollten dann von der gesetzlichen *Subrogation* erfasst werden. Ansonsten steht den Parteien die Forderungsabtretung zur Verfügung. Es ist jedoch darauf hinzuweisen, dass Art. 1324 des Projekts von 2015 kein legitimes Interesse bezüglich der gesetzlichen *Subrogation* mehr vorsah. Die einzige Bedingung war, dass ein Dritter eine fremde Schuld begleicht.

Vorzugswürdigerweise wurde das legitime Interesse in die gesetzliche *Subrogation* hinzugefügt. Trotzdem ist es nicht überzeugend, die vertragliche *Subrogation* nur deswegen beizubehalten, weil sich die Rechtsanwender an das Rechtsinstitut gewöhnt haben. Der französische Gesetzgeber erweckt den Eindruck, den *Code Civil* in seinem Kern reformieren und modernisieren zu

---

620 *Stoffel-Munck/Ranouil*, La transmission des obligations en droit franco-belge, S. 408.
621 *Stoffel-Munck/Ranouil*, La transmission des obligations en droit franco-belge, S. 408.
622 *Borghetti*, Die Reform des französischen Vertragsrechts, S. 211.

wollen, aber er geht lieber auf eine Nummer sicher und, wie diese Situation richtig zusammengefasst wurde, scheut der französische Gesetzgeber manchmal seine eigene Courage.[623] Da das Beibehalten der vertraglichen *Subrogation* nichts an der Forderungsabtretung ändert und die Rechtsanwender ein zusätzliches Rechtsinstrument haben, ist nun abzuwarten, ob die *Subrogation* weiterhin Erfolg haben wird und die Forderungsabtretung im Schatten stellen wird oder ob beide Rechtsinstitute ihren Platz im *Code Civil* neben einander verdienen.

D. Die *Subrogation* und das deutsche Recht

Die *Subrogation,* wie sie im französischen Recht in den Artikeln 1346 ff. C. civ. geregelt ist, kennt das BGB nicht. Es gibt jedoch Normen im BGB, die ähnliche Fälle wie die französische *Subrogation* regeln und das sind insbesondere die Normen des BGB über den Forderungsübergang kraft Gesetzes. Fraglich ist jedoch auch, ob die vertragliche *Subrogation*, wie man es im französischen Recht kennt, im deutschen Recht konstruierbar ist.

1. Gesetzlicher Forderungsübergang (Cessio Legis)

a. Allgemeines

Wie bereits behandelt, können Forderungen nicht nur durch Vertrag, sondern auch gesetzlich übertragen werden. Im Fall der gesetzlichen Forderungsübertragung tritt der Gläubigerwechsel automatisch ein, wenn die Voraussetzungen hierfür vorliegen.[624] Die Fälle des gesetzlichen Forderungsübergangs sind zahlreich und kommen in den verschiedensten Zusammenhängen vor.[625]

Grundsätzlich dient der *Cessio Legis* dem Regress. Begleicht zum Beispiel jemand die Schuld eines anderen, geht die Forderung des befriedigten Gläubigers auf ihn über. Er kann dann seinerseits den Schuldner in Regress nehmen. Der gesetzliche Forderungsübergang vereinfacht den Rückgriff auf den Schuldner. Im Fall des Rückgriffs des neuen Gläubigers auf den Schuldner muss Letzterer genau das leisten, was er dem alten Gläubiger geschuldet hat, und das mit denselben Sicherheiten und fortlaufender Verjährung.[626]

Ferner finden einige Vorschriften der vertraglichen Forderungsabtretung auf die gesetzliche Forderungsabtretung entsprechend Anwendung gem. § 412 BGB.

---

623 *Borghetti*, Die Reform des französischen Vertragsrechts, S. 209.

624 *Looschelders*, SchuldR AT, S. 451 Rn. 70.

625 *Medicus/Lorenz,* SchuldR AT, Rn. 779.

626 *Medicus/Lorenz,* SchuldR AT, Rn. 779.

Eine zentrale Norm wie Art. 1346 C. civ. über die *Subrogation*, die vorsieht, dass der *Solvens* an die Stelle des befriedigten Gläubigers tritt, wenn er diesen bezahlt hat, ist im BGB nicht zu finden. In den Fällen des Ablösungsrechts des Dritten gem. § 268 Abs. 3 BGB, die Bürgschaft gem. § 774 BGB, der Gesamtschuld gem. § 426 Abs. 2 BGB etc. könnte man dieselben Rechtsfolgen wie bei einer gesetzlichen *Subrogation* haben. Einige dieser Normen sind auch wie bei der *Subrogation* sehr eng mit der Zahlung verbunden.

b. Einige Fälle des gesetzlichen Forderungsübergangs

aa. Das Ablösungsrecht des Dritten

(1). Darstellung

Nach § 268 BGB kann ein Dritter, der ein besonderes Interesse hat, im Fall einer Zwangsvollstreckung in einen Gegenstand des Schuldners den Gläubiger befriedigen. Nach der Norm ist ein besonderes Interesse in zwei Fällen anzunehmen. Erstens, wenn der Dritte infolge der Zwangsvollstreckung des Gläubigers Gefahr läuft, ein Recht zu verlieren, oder zweitens, wenn der Dritte durch die Vollstreckung den Besitz verliert.[627]

Im Fall des Ablösungsrechts des Dritten kann der Dritte den Gläubiger nicht nur mit der Zahlung der geschuldeten Summe befriedigen, sondern die Befriedigung des Gläubigers kann durch Hinterlegung oder auch durch Aufrechnung gem. § 268 Abs. 2 BGB erfolgen.

Wichtig vor allem im Zusammenhang mit dem Ablösungsrecht des Dritten ist, dass soweit der Dritte den Gläubiger befriedigt, geht die Forderung auf ihn gem. § 268 Abs. 3 S. 1 BGB über. Des Weiteren kann der Übergang nicht zum Nachteil des Gläubigers erfolgen. Im Fall einer nur teilweisen Befriedigung des Gläubigers sind die Rechte des Dritten gegenüber denen des Gläubigers nachrangig. Hier findet sozusagen der Rechtsgrundsatz *nemo subrogat contra se* Anwendung. Der Gläubiger darf durch den Forderungsübergang nicht schlech tergestellt werden, als wenn der Schuldner selbst geleistet hätte.[628] Unter Berücksichtigung von § 268 Abs. 3 S. 2 BGB hat der Schuldner zwei Gläubiger im Fall einer teilweisen Befriedigung des Gläubigers durch den Dritten. Reicht das Vermögen des Schuldners nicht, um beide Gläubiger zu befriedigen, muss der Schuldner also auch zuerst an den ursprünglichen Gläubiger leisten, wie auch bereits im Fall der französischen *Subrogation* behandelt.

---

627 *Medicus/Lorenz*, SchuldR AT, Rn. 155.

628 BeckOGK/*Lorenz, BGB* § 268 Rn. 12.

Hier findet auch § 412 BGB Abwendung. Bei einer Leistung des Dritten geht die Forderung mit den damit verbundenen Neben- und Vorzugsrechten gem. § 401 BGB über.

(2). Rechtsvergleich mit der gesetzlichen Subrogation *des* Code Civil

Von der Rechtsfolge her gibt es keinen Unterschied zwischen der *Subrogation* im französischen *Code Civil* und dem Ablösungsrecht Dritter gem. § 268 BGB. Mit der Befriedigung des Gläubigers geht die Forderung in Höhe der geleisteten Summe durch den Dritten auf diesen über. Auch spielt die Zahlung eine erhebliche Rolle im Rahmen des Ablösungsrechts des Dritten.

Ferner führt die Zahlung des Dritten nicht zum Erlöschen der Forderung. Der Gläubiger erhält zwar seine Leistung, aber die Forderung geht trotzdem auf den Dritten über, um seinen Regress auf den Schuldner zu erleichtern. Sowohl das Ablösungsrecht des Dritten als auch die französische *Subrogation* sind diesbezüglich im Einklang.

Des Weiteren kann die Zahlung im Fall des Ablösungsrechts des Dritten wie bei einer *Subrogation* auch nicht zum Nachteil des Gläubigers erfolgen. Gegebenenfalls ist der ursprüngliche Gläubiger zu bevorzugen, wenn dieser lediglich eine teilweise Zahlung erhalten hat.

Was die Sicherheiten angeht, ergibt sich ebenfalls nichts anderes als bei der *Subrogation*. Diese gehen auch auf den neuen Gläubiger über.

Der neue Gläubiger bzw. der *Solvens* erhält die Forderung, wie sie ist. Der Schuldner kann sowohl nach dem BGB als auch nach dem *Code Civil* ihm gegenüber Einwendungen geltend machen.

Der kleine Unterschied zwischen der gesetzlichen *Subrogation* und dem Ablösungsrecht des Dritten liegt darin, dass Art. 1346 C. civ. die *Subrogation* nun sehr allgemein formuliert hat und lediglich voraussetzt, dass der *Solvens* ein legitimes Interesse an der Zahlung hat. § 268 BGB setzt auch ein legitimes bzw. ein besonderes Interesse des Dritten voraus, aber dieses Interesse wurde durch die Norm spezifiziert. Das besondere Interesse wird dann in zwei Fällen wie bereits oben behandelt angenommen. Art. 1346 C. civ. wurde in diesem Sinn viel genereller formuliert. Des Weiteren muss die Zahlung des Dritten bei § 268 BGB im Rahmen einer Zwangsvollstreckung erfolgen. Dazu kommt, dass das Ablösungsrecht des Dritten durch eine Hinterlegung oder Aufrechnung ausgeübt werden kann. Die *Subrogation* sieht eine solche Art der Befriedigung des Gläubigers nicht vor. Dies ist zumindest nicht dem Art. 1346 C. civ. zu entnehmen. Auch wenn von dem Sinn und Zweck her nichts gegen die *Subrogation* spricht, auch eine Hinterlegung oder Aufrechnung im Fall der *Subrogation* zuzulassen, wird argumentiert, dass die *Subrogation* nur im Fall einer Zahlung erfolgen kann.[629]

Zusammenfassend lässt sich sagen, dass auch wenn bezüglich der Rechtsfolgen, das Ablösungsrecht des Dritten gem. § 268 BGB und die gesetzliche *Subrogation* gem. Art. 1346 C. civ. dasselbe Ziel verfolgen, nämlich dem Dritten ein Regressrecht gegen den Schuldner zu gewähren, ohne Ersteren zu bevorzugen, bestehen Unterschiede bezüglich deren Voraussetzungen. Art. 1346 C. civ. ist genereller und offener formuliert als § 268 BGB. Dies erklärt sich dadurch, dass mit der Reform die alte Aufzählung der gesetzlichen *Subrogationen* nicht aufgenommen werden sollte. Auch will § 268 BGB einen spezifischen Fall erfassen, nämlich die Zahlung des Dritten im Rahmen einer Zwangsvollstreckung.

bb. Fall der Gesamtschuldnerschaft

Im Fall der Gesamtschuldnerschaft kann auch ein der *Subrogation* vergleichbarer Fall vorliegen. Wann eine solche Gesamtschuldnerschaft vorliegt, richtet sich nach § 421 BGB. Demnach liegt eine Gesamtschuldnerschaft vor, wenn mehrere eine Leistung in der Weise schulden, dass jeder verpflichtet ist, die ganze Leistung zu bewirken; der Gläubiger ist aber nur einmal berechtigt, die Leistung zu fordern. So kann der Gläubiger die Leistung nach seinem Belieben von jedem der Schuldner ganz oder zum Teil fordern.

Liegt ein Fall der Gesamtschuldnerschaft vor und ein Gesamtschuldner den Gläubiger befriedigt und von den übrigen Schuldnern Ausgleich verlangen kann, geht die Forderung des Gläubigers gegen die übrigen Schuldner auf ihn über gem. § 426 Abs. 2 BGB. Bei dieser Legalzession findet logischerweise auch § 412 BGB Anwendung. Bezüglich der Rechtsfolgen der Legalzession im Rahmen einer Gesamtschuldnerschaft kann auch hier auf die Rechtsfolge der Legalzession im Rahmen des Ablösungsrechts des Dritten verwiesen werden.

Der Fall des Forderungsübergangs bei einer Gesamtschuldnerschaft ist auch mit der *Subrogation* im französischen Recht vergleichbar. Der *Code Civil* sah vor der Reform sogar diese Variante ausdrücklich in Art. 1251 Nr. 3 C. civ. (a. F.) über die Gesamtschuldnerschaft und eine Zahlung für andere vor. Wie bereits dargelegt, ist nicht davon auszugehen, dass der Fall des Art. 1251 C. civ. nicht unter Art. 1346 C. civ. fallen würde. Aus diesem Grund kann der Fall der Gesamtschuldnerschaft grundsätzlich mit der französischen *Subrogation* verglichen werden. Die Gesamtschuldnerschaft ist allerdings ein Teilfall der französischen *Subrogation*.

---

629 *Terré/Simler/Lequette/Chénedé*, Droit civil, les obligations, Rn. 1491.

cc. Fall der Bürgschaft

Als weiterer Fall des gesetzlichen Forderungsübergangs kommt § 774 BGB in Betracht. Gem. § 774 Abs. 1 S. 1 BGB geht die Forderung auf den Bürgen über, wenn dieser den Gläubiger befriedigt hat. Es handelt sich hier wieder um eine *cessio legis*. Konkret gesehen wendet sich der Gläubiger an den Bürgen, wenn der Sicherungsfall eingetreten ist. Leistet der Bürge, erlischt zwar die Bürgschaftsverpflichtung, jedoch nicht die Hauptschuld.[630] Das Einstehenmüssen des Bürgen für den Schuldner besagt nicht, dass dieser das Haftungsrisiko endgültig zu tragen hat.[631] Er kann seinerseits den Schuldner in Regress nehmen.

Wenn die Forderung gem. § 774 Abs. 1 S. 1 BGB auf den Bürgen übergangen ist, kann dieser seinerseits den Hauptschuldner in Anspruch nehmen. § 412 BGB findet hier Anwendung. Bezüglich der Rechtsfolgen des gesetzlichen Forderungsübergangs kann wiederum auf die oben gemachten Ausführungen verwiesen werden.

Das Regressrecht des Bürgen ist auch eine Art von *Subrogation* und würde auch unter Art. 1346 C. civ. fallen. Die Art. 2305 und 2306 C. civ. stellen dies noch einmal klar. Gem. Art. 2305 C. civ. hat der Bürge, der bezahlt hat, ein Regressrecht gegen den Schuldner. Art. 2306 C. civ. geht soweit und schreibt vor, dass der Bürge, der die Schuld bezahlt hat, in alle Rechte, die der Gläubiger gegen den Schuldner hatte, eintritt. Art. 2306 C. civ.[632] benutzt hier sogar den Begriff der *Subrogation*. Des Weiteren kann dieser Fall der Bürgschaft mit dem von Art. 1251 Nr. 3 C. civ. (a. F.) geregelten Fall der Gesamtschuldnerschaft oder einer Zahlung für andere verglichen werden. Folglich ist das Regressrecht des Bürgen auch ein Fall der gesetzlichen *Subrogation* und mit dem französischen Recht vergleichbar. Das Regressrecht des Bürgen ist nur für das Bürgschaftsrecht spezifisch und die französische *Subrogation* i. S. v. Art. 1346 C. civ. ist hingegen viel weiter gefasst.

dd. Andere Fälle der gesetzlichen Subrogation *im deutschen Recht*

Im deutschen Recht sind die Legalzessionen nicht nur im BGB, sondern auch in anderen Gesetzen verstreut. Im BGB können beispielsweise noch die §§ 1607; 1615 Abs. 1, 3 S. 1; 840; und 1143 i.V.m. 1225 zitiert werden. In anderen Gesetzen kommen beispielsweise auch die §§ 6 EFZG; § 86 VVG in Betracht.

---

630 *Rimmelspacher/Stürner*, Kreditsicherungsrecht, S. 35 Rn. 159.

631 *Rimmelspacher/Stürner*, Kreditsicherungsrecht, S. 35 Rn. 159.

632 Art. 2306 C. civ.: «La caution qui a payé la dette est subrogé à tous les droits qu'avait le créancier contre le débiteur».

§ 86 VVG räumt im Versicherungsrecht dem Versicherer einen Regressanspruch gegen den Schädiger ein. Nach § 86 Abs. 1 S. 1 VVG, wenn dem Versicherungsnehmer ein Anspruch gegen einen Dritten zusteht, geht dieser Anspruch auf den Versicherer über, soweit der Versicherer den Schaden ersetzt. Hier wiederum findet § 412 BGB Anwendung.

Ferner sieht § 6 EFZG ebenfalls eine ähnliche Regelung vor. Demnach, wenn der Arbeitnehmer gegen einen Dritten wegen Verdienstausfall vorgehen kann, geht sein Anspruch auf den Arbeitgeber über, wenn dieser trotz der Arbeitsunfähigkeit des Arbeitnehmers das Entgelt fortgezahlt hat.

Etwas anderes ergibt sich auch nicht aus den §§ 1607; 1615 Abs. 1, 3 S. 1; und 1143, 1225 BGB.

2. *Die vertragliche Subrogation*

Im BGB ist keine Norm vorhanden, die die vertragliche *Subrogation* regelt. Soll der Gläubiger in einem Leistungsverhältnis ersetzt werden oder soll die Forderung vertraglich auf einen Zessionar übergehen, kommen im deutschen Recht normalerweise die Rechtsinstitute der Forderungsabtretung oder die Vertragsübernahme in Betracht.

Fraglich ist jedoch, ob eine vertragliche *Subrogation*, das heißt eine Vereinbarung zwischen dem Gläubiger und einem zahlenden Dritten, wonach die Forderung infolge der Zahlung des Dritten auf diesen übergeht, im deutschen Recht konstruierbar ist. Unter Berücksichtigung der im BGB fest verankerten Privatautonomie und Vertragsfreiheit sollten die Vertragsparteien unter Umständen in der Lage sein, eine vertragliche *Subrogation* abzuschließen, wenn sie das zwingende Recht beachten. Nach §§ 311 Abs. 1 und 241 Abs. 1 BGB können der Gläubiger und der Dritte vereinbaren, dass Ersterer die Forderung auf den Schuldner überträgt, wenn dieser die Schuld des Schuldners begleicht. Bezüglich der anderen Rechtsfolgen dieser vertraglichen *Subrogation* können die Vertragsparteien jeden einzelnen Punkt regeln oder gegebenenfalls auf den § 412 BGB verweisen.

Zwar wäre rechtstechnisch gesehen eine vertragliche *Subrogation* im deutschen Recht konstruierbar, aber die Frage ist, ob es Sinn ergibt, die Forderung auf diese Art und Weise zu übertragen. Die Forderungsabtretung bietet hier eine unkomplizierte und geeignete Möglichkeit, das von einer vertraglichen *Subrogation* verfolgte Ziel auch zu erreichen.

3. *Andere Formen der Subrogation im deutschen Recht*

a. *Die Geschäftsführung ohne Auftrag*

Unter bestimmten Voraussetzungen kann mit der Geschäftsführung ohne Auftrag das von der *Subrogation* verfolgte Ziel erreicht werden. Nehmen wir zum Beispiel den Fall der Leistung durch Dritte gem. § 267 BGB an. Nach § 267 Abs. 1 BGB kann ein Dritter die geschuldete Leistung erbringen, wenn der Schuldner nicht in Person zu leisten hat. Die Einwilligung des Schuldners ist nicht erforderlich. Problematisch ist hier jedoch, dass durch die Zahlung der fremden Schuld durch den Dritten die Forderung gem. § 362 BGB wegen Erfüllung erlischt. Die Forderung geht nicht auf den Dritten über. Ein gesetzlicher Forderungsübergang ist hier nicht vorgesehen. Fraglich ist nun, ob und wie der zahlende Dritte gegen den Schuldner vorgehen kann. Soweit keine vertragliche Vereinbarung vorliegt, kommt hier die GoA in Betracht.[633]

Der Unterschied zur *Subrogation* liegt hier darin, dass die Forderung erlischt und der Dritte übernimmt nicht die Rechte des Gläubigers gegen den Schuldner, sondern kann gegen den Schuldner aus GoA vorgehen. Aber mit der GoA bleibt der zahlende Dritte nach seiner Zahlung nicht ohne Regressmöglichkeiten gegen den Schuldner.

b. *Das Factoring*

Im französischen Recht bleibt der Hauptanwendungsfall der *Subrogation* das *Factoring*. Das *Factoring* ist im deutschen Recht ebenfalls anerkannt und hat auch eine beachtliche Verbreitung gefunden.[634] Das Umsatzvolumen des *Factorings* lag sogar im Jahr 2015 bei 209 Mrd. Euro.[635]

Beim *Factoring* lässt sich ein *Factor* (i.d.R. ein Kreditinstitut) die Kundenforderungen der anderen Vertragspartei abtreten und bezahlt dafür sofort.[636] Durch das Factoring-Geschäft erhält der Vertragspartner sofort eine Liquidität für seine Kundenforderungen, die er ohne den *Factor* womöglich erst zu einem späteren Zeitpunkt gegen den Kunden hätte geltend machen können.

Wenn der *Factor* das Delkredererisiko trägt, spricht man von einem echten *Factoring*. Das heißt, hier erhält der Kunde die Zahlung des *Factors* endgültig und dies auch, wenn sich die abgetretenen Forderungen später als uneinbringlich

---

633 *Looschelders*, SchuldR AT S. 89, Rn. 10.

634 *Rimmelspacher/Stürner*, Kreditsicherungsrecht, S. 35 Rn. 159.

635 *Rimmelspacher/Stürner*, Kreditsicherungsrecht, S. 35 Rn. 159.

636 *Medicus/Lorenz*, SchuldR BT, Rn. 16.

erweisen.[637] Es gibt vorliegend keine Bonitätshaftung des Vertragspartners, da das echte *Factoring* nach verbreiteter Ansicht als ein Forderungskauf gesehen wird.[638] Beim unechten *Factoring* trägt der Vertragspartner das Delkredererisiko. Wenn die Forderung uneinbringlich ist, muss der Vertragspartner die erhaltene Vergütung zurückzahlen.[639] Hier handelt es sich um einen Darlehensvertrag.

Es fällt im deutschen Recht auf, dass die Forderungsabtretung wieder im Vordergrund des *Factorings* steht. Der Vertragspartner überträgt die Kundenforderungen auf den Gläubiger im Wege der Abtretung. Im französischen Recht hingegen erfolgt die Übertragung der Forderung auf den *Factor* im Wege der *Subrogation*.[640]

E. Würdigung des Rechtsvergleichs

Im deutschen Recht ist die *Subrogation* nicht so wie im *Code Civil* geregelt. Bezüglich der französischen gesetzlichen *Subrogation* sind im BGB jedoch viele Normen zerstreut, womit dasselbe Ziel wie die französische gesetzliche *Subrogation* erreicht werden kann. Der Vorteil der französischen gesetzlichen *Subrogation* liegt jedoch darin, dass sie neben den anderen Normen des *Code Civil* sowie den in den besonderen Normen verstreuten gesetzlichen Subrogationsfällen in Art. 1346 C. civ. eine Norm vorsieht, die die gesetzliche *Subrogation* allgemein und mit klaren Voraussetzungen regelt.

Fraglich ist, ob eine Einführung einer neuen Norm im BGB, die den gesetzlichen Forderungsübergang regelt, sinnvoll wäre. Im Grunde genommen ist eine solche Norm im BGB nicht erforderlich, weil § 412 BGB im Fall eines gesetzlichen Forderungsübergangs auf die wichtigen Normen der Forderungsabtretung verweist, sodass den verschiedenen Interessen der beteiligten Parteien Rechnung getragen wird.

Viel komplexer ist die vertragliche *Subrogation*. Diese ist im deutschen Recht nach seiner französischen Fassung nicht zu finden. Fraglich ist, ob die vertragliche *Subrogation* im deutschen Recht übernommen werden sollte. Die Antwort auf diese Frage muss negativ ausfallen. Sogar im französischen Recht plädierten viele dafür, die vertragliche *Subrogation* nach der Vereinfachung des Forderungsabtretungsrechts und der gesetzlichen *Subrogation* abzuschaffen. In der Praxis hatte die vertragliche *Subrogation* im französischen Recht viel Erfolg,

637 *Medicus/Lorenz,* SchuldR BT, Rn. 16

638 BeckOGK/*Wilhelmi, BGB* § 453 Rn. 949.

639 MüKoBGB/*K. P. Berger,* vorb. vor § 488, Rn. 19; *Medicus/Lorenz,* SchuldR BT, Rn. 18.

640 *Terré/Simler/Lequette/Chénedé,* Droit civil, les obligations, Rn. 1486.

weil die Forderungsabtretung sehr schwere Formerfordernisse vorsah. Sie war impraktikabel, aufwendig und mit hohen Kosten verbunden.

Die vertragliche *Subrogation* diente als alternative zu der Forderungsabtretung. Mit der Reform von 2016 wurde die vertragliche *Subrogation* eigentlich überflüssig. Sie wurde nur deshalb im *Code Civil* beibehalten, weil sich viele in der Praxis an dieses Rechtsinstitut gewöhnt haben und sich damit auskennen. Ferner hatte sich dieses Rechtsinstitut bereits bewährt. Die *Subrogation* im *Code Civil* kann daher als ein kleines Geschenk des Gesetzgebers an die Kreditinstitute gesehen werden.

Die Forderungsabtretung im deutschen Recht ist modern und hat sich ebenfalls bewährt. Die durch die vertragliche *Subrogation* verfolgten Ziele können im deutschen Recht einfacher mit der Forderungsabtretung erreicht werden. Aus diesen Gründen besteht kein Bedarf im deutschen Recht, die vertragliche *Subrogation* zu übernehmen.

§ 2. Novation

A. Einführung

I. Allgemeines

Die Novation ist ein sehr bekanntes Rechtsinstrument im französischen Recht. Vor der Reform definierte der *Code Civil* die Novation nicht. Die Novation ist nun im *Code Civil* in den Art. 1329 ff. C. civ. geregelt. Nach Art. 1329 C. civ.[641] ist die Novation ein Vertrag mit dem Inhalt, dass eine Verpflichtung, die erlischt, durch eine neue Verpflichtung ersetzt wird. Die Novation kann in drei Varianten vorkommen: eine Novation durch Ersetzung der Verpflichtung durch eine neue, eine Novation durch Ersetzung des Schuldners und eine Novation durch Ersetzung des Gläubigers. Hier wird vor allem das Augenmerk auf die zwei letztgenannten Varianten gelegt.

Aus der Definition kann man entnehmen, dass das Erlöschen der ursprünglichen Verpflichtung nur ein Nebeneffekt der Novation ist.[642] Wichtig für die Novationsparteien ist vor allem die Begründung einer neuen Verpflichtung anstelle der alten.

---

641 Art. 1329 C. civ.: «La novation est un contrat qui a pour objet de substituer à une obligation qu'elle éteint, une obligation nouvelle qu'elle crée.
Elle peut avoir lieu par substitution d'obligation entre les mêmes parties, par changement de débiteur ou par changement de créancier».

642 *Terré/Simler/Lequette/Chénedé*, Droit civil, les obligations, Rn. 1710.

Des Weiteren ist die Novation von der Forderungsabtretung und der Schuldübernahme zu unterscheiden. Denn die Novation kann entweder durch eine Auswechselung des Schuldners oder des Gläubigers erfolgen. Im Fall der Forderungsabtretung erlischt weder die abgetretene Forderung noch das der Forderung zugrunde liegende Rechtsgeschäft. Die Forderung geht mit allen akzessorischen Rechten und Sicherheiten auf den Zessionar über, wie sie beim Zedenten war. Die Novation hingegen, wie wir sehen werden, führt zum Erlöschen der akzessorischen Rechte und Sicherheiten. Im Unterschied zur Schuldübernahme ist die Mitwirkung des Schuldners bei der Novation nicht erforderlich, was aber bei der Schuldübernahme der Fall ist.

Auch ist die Novation durch Gläubigerwechsel mit der Anweisung, an Dritte zu zahlen, *(indication de paiement)* nicht zu verwechseln.[643] Bei der Novation durch Gläubigerwechsel wird der bisherige Gläubiger tatsächlich durch einen anderen ersetzt. Bei der Anweisung zur Zahlung an Dritte wird der Dritte nicht zum neuen Gläubiger. Er ist nur Zahlungsempfänger. Er ist sozusagen der Stellvertreter des Gläubigers. Darüber hinaus ist die Novation durch Schuldnerwechsel auch nicht mit der Anweisung an Dritte zur Zahlung zu verwechseln.[644] Hier geht es darum, dass der Schuldner einen Dritten anweist, an den Gläubiger zu zahlen. Dieser Dritte wird nicht zum neuen Schuldner, sondern zahlt für den Schuldner.

Die Novation wird manchmal als obsolet gesehen und soll daher keinen Platz mehr im *Code Civil* haben.[645] Trotzdem hat der *Code Civil* diese Rechtsfigur beibehalten und sie modernisiert.

II. Historischer Hintergrund der Novation

Die Novation ist auf das römische Recht zurückzuführen. Im römischen Recht galt folgender Grundsatz: *novatio est prioris debiti in aliam obligationem transfusio atque translatio.*[646] Unter Novation war also die Umwandlung einer Verpflichtung in eine andere zu verstehen. Auch im römischen Recht erlosch die alte Verpflichtung mit allen akzessorischen Rechten und Sicherheiten und eine neue Verpflichtung trat an die Stelle der alten. Bezüglich des Zwecks der Novation unterschied man wie im heutigen französischen Recht zwischen der Novation durch Schuldner- und der Novation durch Gläubigerwechsel.[647] Im römischen

643 *Aubert/Goldie-Genicon*, Novation, Rép. civ. D. juin 2017.
644 *Aubert/Goldie-Genicon*, Novation, Rép. civ. D. juin 2017.
645 Vgl. *Porchy-Simon*, Les obligations, Rn. 1264.
646 *Honsell*, Römisches Recht, S. 107.
647 *Honsell*, Römisches Recht, S. 107.

Recht war die Novation durch Schuldner- oder Gläubigerwechsel die einzige Möglichkeit, die Forderung zu übertragen. Im römischen Recht waren weder die Forderung noch die Schuld übertragbar.[648] Aus diesem Grund spielte die Novation eine erhebliche Rolle im römischen Recht.[649] Durch die Novation war es möglich, die ursprüngliche Verpflichtung zum Erlöschen zu bringen und eine neue mit einem neuen Gläubiger bzw. Schuldner entstehen zu lassen.[650]

Mit der Einführung der Forderungsabtretung im *Code Civil* von 1804 hätte die Novation, zumindest die Novation mit Gläubigerwechsel an Attraktivität verlieren können.[651] Der Gesetzgeber hat trotzdem diese Rechtsfigur in den *Code Civil* beibehalten. Es ist den Parteien überlassen, ob sie die Forderungsabtretung oder die Novation benutzen wollen. Die Novation durch Schuldnerwechsel hatte hingegen sogar vor der Reform an Bedeutung gewonnen, weil die Schuldübernahme im französischen Recht unter Einfluss des römischen Rechts immer noch unzulässig war.[652] Mit der Reform von 2016 und der Einführung und Modernisierung der Schuldübernahme, bekannt im französischen Recht als Schuldabtretung, ist es fraglich, ob die Novation durch Schuldnerwechsel an Bedeutung verlieren wird.

Vor der Reform von 2016 war die Novation in dem *Code Civil* (a. F.) in den Art. 1271 ff. geregelt. Diese Normen behandelten jedoch die Novation und die *Délégation* zusammen. Es ist zwar richtig, dass es manchmal zu Überschneidungen bzw. zu Kombinationen zwischen der Novation und der *Délégation* kommen kann, aber es handelt sich um zwei unterschiedliche Rechtsfiguren, die getrennt geregelt werden sollten. Begrüßenswert ist nun, dass der *Code Civil* mit der Reform beide Rechtsfiguren differenziert regelt, und zwar in den Art. 1329 ff. und 1336 ff.

III. Verwendung der Novation

Die Novation kann in unterschiedlichen Rechtskonstruktionen vorkommen. Sie wird häufig von Banken bei Neuausverhandlung von Schulden eingesetzt.[653] Des Weiteren kann die Novation bei der Refinanzierung von Krediten eine wichtige Rolle spielen.

---

648 *Terré/Simler/Lequette/Chénedé*, Droit civil, les obligations, Rn. 1711.
649 *Honsell*, Römisches Recht, S. 107.
650 Vgl. *Malaurie*, Droit des obligations, Rn. 1181.
651 *Terré/Simler/Lequette/Chénedé*, Droit civil, les obligations, Rn. 1711.
652 *Terré/Simler/Lequette/Chénedé*, Droit civil, les obligations, Rn. 1711.
653 *Porchy-Simon*, Les obligations, Rn. 1264.

Zur Refinanzierung des Kredites werden grundsätzlich drei Methoden angewendet. Erstens kann der Darlehensnehmer einen neuen Kredit aufnehmen und damit seine alte Schuld begleichen.[654] Die alte Schuld erlischt. Der Darlehensnehmer hat zwar einen neuen Gläubiger, aber er wird diese Technik der Refinanzierung nur dann in Anspruch nehmen, wenn er das neue Darlehen unter günstigeren Bedingungen aufnehmen kann. Zum Beispiel, wenn die Leihzinsen sehr niedrig sind.

Zweitens kann auch, wie bereits oben behandelt, die vertragliche *Subrogation* zur Refinanzierung eines Kredits nützlich sein.[655] Ein Kreditgeber kann die Schuld des Schuldners begleichen und tritt in die Rechte des befriedigten Gläubigers ein. Diese Technik erhöht die Chance, einen Kredit zu erhalten, weil der Kreditgeber dadurch eine Sicherheit erhält.

Drittens kann die Novation durch Gläubigerwechsel als Refinanzierungsinstrument eines Kredits in Betracht kommen.[656] Der Schuldner und der neue Kreditgeber einigen sich darüber, dass durch Zahlung des Kreditgebers, die Forderung des Gläubigers gegen den Schuldner erlischt und anschließend eine neue Forderung zugunsten des Kreditgebers aus einem neuen Schuldverhältnis entsteht. Unter Umständen weist die Novation durch Gläubigerwechsel erhebliche Vorteile im Hinblick auf die Einwendungen und Einreden oder die Formerfordernisse im Vergleich zu den zwei anderen Mechanismen der Refinanzierung von Krediten auf.[657] Das ist einer der Gründe, warum die Novation immer noch von Bedeutung im französischen Recht ist.

Ferner kann die Novation durch Gläubiger- und Schuldnerwechsel eine echte Alternative zu der Forderungsabtretung, Schuldnerübernahme und sogar zu der Vertragsübernahme sein. Die Novation mit Gläubigerwechsel gibt dem neuen Gläubiger eine neue Forderung, da die alte erlischt, die nicht mit Makeln (Einrede und Einwendungen) behaftet ist.[658] Zwar, wie wir sehen werden, verliert der neue Gläubiger die zur Besicherung der erloschenen Forderung bestellten Sicherheiten, aber die Vertragsparteien können etwas anderes durch Vertrag

---

654 *Grimaldi/Vernières*, Refinancement d'un prêt: quelle place pour la novation?, Defrenois, S. 43.

655 *Grimaldi/Vernières*, Refinancement d'un prêt: quelle place pour la novation?, Defrenois, S. 43.

656 *Grimaldi/Vernières*, Refinancement d'un prêt: quelle place pour la novation?, Defrenois, S. 43.

657 *Grimaldi/Vernières*, Refinancement d'un prêt: quelle place pour la novation?, Defrenois, S. 43.

658 *Aubert/Goldie-Genicon*, Novation, Rép. civ. D. juin 2017.

vorsehen. Ferner sieht Art. 1322 C. civ. vor, dass die Forderungsabtretung der schriftlichen Form bedarf. Die Novation hingegen kann formlos erfolgen. Die Formfrage könnte ein Anreiz zur Benutzung der Novation sein.

Zudem kann die Novation unter Umständen den von einer Vertragsübernahme verfolgten Zweck ebenfalls erfüllen. Dafür ist eine Kombination einer Novation mit Gläubiger- bzw. Schuldnerwechsel erforderlich.[659] Die Novation als Alternative zur Vertragsübernahme hat sogar den Vorteil, dass mit der Novation der Inhalt des zu übernehmenden Vertrags auch geändert werden kann.[660] Das heißt: Der Übernehmer kann einen angepassten Vertrag übernehmen. Dies ist im Fall einer Vertragsübernahme nicht möglich, weil der Übernehmer den Vertrag, so wie er ist, übernimmt.

Die Novation kann, wie man sieht, unter juristischer Kreativität durchaus ihren Nutzen haben und für die Rechtsanwender eine echte Alternative zu den anderen vergleichbaren Rechtsfiguren darstellen. Trotzdem bleibt fraglich, ob es sich lohnt, auf die Novation zurückzugreifen, wenn dasselbe Ziel mit anderen Rechtsfiguren erreicht werden kann.

IV. Die Novation und die Reform von 2016

Im Allgemeinen hat die Reform die Novation modernisiert, in dem Sinne, dass sie die Rechtsprechung kodifiziert und spezifiziert hat. Ferner werden die Novation und die *Délégation* in verschiedenen Normen geregelt. Fraglich ist jedoch, ob man zum selben Ergebnis kommt, wenn man die Novation bis ins Detail analysiert.

B. Voraussetzungen

I. Erlöschen der alten Obligation

Gem. Art. 1329 Abs. 1 C. civ. setzt die Novation voraus, dass die alte Obligation erlischt und eine neue an deren Stelle begründet wird. Bei der erloschenen Obligation handelt es sich um die Verpflichtung zwischen dem Schuldner und dem bisherigen Gläubiger. Ohne das Vorliegen einer bereits wirksam bestehenden Obligation zwischen dem Schuldner und dem Gläubiger, die erlöschen soll, kann keine Novation erfolgen. Eine *naturalis obligatio* würde hierfür aber nicht ausreichen.[661] Zudem, wenn die Obligation bereits untergegangen ist, kann

---

659 *Aubert/Goldie-Genicon*, Novation, Rép. civ. D., juin 2017.

660 *Aubert/Goldie-Genicon*, Novation, Rép. civ. D., juin 2017.

661 Cass. 1^{ière} civ., 10 oct. 1995, D. 1996.

keine Novation stattfinden.[662] Bezüglich des Zeitpunkts des Erlöschens der alten Obligation und des Entstehens der neuen trifft das Gesetz keine Entscheidung. Unter Berücksichtigung des Sinns und Zweckes der Novation kann man annehmen, dass das Untergehen der alten Obligation der Grund des Entstehens der neuen Obligation ist. Es muss einen Zusammenhang zwischen dem Untergehen der alten und dem Entstehen der neuen Obligation geben. Daraus folgt, dass erst wenn die Parteien eine neue *Obligatio* vereinbaren, erlischt die zwischen ihnen bestehende alte Obligation und die neue wird wie ein „Phönix" nach der alten Obligation entstehen.

Für eine wirksame Novation muss die ursprüngliche Obligation wirksam sein. Diese Lösung wurde vor der Reform von der Rechtsprechung[663] festgelegt und mehrmals bestätigt. Mit der Reform wurde diese Lösung im *Code Civil* übernommen. Art. 1331 C. civ.[664] sieht nun vor, dass die Novation nur dann erfolgen kann, wenn beide – die alte und die neue Obligation – wirksam sind, es sei denn, die Parteien entscheiden sich, eine makelhafte Obligation durch eine makellose zu ersetzen.

Es kommt manchmal vor, dass die alte Obligation unwirksam bzw. nichtig ist. In einem solchen Fall ist die Novation konsequenterweise gem. Art. 1331 C. civ. unwirksam. Vor der Reform von 2016, als die *cause* im französischen Recht vorhanden war, argumentierte man, dass die Novation keine *cause* hatte, wenn die alte Obligation unwirksam war.[665] Es kann keine Novation ohne wirksame alte Obligation geben. Auch wenn die *cause* zur Vergangenheit des *Code Civil* gehört, ergibt sich nichts anderes aus Art. 1331 C. civ.

Bei den Nichtigkeits- bzw. Unwirksamkeitsgründen spielt es keine Rolle, ob es sich um einen relativen oder absoluten Nichtigkeits- oder Unwirksamkeitsgrund handelt. Beide führen unter Umständen zur Unwirksamkeit der Novation. Bei dem relativen Nichtigkeits- oder Unwirksamkeitsgrund ist jedoch darauf hinzuweisen, dass wenn die Parteien die Novation vereinbart haben, obwohl sie diesen relativen Nichtigkeitsgrund kannten, bestätigen sie zumindest stillschweigend

---

662 *Terré/Simler/Lequette/Chénedé*, Droit civil, les obligations, Rn. 1723.

663 Cass. 1ière civ., 7 nov. 1995, Defrénois 1996, zit. aus *Porchy-Simon*, Les obligations, Rn. 1267.

664 Art. 1331 C. civ.: «La novation n'a lieu que si l'obligation ancienne et l'obligation nouvelle sont l'une et l'autre valables, à moins qu'elle n'ait pour objet déclaré de substituer un engagement valable à un engagement entaché d'un vice».

665 *Porchy-Simon*, Les obligations, Rn. 1267.

das Rechtsgeschäft und die relative Nichtigkeit spielt dann keine Rolle mehr.[666] Die gleiche Idee liegt dem Art. 1331 C. civ. *in fine* zugrunde.

II. Entstehung einer neuen Verpflichtung

Wie bereits beim Art. 1329 Abs. 1 C. civ. gesehen, ist das Entstehen einer neuen Obligation eine *conditio sine qua non* der Novation. Diese neue Obligation muss natürlich auch i. S. v. Art. 1331 C. civ. wirksam sein. Ist dies nicht der Fall, wird die alte Obligation *ipso iure* wiederbelebt und die Novation entfaltet dementsprechend keine Rechtswirkung.[667] Des Weiteren hat die *Cour de Cassation* entschieden, dass wenn die neu geschaffene Obligation nicht erfüllbar ist, wird die alte Obligation wiederbelebt.[668] Diese Lösung wurde auf Fälle übertragen, bei denen die Vertragsparteien die neue Obligation einvernehmlich aufheben. Die *Cour de Cassation* entschied, dass wenn ein Mietvertrag über Einrichtungen im Rahmen einer Novation durch einen Kaufvertrag ersetzt wurde, wird der Mietvertrag wiederbelebt, wenn die Vertragsparteien einvernehmlich den Kaufvertrag aufheben.[669] Es ist jedoch darauf hinzuweisen, dass es sich bei dieser Entscheidung um eine Einzelentscheidung handelt. Die *Cour de Cassation* hatte früher entschieden, dass, wenn eine Aufhebung einvernehmlich erfolgt war, führte dies nicht zu einer Wiederbelebung der alten Obligation, es sei denn, die Vertragsparteien vereinbaren dies ausdrücklich.[670] Weiterhin wird vorgebracht, dass die alte Obligation weiterhin gelten soll, wenn die neue Obligation wegen Nichterfüllung aufgelöst wird.[671]

Die Novation kann nur dann angenommen werden, wenn der Vertrag zwischen den Parteien eine neue Obligation begründet. Dieses neue Element zwischen den Vertragsparteien, auch als *aliquid novi* bezeichnet, ist eines der wichtigsten Merkmale einer Novation. Die neu geschaffene Obligation muss eine Neuerung mit sich bringen. Unter Bezugnahme auf Art. 1329 Abs. 2 C. civ. kann die Novation dadurch verwirklicht werden, dass eine Ersetzung der Obligation selbst zwischen den Vertragsparteien oder durch die Ersetzung des Schuldners oder des Gläubigers erfolgt. Es ist jedoch nicht ausgeschlossen, dass alle diese

---

666 *Terré/Simler/Lequette/Chénedé*, Droit civil, les obligations, Rn. 1723.
667 Cass. 3ième civ., 26 nov. 1969, Bull. civ. III, n°784, D. 1970.
668 Cass. 3ième civ., 29 oct. 1968, Bull. civ. III, n°429.
669 Cass. com., 30 nov. 1983, Bull. civ. IV, n° 82-13.323.
670 Cass. 1ière civ., 10 févr. 1958, Bull. civ. I, n°87.
671 *Aubert/Goldie-Genicon*, Novation, Rép. civ. D., juin 2017.

drei Arten von Novation kombiniert werden. Daraus folgt, dass unerhebliche Änderungen an der alten Obligation nicht zu einer Novation führen können.

III. Der Novationswille

1. Ein klarer Novationswille

Der Novationswille, auch als *animus novandi* bekannt, spielt eine wichtige Rolle bei der Begründung einer Novation. Die Novation würde eigentlich keine Besonderheit aufweisen, wenn es lediglich darum ginge, eine alte Obligation zum Erlöschen zu bringen und anschließend eine neue zu begründen. Die Besonderheit bei der Novation liegt darin, dass sie ein Abhängigkeitsverhältnis zwischen der alten und der neuen Obligation schafft.[672] Die alte Obligation erlischt, damit die neue entsteht. Es muss also klar aus der Erklärung der Parteien erkennbar sein, dass sie eine Novation begründen wollen, also ein Abhängigkeitsverhältnis zwischen den beiden Obligationen schaffen wollen. Diese klare Erklärung kommt durch den Novationswillen bzw. *animus novandi* zum Ausdruck.

Das Erfordernis des Novationswillens legt der *Code Civil* in Art. 1330[673] fest. Vor der Reform hat der *Code Civil* ein solches Erfordernis bereits in Art. 1273 C. civ. (a. F.) vorgesehen. Gem. Art. 1330 C. civ. wird die Novation nicht vermutet; der Wille, eine Novation zu begründen, muss deutlich aus der Vereinbarung der Parteien hervorgehen. Der Novationswille ist deswegen das zentrale Element dieses Rechtsinstituts. Trotz Art. 1273 C. civ. (a. F), der inhaltsgleich zu Art. 1330 C. civ. war, hatte die Rechtsprechung unter Umständen anerkannt, dass die Novation durch Auslegung bejaht werden konnte. Im Zweifel war es die Aufgabe der Richter festzulegen, ob eine Novation anzunehmen war oder nicht. Die Novation wurde beispielsweise bejaht, wenn ohne Zweideutigkeit bejaht werden konnte, dass die Vertragsparteien eine Novation gewollt haben.[674] Das war dann der Fall, wenn feststellbar war, dass die Parteien eine alte Obligation erlöschen und folgend darauf eine neue begründen wollten.[675] Diese Vorgehensweise der *Cour de Cassation* scheint eigentlich eine Auslegung *contra legem* zu sein. Zu berücksichtigen ist jedoch, dass das Wort Novation nicht unbedingt in dem Vertrag fallen muss. Es reicht aus, wenn der Novationswille irgendwie zweifellos erkennbar ist. Auslegung ist nicht gleich Vermutung.

---

672 *Terré/Simler/Lequette/Chénedé*, Droit civil, les obligations, Rn. 1724.

673 Art. 1330 C. civ.: «La novation ne se présume pas; la volonté de l'opérer doit résulter clairement de l'acte».

674 Cass. 3ière civ., 29 oct. 1968, Bull. civ. III, n°429.

675 *Porchy-Simon,* Les obligations, Rn. 1274.

Es wird sogar behauptet, dass allein der Novationswille für sich genommen genügt, um eine Novation zu bejahen. Wie bereits erwähnt, muss grundsätzlich ein neues Element in den Vertrag eingeführt werden, um eine Novation annehmen zu können. Dieses neue Element muss eine erhebliche Veränderung mit sich bringen. In dem Fall der Novation durch Änderung des Schuldner- oder des Gläubigerwechsels besteht dieses Problem nicht, weil der Austausch des Gläubigers oder des Schuldners ein neues Element ist. Dies führt dazu, dass die Novation einfacher zu bejahen ist, wenn der Novationswille ohne Mehrdeutigkeit feststellbar ist. Problematisch sind hingegen, die Fälle der Novation durch Inhaltsänderung der Obligation. Wenn zum Beispiel der Inhalt der Obligation nur oberflächlich bzw. kaum geändert wurde und der Novationswille jedoch klar feststellbar ist, so ist fraglich, ob man trotzdem die Novation bejahen kann. Die Frage wird positiv beantwortet. Der Novationswille ist nicht nur erforderlich für die Annahme einer Novation, er ist zudem ausreichend.[676] Diese Argumentation ist nur dann überzeugend, wenn ein neues Element feststellbar ist. Auch das römische Recht setzte lediglich voraus, dass die neue Obligation inhaltlich in irgendeiner Weise zu der alten einen Unterschied aufwies und etwas Neues enthielt.[677] Ist ein neues Element vorhanden und der Novationswille klar feststellbar, dann ist die Novation zu bejahen.

2. *Novationsnachweis*

Wie bereits erwähnt, spielt der Novationswille eine zentrale Rolle bei dem Rechtsinstitut der Novation. Fraglich ist also, wie der Beweis über das Vorliegen des *animus novandi* erbracht werden kann. Auch hier trägt derjenige die Beweislast, der behauptet, dass eine Novation vorliegt.[678] Der Beweis bezieht sich nicht auf den Novationsvertrag, sondern auf den Novationswillen. Im französischen Recht würde der Beweis über den Novationswillen in das Beweisrecht über Tatsachen *(„fait juridique")* fallen.[679] Der Novationswille kann mit allen Mitteln bewiesen werden.[680] Es besteht kein *Numerus clausus* bei Beweismitteln.

Art. 1330 Hs. 2 C. civ.[681] sieht zwar vor, dass der Wille, eine Novation vorzunehmen, klar aus dem Novationsakt hervorgehen soll. Aber fraglich ist, was

---

676 *Terré/Simler/Lequette/Chénedé*, Droit civil, les obligations, Rn. 1726.

677 *Honsell*, Römisches Recht, S. 107.

678 *Terré/Simler/Lequette/Chénedé*, Droit civil, les obligations, Rn. 1727.

679 *Aubert/Goldie-Genicon*, Novation, Rép. civ. D. juin 2017.

680 *Latina*, RDC 2018, S. 46.

681 Art. 1330 C. civ.: «La novation ne se présume pas; la volonté de l'opérer doit résulter clairement de l'acte».

unter dem Novationsakt zu verstehen ist. Überwiegend wird vertreten, dass unter „acte“ i. S. v. Art. 1330 Hs. 2 C. civ. das *negotium* und nicht das *instrumentum* zu verstehen ist.[682]

C. Die Arten der Novation

Nach Art. 1329 Abs. 2 C. civ.[683] gibt es drei Arten von Novation. Die Novation kann durch Leistungsänderung zwischen denselben Vertragsparteien, durch Änderung des Schuldners oder des Gläubigers erfolgen. Es handelt sich um die *aliquid novi*, das heißt, das neue Element, das für das Entstehen einer Novation erforderlich ist.

I. Novation durch Austausch des Gläubigers

Die Novation durch Gläubigersubstitution ist in Art. 1333 C. Civ.[684] geregelt. Durch diesen Rechtsmechanismus kann eine Forderung auf einen Dritten übertragen werden. Erforderlich für die Novation durch Austausch des Gläubigers ist allerdings die notwendige Zustimmung des Schuldners gem. Art. 1333 Abs. 1 S. 1 C. civ. Diese Zustimmung des Schuldners kann jedoch im Voraus erteilt werden gem. Art. 1333 Abs. 1 S. 2 C. civ. Hier sieht man noch einmal sehr deutlich, welchen Unterschied es zwischen der Novation durch Gläubigerwechsel und der Forderungsabtretung gibt. Bei Letzterer ist die Zustimmung des Schuldners nicht erforderlich. Der Zessionsvertrag erfolgt lediglich zwischen dem Zedenten und dem Zessionar. Die Zession muss lediglich dem Schuldner angezeigt werden, damit sie ihm gegenüber Wirkung entfaltet.

Die Novation durch Gläubigeränderung wird mit der Reform von 2016 wahrscheinlich an Bedeutung verlieren. Die alten Hürden bezüglich der Formerfordernisse bei der Forderungsabtretung wurden vereinfacht und das Rechtsinstitut

---

682 *Latina*, RDC 2018, S. 46.

683 Art. 1329 C. civ.: «La novation est un contrat qui a pour objet de substituer à une obligation qu'elle éteint, une obligation nouvelle qu'elle crée.
Elle peut avoir lieu par substitution d'obligation entre les mêmes parties, par changement de débiteur ou par changement de créancier».

684 Art. 1333 C. civ.: «La novation par changement de créancier requiert le consentement du débiteur. Celui-ci peut, par avance, accepter que le nouveau créancier soit désigné par le premier.
La novation est opposable aux tiers à la date de l'acte. En cas de contestation de la date de la novation, la preuve en incombe au nouveau créancier, qui peut l'apporter par tout moyen».

der Forderungsabtretung kann wieder sehr attraktiv werden, wie vom Gesetzgeber beabsichtigt. Entscheidend ist vor allem, dass die Forderungsabtretung keine Zustimmung des Schuldners voraussetzt.

Des Weiteren, wie wir sehen werden, kann die Novation durch den Gläubigerwechsel sogar beträchtliche Hürden mit sich bringen. Unabhängig davon, dass die Zustimmung des Schuldners für diese Art der Novation erforderlich ist, kann der Schuldner dem neuen Gläubiger die Einreden und Einwendungen nicht entgegenhalten, die er es bei der Forderungsabtretung hätte machen können.[685] Ferner erwirbt der neue Gläubiger eine „nackte" Forderung. Diese Forderung ist dann von allen seinen Akzessorien entkleidet. Bei einer Forderungsabtretung hingegen gilt die umgekehrte Rechtslage.

Ein Vergleich zwischen der Forderungsabtretung und der Novation durch Gläubigerwechsel zeigt, dass die Forderungsabtretung viel attraktiver ist, als die Novation durch den Gläubigerwechsel. Die Novation kann nicht nur für den Gläubiger, sondern auch für den Schuldner nachteilhaft sein.

Die Entfaltung von Rechtswirkung der Novation durch Gläubigerwechsel richtet sich nach Art. 1333 Abs. 2 S. 1 C. civ. Diese Norm sieht vor, dass die Novation gegenüber Dritten ab dem Datum des Novationsabschlusses Rechtswirkungen entfaltet. Art. 1333 Abs. 2 S. 2 C. civ. sieht weiterhin vor, dass, wenn es Meinungsverschiedenheiten bezüglich des Datums des Novationsabschlusses gibt, trägt der neue Gläubiger die Beweislast. Er kann Beweis über diese Tatsache jedoch durch jedes Mittel erbringen.

Die Novation durch Gläubigerwechsel sah auch Art. 1271-3° C. civ. (a. F.)[686] vor. Demnach liegt die Novation vor, wenn der alte Gläubiger durch einen neuen ersetzt wird und der Schuldner gegenüber dem alten Gläubiger befreit wird. Zwar übernimmt die Reform diese Formulierung nicht, aber die Idee bezüglich der Novation durch Gläubigerwechsel nach dem alten und neuen *Code Civil* bleibt die gleiche.

---

685 *Terré/Simler/Lequette/Chénedé*, Droit civil, les obligations, Rn. 1715.

686 Art. 1271-3° C. civ. (a. F.): «La novation s'opère de trois manières:
1° Lorsque le débiteur contracte envers son créancier une nouvelle dette qui est substituée à l'ancienne, laquelle est éteinte;
2° Lorsqu'un nouveau débiteur est substitué à l'ancien qui est déchargé par le créancier;
3° Lorsque, par effet d'un nouvel engagement, un nouveau créancier est substitué à l'ancien, envers lequel le débiteur se trouve déchargé».

II. Novation durch Austausch des Schuldners

Ein *aliquid novi* wird auch angenommen, wenn der Schuldner ausgetauscht wird. Diese Möglichkeit der Novation durch Austausch des Schuldners sehen Art. 1329 Abs. 2 und Art. 1332 C. civ. vor. Die Novation durch Austausch des Schuldners ist nichts Neues. Art. 1271-2° C. c. (a. F.) regelte, dass die Novation auch dann zu bejahen ist, wenn ein neuer Schuldner durch den alten ersetzt wird und der alte Schuldner durch den Gläubiger befreit wird. Die Novation durch Austausch des Schuldners war ein sehr beliebter Rechtsmechanismus im französischen Recht vor der Reform von 2016, da die Schuldübernahme unzulässig war.[687]

Die Novation durch Austausch des Schuldners ist jedoch keine Schuldübernahme. Zwar verfolgen die beiden Rechtsfiguren dasselbe Ziel, nämlich den Austausch des Schuldners, aber es gibt erhebliche Unterschiede zwischen diesen Rechtsfiguren. Die Novation kann unter Umständen gem. Art. 1332 C. civ. ohne Mitwirkung des ursprünglichen Schuldners erfolgen. Eine solche Vorgehensweise ist jedoch bei der Schuldübernahme nicht möglich. Ferner übernimmt im Fall der Schuldübernahme der neue Schuldner die Schuld, wie sie ist. Das heißt mit allen Einreden, Einwendungen und akzessorischen Rechten. Die Novation durch Austausch des Schuldners führt zum Erlöschen der alten Schuld. Es entsteht sozusagen eine neue Schuld zwischen dem ursprünglichen Gläubiger und dem neuen Schuldner. Da die ursprüngliche Schuld erlischt, erlöschen auch die damit verbundenen akzessorischen Rechte sowie die Einwendungen und Einreden.[688] Nach dem *Code Civil* kann die Novation durch Austausch des Schuldners auf zwei Weisen erfolgen, nämlich die Novation durch Austausch des Schuldners ohne oder mit Zustimmung des ursprünglichen Schuldners.

1. Novation durch Austausch des Schuldners ohne dessen Zustimmung

Im Fall der Novation durch Austausch des Schuldners ohne Zustimmung des ursprünglichen Schuldners spricht man von *expromissio*.[689] Diese Art der Novation sieht Art. 1332 C. civ. vor. Demnach kann die Novation ohne die Zustimmung des ursprünglichen Schuldners erfolgen. Bei dem *expromissio* geht es darum, dass sich ein Dritter gegenüber dem Gläubiger verpflichtet und im Gegenzug befreit der Gläubiger den ursprünglichen Schuldner.[690] Ein Vertrag

687 *Aubert/Goldie-Genicon*, Novation, Rép. civ. D. juin 2017.
688 *Aubert/Goldie-Genicon*, Novation, Rép. civ. D. juin 2017.
689 *Porchy-Simon*, Les obligations, Rn. 1272.
690 *Cabrillac*, Droit des obligations, Rn. 521.

zwischen dem Gläubiger und dem neuen Schuldner, bei dem der ursprüngliche Schuldner nicht mitwirkt, ist erforderlich.

Der Wille, den ursprünglichen Schuldner zu befreien, erfordert den ausdrücklichen Willen des Gläubigers. Er muss in unmissverständlicher Weise erkennen lassen, dass er den ursprünglichen Schuldner von seiner Leistungspflicht befreit, wenn sich der neue Schuldner ihm gegenüber verpflichtet.[691] Die Novation durch Austausch des Schuldners ohne dessen Zustimmung kann wie folgt zusammengefasst werden: „Wenn man den Schuldner befreien kann, indem man an seiner Stelle leistet, kann man ihn auch befreien, indem man sich an seiner Stelle verpflichtet".[692]

Bei der Novation durch Austausch des Schuldners ohne dessen Zustimmung trifft das Gesetz keine Regelung darüber, wann diese Art von Novation Rechtswirkungen gegenüber diesem Schuldner entfaltet. Eine solche Regelung ist deshalb wichtig, weil der ursprüngliche Schuldner, der nicht an dem Novationsvertrag mitgewirkt hat, an den Gläubiger zahlen könnte. Fraglich ist also, wie dieser Umstand dann zu behandeln ist. Man könnte argumentieren, dass die Zahlung wirksam ist und die Forderung erlischt, weil der ursprüngliche Schuldner mangels Kenntnis von der Novation schutzwürdig ist und diese Novation entfaltet ihm gegenüber Rechtswirkung erst dann, wenn er davon Kenntnis genommen hat.

Konsequenterweise würde das bedeuten, dass die Novation auch dann unwirksam wird, weil wenn die Forderung erloschen ist, kann der neue Schuldner den alten nicht mehr ersetzen. Eine andere Auffassung wäre, die Zahlung des ursprünglichen Schuldners als unwirksam zu sehen, weil mit der Novation durch Austausch des Schuldners der ursprüngliche Schuldner nicht mehr der Schuldner des Gläubigers ist. Verbreitet vertreten scheint die letztgenannte Auffassung zu sein.[693] Der ursprüngliche Schuldner steht nicht schutzlos da, weil er seine Leistung zurückfordern kann, wahrscheinlich auf dem Wege der ungerechtfertigten Bereicherung. Des Weiteren kann Art. 1333 Abs. 2 C. civ. entsprechend herangezogen werden. Demnach entfaltet die Novation gegenüber Dritten ab dem Datum des Novationsabschlusses Rechtswirkung. Dieser Gedanke kann auch auf den Fall der Novation durch Austausch des Schuldners ohne dessen Zustimmung übertragen werden.

---

691 Cass. com. 10 févr. 1975, Bull. civ. IV, n°784, D. 1975. Somm. 70.

692 Vgl. *Aubert/Goldie-Genicon*, Novation, Rép. civ. D. juin 2017.

693 *Aubert/Goldie-Genicon*, Novation, Rép. civ. D. juin 2017.

Diese Auffassung wird jedoch den Interessen des Schuldners nicht gerecht. Deshalb ist es überzeugender, die Zahlung des ursprünglichen Schuldners als wirksam zu betrachten, wenn diese erfolgt, bevor er von der Novation Kenntnis erlangt hat. Den ursprünglichen Schuldner auf die ungerechtfertigte Bereicherung zu verweisen, würde auf ihn ohne Grund das Insolvenzrisiko des Gläubigers übertragen. Des Weiteren ist für eine analoge Anwendung des Art. 1333 Abs. 2 C. civ. erforderlich, dass eine vergleichbare Interessenlage und eine Regelungslücke vorliegen. Wie bereits erwähnt, liegt hier eine Regelungslücke vor. Problematisch ist hier vor allem die vergleichbare Interessenlage. Die Lage der sonstigen Dritten, die Art. 1333 Abs. 2 C. civ. regelt, ist nicht mit der des ursprünglichen Schuldners zu vergleichen. Andernfalls hätte der Gesetzgeber die Rechtswirkungsentfaltung der Novation gegenüber allen gleich geregelt. Ferner hat der ursprüngliche Schuldner am Rechtsgeschäft der Novation in keiner Weise mitgewirkt und aus diesem Grund sollte jede von ihm im Zusammenhang zur Forderung des Gläubigers vorgenommene Handlung ihm gegenüber wirksam sein. Die Novationsparteien haben es in der Hand, wann die Novation ihre Wirkung gegenüber dem ursprünglichen Schuldner entfalten soll. Folglich wäre die Novation unter Berücksichtigung dieser Auffassung gegenstandslos.

2. Novation durch Austausch des Schuldners mit dessen Zustimmung

Die Novation durch Austausch des Schuldners mit dessen Zustimmung wird auch als *délégation novatoire* bezeichnet.[694] Bei dieser Art von Novation erfolgt die Novation auf Initiative des ursprünglichen Schuldners – und nicht wie bei der Novation durch Austausch des Schuldners ohne dessen Zustimmung, wo ein Dritter selbst die Initiative ergreift und einen Schuldneraustausch an den Gläubiger anbietet –, der den neuen Schuldner auffordert, seine Stellung als Schuldner zu übernehmen. Eine Mitwirkung des Gläubigers ist erforderlich. Dieses Rechtsgeschäft kann als dreiseitiger Vertrag zwischen dem neuen und dem alten Schuldner sowie dem Gläubiger bezeichnet werden.[695] Auch ist es möglich, zwei Verträge abzuschließen: Einen Vertrag zwischen dem neuen Schuldner und dem Gläubiger über den Austausch des Schuldners durch Begründung einer neuen Obligation und einen weiteren Vertrag zwischen dem Gläubiger und dem alten Schuldner, um Letzteren zu befreien.[696] Diese Art der Novation wird im Laufe der Arbeit im Kapitel über die *Délégation* vertieft.

---

694 *Cabrillac*, Droit des obligations, Rn. 521; *Bénabent*, Droit des obligations, Rn. 264.
695 *Aubert/Goldie-Genicon*, Novation, Rép. civ. D. juin 2017.
696 *Terré/Simler/Lequette/Chénedé*, Droit civil, les obligations, Rn. 1715.

III. Novation durch Inhaltsänderung des Vertrages

Es gehört zwar dazu, bei der Behandlung der Novation auch auf die Novation durch Inhaltsänderung des Vertrages einzugehen. Aber eine Vertiefung dieser Art von Novation würde den Rahmen dieser Arbeit sprengen, weil ein Dritter hier keine Rolle spielt. Es wird darauf hingewiesen, dass der *Code Civil* diese Art von Novation in Art. 1329 regelt. Diese Art von Novation setzt voraus, dass zwischen den gleichen Vertragsparteien eine Inhaltsänderung des ursprünglichen Vertrages erfolgt. Die Inhaltsänderung ist jedoch im weiten Sinn zu verstehen.

D. Die Rechtsfolgen der Novation

Das Hauptmerkmal der Novation ist die Schaffung eines neuen Elements anstelle des alten erloschenen Elements. Es handelt sich um eine *conditio sine qua non* der Novation. Dieser Grundsatz wurde bereits bei den Voraussetzungen der Novation ausführlich behandelt. Hier geht es vor allem darum, die enge Verbindung zwischen der alten und der neuen Obligation hervorzuheben. Denn es kann keine Novation ohne Entstehung einer neuen und Erlöschen einer alten Obligation geben. Das Augenmerk wird hier vor allem auf die Einwendungen, Einreden und Sicherheiten sowie die Mitschuldner (sog. *coobligés*) gerichtet.

I. Die Einwendungen und Einreden

Die Novation setzt voraus, dass die alte Obligation erlischt. Konsequenterweise gehen alle Einwendungen und Einreden, die bei dieser Obligation hätten geltend gemacht werden können mit dieser unter. Es verbleibt sozusagen nichts von dieser erloschenen Obligation. Der neue Schuldner kann sich also auf diese Einwendungen und Einreden nicht mehr berufen. Das ist von Vorteil für den Gläubiger, der eine neue Obligation erhält, ohne sich Sorgen um die alten Einwendungen und Einreden machen zu müssen. Bedauerlicherweise ist keine Norm im *Code Civil* vorhanden, die diesen Grundsatz bestätigt. Die Reform von 2016 hat auch darüber keine Regelung getroffen.

Es ist jedoch nicht darauf zu schließen, dass der Gesetzgeber den Grundsatz, dass die alte Obligation mit ihren Einwendungen und Einreden untergeht, aufgeben wollte. Es wird argumentiert, dass dieser Grundsatz so offensichtlich ist, dass der Gesetzgeber es nicht für notwendig gehalten hat, es zu kodifizieren.[697]

---

697 *Aubert/Goldie-Genicon*, Novation, Rép. civ. D. juin 2017.

Des Weiteren geht der *Code Civil* auch nicht auf die Frage ein, ob die Parteien etwas anderes vertraglich vereinbaren können. Zum Beispiel, dass die Einwendungen und Einreden mit der alten Forderung nicht mit untergehen.

II. Die Sicherheiten

1. Art. 1334 Abs. 1 C. civ.: Erlöschen der Sicherheiten

Das Schicksal der Sicherheiten wird von Art. 1334 Abs. 1 C. civ.[698] geregelt. Demnach gehen alle akzessorischen Sicherheiten mit der erloschenen alten Verbindung unter. Diese mit der Reform von 2016 eingeführte Regelung ist lediglich eine Umformulierung der Art. 1278 und 1281 C. civ. (a. F.). Gem. Art. 1278 C. civ. (a. F.) gehen die Privilegien und Hypotheken der alten Forderung nicht auf die substituierte Forderung über. Art. 1281 C. civ. (a. F.) sah seinerseits vor, dass die Novation durch Schuldneraustausch den Bürgen befreit. Der neue Art. 1334 Abs. 1 C. civ. trifft nun eine allgemeine Regelung über die Sicherheiten.[699] Wenn der Grundsatz über das Erlöschen der Einwendungen und Einreden für den Gläubiger sehr vorteilhaft ist, ist der Mituntergang der Sicherheiten für ihn jedoch nicht erfreulich. Mit der neuen Norm geht es nicht nur um die mit der alten Forderung verbundenen Privilegien und Hypotheken, sondern auch um alle akzessorischen Sicherheiten. Diese Regelung gilt weiterhin allgemein für alle Arten der Novation. Zumindest geht das Gegenteilige nicht aus der Norm hervor, wie es bei Art. 1281 C. civ. (a. F.) war. Diese Regelung sah in ihrem zweiten Absatz ein Erlöschen der Sicherheiten und insbesondere die Bürgschaft nur für den Fall der Novation durch Austausch des Schuldners vor.

In Art. 1334 Abs. 1 C. civ. geht es ausdrücklich um die akzessorischen Sicherheiten. Man fragt sich natürlich, wie die Rechtslage bezüglich der nicht akzessorischen Sicherheiten ist. Zwar kann eine Sicherheit im deutschen Recht nichtakzessorisch und im französischen Recht akzessorisch sein, dennoch bleibt die Frage der nicht akzessorischen Sicherheiten unbeantwortet. Im Umkehrschluss zu Art. 1334 Abs. 1 C. civ. ist davon auszugehen, dass diese Sicherheiten bestehen bleiben. Sie gehen mit der alten Forderung nicht unter. Unter Umständen kann sich der Gläubiger nicht auf nicht akzessorische Sicherheiten berufen.

---

698 Art. 1334 C. civ.: «L'extinction de l'obligation s'étend à tous ses accessoires.
Par exception, les sûretés d'origine peuvent d'origines peuvent être réservés pour la garantie de la nouvelle obligation avec le consentement des tiers garants».

699 *Terré/Simler/Lequette/Chénedé*, Droit civil, les obligations, Rn. 1730.

Die Geltendmachung dieses Rechts kann als rechtsmissbräuchlich gesehen werden.[700]

2. *Art. 1334 Abs. 2 C. civ.: Vertragliche Vereinbarung über die Sicherheiten*

Vorhersehbar ist, dass die Novation an Bedeutung verlieren könnte wegen Art. 1334 Abs. 1 C. civ. über das Erlöschen der Sicherheiten. Eine Mitwirkung des Gläubigers zum Abschluss einer Novation könnte aus diesem Grund schwer zu erwirken sein. Um die Novation attraktiver zu machen und, dass diese vor allem nicht von der Forderungsabtretung oder der Schuldübernahme an den Rand gedrängt wird, sieht Art. 1334 Abs. 2 C. civ. eine Ausnahme vor. Die zur Besicherung der alten Forderung bestellten Sicherheiten können mit Zustimmung der Sicherheitsgeber – trotz des Erlöschens der alten Forderung, die sie besichern sollten – bestehen bleiben.

Das Gesetz macht zwar keinen Unterschied bezüglich des Bestehenbleibens der Sicherheiten, ob es sich bei diesen um eine reale Sicherheit oder eine personale Sicherheit handelt. In der Praxis sollte dies jedoch eine erhebliche Rolle spielen.

a. Die realen Sicherheiten

Das Bestehenbleiben der realen Sicherheiten gestaltet sich vollkommen problemlos, wenn ein Fall der Novation durch Gläubigeraustausch vorliegt. In einem solchen Fall bleibt der Schuldner derselbe. Es reicht aus, wenn dieser oder gegebenenfalls die Sicherheitsgeber der Übertragung der Sicherheiten auf die neue Forderung zustimmen.[701] Art. 1334 Abs. 2 C. civ. ist eine Ausnahme zum Akzessorietätsprinzip der Sicherheiten. Obwohl die besicherte Forderung erlischt, bleiben die Sicherheiten bestehen.

Im Fall der Novation durch Schuldneraustausch sind jedoch Besonderheiten zu beachten. Dies ergibt sich dadurch, dass bestellte Sicherheiten normalerweise nur für den Schuldner bestellt wurden. Ändert sich der Schuldner, kann man von den Sicherheitsgebern nicht mehr erwarten, dass ihre Sicherheiten weiterhin auch das Insolvenzrisiko des neuen Schuldners decken. Es kann sogar sein, dass sie nicht in Verbindung zu diesem neuen Schuldner stehen bzw. seine Zahlungsfähigkeit nicht kennen.

---

700 Vgl. *Terré/Simler/Lequette/Chénedé*, Droit civil, les obligations, Rn. 1730.

701 *Terré/Simler/Lequette/Chénedé*, Droit civil, les obligations, Rn. 1731.

Aus diesem Grund sah Art. 1279 S. 1 C. civ. (a. F.)[702] vor, dass die Hypotheken und Privilegien nicht bestehen bleiben im Fall der Novation durch Schuldneraustausch. Der neue Schuldner kann zwar neue Sicherheiten für den Gläubiger bestellen, aber es handelt sich um neue Sicherheiten und diese entstehen grundsätzlich erst zum Zeitpunkt ihrer Bestellung.[703] Das Bestelldatum der ersten Sicherheiten ist hier nicht maßgeblich. Man kann schon ahnen, dass diese Lösung für den Gläubiger nicht zufriedenstellend ist, es sei denn, der neue Schuldner hat selbst genügend Sicherheiten. Um die Novation durch Schuldneraustausch zu ermöglich, sah Art. 1279 S. 2 C. civ. (a. F.) vor, dass etwas anderes durch Vertrag vereinbart werden kann. Die gleiche Regelung findet man auch in Art. 1334 C. civ.

b. Die personalen Sicherheiten

Art. 1334 C. civ. ist sehr allgemein formuliert und deswegen fallen auch die personalen Sicherheiten darunter. Art. 1334 Abs. 2 C. civ., der vorsieht, dass die Sicherheiten mit der Zustimmung der Sicherheitsgeber bestehen bleiben können, ist im Fall der personalen Sicherheiten lediglich eine Klarstellung. Besonders zu analysieren ist der Fall der Bürgschaft. Wenn die Forderung, für die sich der Bürge verbürgt hatte, erlischt, erlischt auch die Bürgschaft. Will der Bürge, sich weiterhin für den neuen Schuldner verbürgen, ist ein neuer Bürgschaftsvertrag zwischen dem Bürgen und dem Gläubiger erforderlich.[704] Niemand kann als Bürge einer anderen Schuld bzw. eines anderen Schuldners gesehen werden, ohne dies gewollt zu haben.[705] Die Verwendung des Begriffes Bestehenbleiben bzw. Reservierung der Sicherheiten für die neue Schuld i. S. d. Art. 1334 Abs. 2 C. civ. ist etwas ungenau. Es handelt sich im Grunde genommen nicht um eine Reservierung oder ein Bestehenbleiben dieser Sicherheiten, sondern um die Vereinbarung einer neuen Sicherheit.[706]

---

702 Art. 1279 Abs. 1 C. civ. (a. F.): «Lorsque la novation s'opère par la substitution, les privilèges et hypothèques primitifs de la créance ne peuvent point passer sur les biens du nouveau débiteur. Les privilèges et hypothèques primitifs de la créance peuvent être réservés, avec le consenetment des propriétaires des biens grevés, pour la garantie de l'exécution de l'engagement du nouveau débiteur».

703 *Terré/Simler/Lequette/Chénedé*, Droit civil, les obligations, Rn. 1731.

704 *Aubert/Goldie-Genicon*, Novation, Rép. civ. D. juin 2017.

705 *Terré/Simler/Lequette/Chénedé*, Droit civil, les obligations, Rn. 1731.

706 *Terré/Simler/Lequette/Chénedé*, Droit civil, les obligations, Rn. 1731.

3. *Die Mitschuldner*

Die Rechtsfolgen der Novation können unterschiedlich sein, wenn ein Fall der „Mitschuldnerschaft" vorliegt. Hier ist die „Mitschuldnerschaft" im weiteren Sinn zu verstehen. Darunter fällt nicht nur die Mitschuldnerschaft im engeren Sinn, sondern auch der Fall, wenn der Gläubiger viele Bürgen hat. Art. 1335 C. civ.[707] regelt die Rechtsfolge der Novation bezüglich der „Mitschuldner".

a. *Die Mitschuldnerschaft im engeren Sinn*

Gem. Art. 1335 Abs. 1 C. civ. befreit eine zwischen dem Gläubiger und einem der Mitschuldner abgeschlossene Novation alle anderen Mitschuldner. Dieser Regelung liegt der Gedanke zugrunde, dass da jeder Mitschuldner die gesamte Leistung zu bewirken hat, sind sie auch alle befreit, wenn einer von ihnen mit dem Gläubiger eine Novation abschließt. Da die Novation zum Erlöschen der alten Obligation führt, sind dementsprechend alle Schuldner von ihrer Leistungspflicht befreit. Normalerweise wird der Gläubiger natürlich nicht auf die anderen Mitschuldner verzichten, die er eigentlich auch jederzeit in Anspruch nehmen kann. Aus diesem Grund wird sich der Gläubiger höchstwahrscheinlich erst auf die Novation mit einem der Mitschuldner einlassen, wenn die anderen Mitschuldner weiterhin Mitschuldner von der neuen Obligation bleiben. Diese Möglichkeit regelt Art. 1335 C. civ. zwar nicht, aber nichts spricht gegen die Unzulässigkeit einer solchen Vereinbarung.[708] Sie würde sogar den Abschluss der Novation erleichtern.

b. *Die Mitschuldnerschaft im weiteren Sinn*

Gem. Art. 1335 Abs. 2 C. civ. befreit eine zwischen dem Gläubiger und einem der Bürgen abgeschlossene Novation nicht den Hauptschuldner. Die anderen Bürgen werden jedoch in Höhe der Verpflichtung des Bürgen, der eine Novation mit dem Gläubiger abgeschlossen hat, befreit. Bei der ersten Alternative des Art. 1335 Abs. 2 C. civ. führt eine Novation zwischen dem Gläubiger und einer der Bürgen nicht zur Befreiung des Hauptschuldners. Dies erklärt sich dadurch, dass auch ein Erlöschen einer Sicherheit grundsätzlich keine Auswirkung auf die

---

707 Art. 1335 C. civ.: «La novation convenue entre le créancier et l'un des codébiteurs solidaires libère les autres.
La novation convenue entre le créancier et une caution ne libère pas le débiteur principal. Elle libère les autres cautions à concurrence de la part contributive de celle dont l'obligation a fait l'objet de la novation».

708 Vgl. *Terré/Simler/Lequette/Chénedé*, Droit civil, les obligations, Rn. 1732.

Schuld hat. Wäre die Forderung erloschen, so erlösche die Bürgschaft normalerweise als akzessorisches Recht. Der umgekehrte Fall ist jedoch nicht möglich. Der Grundsatz lautet: *Accessorium sequitur principale* und nicht umgekehrt.

In seiner zweiten Variante stellt Art. 1335 Abs. 2 C. civ. klar, dass die Novation zwischen dem Gläubiger und einem der Bürgen die Rechtsstellung der anderen Bürgen nicht verschlechtern kann. Zwar werden sie im Fall der Novation zwischen einem der Bürgen und dem Gläubiger nicht befreit, jedoch der Bürge, der an der Novation teilgenommen hat, wird befreit, aber die anderen Bürgen müssen nicht für den Anteil seiner Verpflichtung aufkommen. Sie werden insoweit in Höhe der Verpflichtung dieses Bürgen befreit. Das heißt: Trotz Novation zwischen einem der Bürgen und dem Gläubiger wird jeder Bürge nur in Höhe der von ihm übernommenen Bürgschaft aufkommen.

E. Die Novation und das deutsche Recht

I. Allgemeines

Im deutschen Recht wird der lateinische Begriff *novare* (erneuern bzw. verändern) als die vertragliche Begründung eines neuen Schuldverhältnisses, das an die Stelle eines bereits bestehenden Schuldverhältnisses eintritt, verstanden.[709] Das alte Schuldverhältnis erlischt und die Beteiligten können nicht mehr auf den alten Schuldgrund zurückgreifen.[710] Mit anderen Worten ersetzt ein neues Schuldverhältnis das alte. Die Novation wird deswegen als Schuldumwandlung, Schuldumschaffung oder Schuldersetzung verstanden.[711] Es handelt sich lediglich um Synonyme, alle diese Begriffe meinen dasselbe.

Die Novation hat im deutschen Recht keinen allgemeinen gesetzlichen Niederschlag gefunden. Trotzdem besteht über ihre Zulässigkeit im deutschen Recht kein Zweifel mehr. Aufgrund der im deutschen Recht geltenden Vertragsfreiheit i. S. v. § 311 Abs. 1 BGB, können die Vertragsparteien eine Novation vereinbaren.[712] Ferner können manche Rechtsfiguren im Gesetz, wie wir sehen werden, als Novation qualifiziert werden.

Die Novation ist im deutschen Recht von dem Änderungsvertrag zu unterscheiden. Ein Änderungsvertrag liegt dann vor, wenn die Vertragsparteien

709 Staudinger/*Olzen*, BGB Einl. zu §§ 362 ff. Rn. 35; *Medicus/Lorenz*, SchuldR AT, Rn. 319.
710 BeckOGK/*Herresthal, BGB* § 311 Rn. 173.
711 MüKoBGB/*Emmerich*, § 311 Rn. 15; Palandt/*Grüneberg*, § 311 Rn. 8.
712 H-K-BGB/*Schulze*, § 311 Rn. 9; *Medicus/Lorenz*, SchuldR AT, Rn. 319.

entscheiden, die Haupt- oder Nebenleistungen oder die Leistungsmodalitäten des Vertrages zu ändern. Unter Umständen kann auch ein Änderungsvertrag durch Änderung der Rechtsnatur des Vertrages angenommen werden.[713] Ob die Vertragsparteien einen Änderungsvertrag oder eine Novation vereinbaren wollten, ist im Zweifel durch Auslegung zu ermitteln.[714]

Im deutschen Recht fällt bei einer Analyse der Novation auf, dass grundsätzlich unter der Novation nur die Novation durch Austausch bzw. Änderung der Obligation verstanden wird. Im französischen Recht spricht man zwar von Novation durch Austausch der Obligation und im deutschen Recht von Schuldumschaffung, aber die verfolgten Ziele sind die gleichen, nämlich ein altes Schuldverhältnis durch ein neues auszutauschen. Bei der Novation im deutschen Recht spielt eine dritte Partei keine Rolle. Das Rechtsgeschäft geschieht zwischen zwei Parteien, nämlich den ursprünglichen Vertragsparteien. Die zwei weiteren Fälle der französischen Novation sind: Die Novationen durch Schuldner- bzw. Gläubigeraustausch werden im deutschen Recht nicht erwähnt oder behandelt. Die Gründe hierfür werden noch ermittelt und analysiert. Trotzdem ist darauf hinzuweisen, dass nichts dagegen spricht, dass auch im deutschen Recht im Wege der Novation die Parteistellung der einen Vertragspartei oder auch der beiden Vertragsparteien auf einen Dritten übertragen wird.[715]

II. Voraussetzungen der Novation

Die Novation im deutschen Recht setzt einen Vertrag mit dem Inhalt voraus, dass das bisherige Schuldverhältnis durch ein neues Schuldverhältnis ersetzt werden soll.[716] Des Weiteren muss eine enge Verbindung zwischen dem alten und dem neuen Schuldverhältnis vorliegen. Die Vertragsparteien müssen die Aufhebung des alten Schuldverhältnisses mit der Begründung des neuen verbinden.[717] Die Vereinbarung einer Novation hat einschneidende Rechtsfolgen für die beteiligten Vertragsparteien. Aus diesem Grund muss deutlich aus dem Willen der Vertragsparteien hervorgehen, dass sie eine Novation abschließen wollen.[718] Der *animus Novandi* (der Novationswille) spielt im deutschen Recht auch für die Qualifizierung eines Rechtsgeschäfts als Novation eine erhebliche

---

713 Palandt/*Grüneberg*, § 311 Rn. 3.
714 BGH NZM 13, 545.
715 BeckOGK/*Herresthal, BGB* § 311 Rn. 173.
716 *Looschelders*, SchuldR AT, S. 151 Rn. 9.
717 H-K-BGB/*Schulze*, § 311 Rn. 9.
718 H-K-BGB/*Schulze*, § 311 Rn. 9.

Rolle. Bestehen jedoch Zweifel bezüglich des Vorliegens einer Novation, trägt derjenige, der sich auf das Vorliegen einer Novation beruft, die Beweislast.[719]

III. Arten der Novation

Im deutschen Recht lassen sich zwei Arten der Novation unterscheiden: die kausale und die abstrakte Novation.[720] Welche der beiden gewollt ist, ist durch Auslegung des Parteienwillens zu ermitteln.

1. Kausale Novation

Im Fall der kausalen Novation ist die neue Forderung von der alten abhängig.[721] Wenn die alte Forderung nicht bestanden hat, dann kann konsequenterweise auch keine neue Forderung im Rahmen einer Novation entstehen. Es gibt dann keine alte Forderung, die ersetzt werden soll. Die neue kausale Forderung kann also auch nicht entstehen. Der Schuldner kann sich deswegen gegenüber einer Inanspruchnahme aus der neuen angeblich entstandenen Forderung darauf berufen, dass die alte Schuld nicht bestanden hat.[722] Ferner, wenn die neue Forderung nicht zum Entstehen kommt, bleibt die alte unter Beachtung des Sinns und Zwecks der kausalen Novation wirksam. Der Schuldner kann in einem solchen Fall nach dem alten Vertrag in Anspruch genommen werden, denn ohne das Entstehen der neuen Forderung kann die alte nicht erlöschen. Die kausale Novation kann grundsätzlich formfrei erfolgen.[723]

2. Abstrakte Novation

Bei der abstrakten Novation entsteht zwischen den Vertragsparteien ein abstraktes neues Schuldverhältnis. Auch hier soll das neue Schuldverhältnis das alte ersetzen. Hier ist das neue Schuldverhältnis jedoch unabhängig vom Bestand des alten Schuldverhältnisses.[724] Die Wirksamkeit des einen Rechtsgeschäfts hat keine Auswirkung auf das andere. Im Fall der abstrakten Novation kann sich der Schuldner aufgrund der Abstraktheit nicht darauf berufen, dass das alte Schuldverhältnis nicht bestanden hat.[725] Der Schuldner steht allerdings nicht schutzlos

---

719 BeckOGK/*Herresthal, BGB* § 311 Rn. 176.

720 Palandt/*Grüneberg,* § 311 Rn. 9; *Medicus/Lorenz,* SchuldR AT, Rn. 319.

721 Erman/*Dieckmann,* § 311 Rn. 12.

722 MüKoBGB/*Emmerich,* § 311 Rn. 15.

723 Palandt/*Grüneberg,* § 311 Rn. 9.

724 BGH NJW 58, 2111.

725 BeckOGK/*Herresthal, BGB* § 311 Rn. 177.

da. Eine Kondiktion der Novation ist gem. § 812 Abs. 2 BGB möglich und unter Umständen kann er sich sogar auf die Einrede des § 821 BGB berufen.[726] Zu berücksichtigen ist allerdings, dass ihm diese Wege wiederum abgeschnitten werden, wenn er sich ohne Rücksicht auf das Bestehen der Altschuld auf die Novation eingelassen hat.[727] Bezüglich der Formerfordernisse gelten die §§ 780, 781 BGB, wenn § 782 BGB und § 350 HGB nicht anwendbar sind.[728]

IV. Rechtsfolge der Novation

Wenn alle Voraussetzungen der Novation vorliegen, erlischt die alte Schuld und es entsteht dann eine neue Schuld. Die Einwendungen und Einreden aus dem alten Schuldverhältnis erlöschen mit diesem.[729] Der Schuldner kann sich nicht mehr auf diese berufen. Ferner gehen auch die zur Besicherung der Forderung bestellten akzessorischen Sicherheiten unter.[730] Das ist Ausfluss der Akzessorietät. Ohne die Forderung, die besichern soll, können sie auch nicht bestehen. Im Fall der nicht akzessorischen Sicherheiten ist die Sicherungsabrede maßgeblich. Aus der Sicherungsabrede ist durch Auslegung herauszufinden, ob die Sicherheiten erlöschen oder bestehen bleiben.[731]

Fraglich ist, ob die Novationsparteien im deutschen Recht etwas anderes durch Vertrag vereinbaren können. Da die Novation im deutschen Recht nicht gesetzlich allgemein geregelt und lediglich Ausfluss der Vertragsfreiheit ist, kann man durchaus annehmen, dass die Novationsparteien in dem Novationsvertrag vereinbaren können, dass die zur Besicherung der alten Forderung bestellten Sicherheiten bestehen bleiben, um die neu entstehende Forderung zu besichern. Natürlich muss hier auch die Besonderheit des Sachenrechts beachtet werden. Ferner, wenn Dritte diese Sicherheiten bestellt haben, ist ihre Mitwirkung bezüglich des Schicksals der Sicherheiten unerlässlich. Aufgrund der Vertragsfreiheit kann im deutschen Recht auch vieles durch juristische Kreativität erreicht werden, wenn das zwingende Recht beachtet wird.

726 BeckOGK/*Herresthal, BGB* § 311 Rn. 177.
727 Palandt/*Grüneberg,* § 311 Rn. 9.
728 Palandt/*Grüneberg,* § 311 Rn. 9.
729 Staudinger/*Olzen*, BGB Einl. zu §§ 362 ff. Rn. 40.
730 BeckOGK/*Herresthal, BGB* § 311 Rn. 178.
731 BeckOGK/*Herresthal, BGB* § 311 Rn. 178.

V. *Praktische Fälle der Novation*

Die Novation spielt im deutschen Recht eine marginale Rolle und kommt selten als Rechtsinstrument zum Einsatz. Das zeigt sich auch dadurch, dass es in der Literatur und in den Fachbüchern überwiegend knapp behandelt wird. Trotzdem gibt es Einzelfälle, bei denen die Novation noch eine erhebliche Rolle spielt.

1. *Kontokorrent gem. § 355 HGB*

Die Novation kommt insbesondere im Fall einer Saldoanerkennung im kaufmännischen Kontokorrentverkehr in Betracht i. S. v. § 355 HGB.[732] Das ist vor allem dann der Fall, wenn die Parteien vereinbaren, dass nach Anerkennung des Saldos nur noch dieser geschuldet und deshalb ein Rückgriff auf die einzelnen Vorgänge, die zu dem Saldo geführt haben, ausgeschlossen ist.[733] Entgegen dem allgemeinen Grundsatz bezüglich der Sicherheiten im Novationsrecht bleiben die Sicherheiten hier gem. § 356 HGB erhalten. Dies könnte natürlich Zweifel hervorrufen, ob die Anerkennung des Kontokorrentsaldos als Novation qualifiziert werden kann.[734] Diese Frage ist positiv zu beantworten. Die von § 355 HGB vorgesehene Regelung basiert auf den Kerngedanken der Novation, wenn ein Rückgriff auf die einzelnen Vorgänge, die zum Saldo geführt haben, ausgeschlossen ist. § 356 HGB erlaubt lediglich eine Ausnahme zum Grundsatz, nämlich, dass die Sicherheiten der alten Schuld mit untergehen. Ferner soll mit § 356 HGB der vom § 355 HGB verfolgte Zweck, die Vereinfachungsfunktion, erreicht werden. Wenn die Sicherheiten erlöschen würden, wäre es fraglich, ob sich die Parteien auf das Kontokorrent einlassen würden.

2. *Annahme an Erfüllungs statt gem. § 364 BGB*

Weiterhin stellt sich die Frage, ob im Fall der Annahme an Erfüllungs statt gem. § 364 BGB eine Novation angenommen werden kann. Gem. § 364 Abs. 1 BGB erlischt das Schuldverhältnis, wenn der Gläubiger eine andere als die geschuldete Leistung an Erfüllungs statt annimmt. Zu berücksichtigen ist natürlich auch § 364 Abs. 2 BGB, der vorsieht, dass eine Annahme an Erfüllungs statt im Zweifelsfall nicht vorliegt, wenn der Schuldner zum Zwecke der Befriedigung des Gläubigers diesem Gegenüber eine neue Verbindlichkeit übernimmt. Geht man also davon aus, dass der Schuldner zum Zwecke der Befriedigung des Gläubigers

---

732 BGHZ 26, 142, 150.

733 MüKoBGB/*Emmerich*, § 311 Rn. 17.

734 MüKoBGB/*Emmerich*, § 311 Rn. 17.

eine neue Verbindlichkeit eingeht und eine Annahme an Erfüllungs statt vorliegt, ist in diesem Fall fraglich, ob die Novation angenommen werden kann. Die Novation ist als Sonderfall der Annahme als Erfüllungs statt zu sehen. Als Argument kann man vorbringen, dass die Annahme an Erfüllungs statt bezweckt, den Gläubiger zu befriedigen, wie es § 364 Abs. 1 BGB klarstellt. Die Novation hingegen ersetzt ein Schuldverhältnis mit einem anderen, ohne den Gläubiger dabei in Bezug auf das alte Schuldverhältnis zu befriedigen.

3. *Andere Fälle der Novation*

Eine Novation liegt hingegen bei einer Kaufpreistilgung durch Hingabe eines abstrakten Schuldversprechens vor.[735] Die Novation wird weiterhin bei der Hingabe eines Prolongationswechsels, wenn der ursprüngliche Wechsel zurückgegeben wird, bejaht.[736]

F. Würdigung des Rechtsvergleichs

Die Novation im französischen Recht ist mit einem „Schweizer Messer" vergleichbar. Sie kann viele Funktionen erfüllen und bei vielen Vertragsgestaltungen eingesetzt werden. Mit der Novation kann man im französischen Recht genauso die mit der Forderungsabtretung, der Schuldübernahme und sogar der Vertragsübernahme unter Umständen verfolgten Ziele erreichen. Die Novation hat die Reform überlebt. Der *Code Civil* regelt mit ziemlich klaren Regeln ihre Voraussetzung und Rechtsfolgen. Trotzdem bringt diese Rechtsfigur im französischen Recht keinen sehr erheblichen Mehrwert im Vergleich zur Forderungsabtretung, der Schuldübernahme und der Vertragsübernahme mit sich. Als die Schuldübernahme im französischen Recht unzulässig war und die Forderungsabtretung mit aufwendigen Formalitäten verbunden war, war das Vorhandensein der Novation im *Code Civil* durchaus gerechtfertigt.

Nach der Reform ist allerdings nicht ersichtlich, warum der *Code Civil* weiterhin an der Novation festhält. Zwar wird vorgebracht, dass die Novation bei der Kreditfinanzierung eine wichtige Rolle spielen kann. Aber es gibt eben geeignetere Rechtsfiguren, mit denen dasselbe Ziel erreicht werden kann. Ferner ist die Novation keine attraktive Alternative zur Forderungsabtretung. Bei der Forderungsabtretung zum Beispiel erlöschen die bestellten Sicherheiten sowie die Einwendungen und Einreden nicht. Bei der Novation gilt jedoch das Gegenteil. Bei

735 Erman/*Dieckmann*, § 311 Rn. 13.
736 Erman/*Dieckmann*, § 311 Rn. 13.

der Novation durch Schuldnerwechsel ohne dessen Zustimmung ist es zwar ein Anreiz, dass die Mitwirkung des Schuldners nicht erforderlich ist, was bei der Schuldübernahme anders ist, trotzdem ist es fraglich, ob das alleine ausreicht, damit in der Praxis die Novation im Vergleich zur Schuldübernahme bevorzugt. Mit der Novation hat zwar der Rechtsanwender ein zusätzliches Rechtsinstrument zur Gestaltung seiner Rechtsverhältnisse, aber sie kann schnell überflüssig werden, weil sie keinen erheblichen Vorteil zu den Rechtsfiguren, mit der sie konkurriert, mit sich bringt.

Im deutschen Recht hat die Novation eine geringere Bedeutung. In der Literatur wird überwiegend nur die Novation durch Obligationsänderung behandelt. Die Novation durch Gläubiger- bzw. Schuldneraustausch ist zwar unter Beachtung der Vertragsfreiheit auch im deutschen Recht konstruierbar, aber die Frage ist, ob es sich lohnt, auf diese Rechtsfigur zurückzugreifen. Diese Frage ist negativ zu beantworten. Der Grund liegt darin, dass die Novation gesetzlich nicht ausführlich geregelt ist und von der Vertragsfreiheit geprägt ist. Wichtiger ist vor allem, dass die Novation in ihren verschiedenen Varianten vor allem als Alternative zur Forderungsabtretung, der Schuldübernahme und der Vertragsübernahme dienen soll. Die zwei ersteren Rechtsfiguren sind im deutschen Recht kodifiziert, sie haben sich bewährt und bringen auch keine hohen Hürden mit sich, sodass kein Bedarf eines Rückgriffs auf die Novation gegeben ist. Auch ist eine allgemeine Regelung im BGB, die alle Novationsfälle regelt, nicht erforderlich, da mit der jetzigen Novation die verfolgten Ziele erreicht werden können.

Das französische Recht sollte zwar nicht zu sehr im Lichte des deutschen Rechts analysiert werden, aber eine Einführung der Novation im deutschen Recht in ihrer französischen Form, nämlich die Novation durch Gläubiger- bzw. Schuldnerwechsel ist nicht erforderlich. Mit der Forderungsabtretung und der Schuldübernahme ist das BGB ausreichend ausgerüstet, um die von der Novation verfolgten Ziele zu erreichen. Schließlich ist hervorzuheben, dass die französische Novation und die deutsche kausale Novation weitgehend deckungsgleich sind.

§ 3. *Délégation*

A. Einführung

I. Allgemeines

Die *Délégation* ist im französischen Recht in den Art. 1336 ff. C. civ. geregelt. Die *Délégation* ist ein dreipoliges Rechtsverhältnis, bei dem die drei Vertragsparteien mitwirken müssen. Bei den Beteiligten handelt es sich um den Anweisenden *(le délégant)*, den Angewiesenen *(le délégué)* und den Anweisungsempfänger (*le délégataire*). Mit der Reform von 2016 hat der Gesetzgeber eine Definition der *Délégation* (die hier als Anweisung übersetzt wird) in den *Code Civil* eingeführt. Gem. Art. 1336 C. civ.[737] ist die *Délégation* ein Rechtsgeschäft bei dem der Anweisende vom Angewiesenen erwirkt, dass dieser sich bei dem Anweisungsempfänger verpflichtet und Letzterer ihn als Schuldner akzeptiert.

Vor der Reform von 2016 war die *Délégation* im *Code Civil* nicht als eigenständige Rechtsfigur geregelt und wurde lediglich im Zusammenhang mit der Novation in den Art. 1275 und 1276 C. civ. (a. F.) behandelt.[738] Die *Délégation* war aber im Prinzip keine Unterform der Novation. Die *Délégation* konnte zwar unter bestimmten Voraussetzungen eine Novation sein, aber dies ist nicht die prinzipielle Bestimmung der *Délégation*. Die Reform wird nicht nur die Novation und die *Délégation* in verschiedenen Sektionen des *Code Civil* regeln, sondern sie wird auch die Voraussetzungen und Rechtsfolgen der *Délégation*, die überwiegend von der Rechtsprechung bestimmt wurden, spezifizieren und kodifizieren.[739] Diese Vorgehensweise war von den Juristen einstimmig befürwortet worden, wie man es auch beim *Catala*- und *Terré*-Projekt konstatieren kann.[740]

Das Rechtsinstitut der *Délégation* kommt bei verschiedenen juristischen Konstruktionen zum Einsatz. Die bekanntesten Fälle der Verwendung der *Délégation* sind jedoch Fälle von Zahlungen. Die *Délégation* kann Zahlungen zwischen drei Personen vereinfachen. Zum Beispiel,[741] wenn der Anweisende (A) Gläubiger vom Angewiesenen (B) i. H. v. 200 € und zugleich Schuldner des Anweisungsempfängers (C) in gleicher Höhe ist, kann A B anweisen, an C zu zahlen.[742] Durch die Zahlung von B an C erlöschen alle Forderungen zwischen den Beteiligten und alle werden durch den Akt des B befriedigt. Dadurch vermeidet man, dass B an A zahlt und dieser seinerseits dann an C.

Ferner kann die *Délégation* als Sicherheit zum Einsatz kommen. Auch wenn der Angewiesene kein Schuldner des Anweisenden ist, kann er dafür einstehen,

---

737 Art. 1336 C. civ.: «La délégation est une opération par laquelle une personne, le délégant, obtient d'une autre le délégué, qu'elle s'oblige envers une troisième, le délégataire, qui l'accepte comme débiteur.
Le délégué ne peut, sauf stipulation contraire, opposer au délégataire aucune exception tirée de ses rapports avec le délégant ou des rapports entre ce dernier et le délégataire».

738 *Borghetti*, Die Reform des französischen Vertragsrechts, S. 214.

739 *Hontebeyrie*, La transmission des obligations en droit franco-belge, S. 870.

740 *Hontebeyrie*, La transmission des obligations en droit franco-belge, S. 870.

741 Vgl. *Cabrillac*, Droit des obligations, Rn. 431.

742 *Porchy-Simon*, Les obligations, Rn. 1278.

dass der Anweisende seiner Leistungspflicht nachkommen wird.[743] In einem solchen Fall ist der Angewiesene eine Art Bürge.

II. Abgrenzungen

1. Délégation und die Anzeige und Empfang der Zahlung

Die *Délégation* und die Anzeige zur Zahlung und zum Empfang der Zahlung sind Rechtsmechanismen, bei denen drei Personen beteiligt sind und diese Formen basieren darauf, dass der Gläubiger seine Zahlung von einem Dritten erhält oder einen Dritten ermächtigt, die Zahlung zu empfangen. Die Anzeige zur Zahlung und zum Empfang der Zahlung wird im *Code Civil* von Art. 1340 C. civ.[744] geregelt und diese Norm stellt klar, dass die Anzeige zur Zahlung und zum Empfang der Zahlung keine *Délégation* sind. Bei der Anzeige zur Zahlung geht es darum, dass der Schuldner dem Gläubiger anzeigt, dass er einen Dritten angewiesen hat, die Schuld bei diesem zu begleichen.

Diese Variante kommt vor allem vor, wenn der Schuldner selbst Gläubiger des Dritten ist. Berücksichtigt man die Definition der *Délégation* und das oben angeführte Beispiel, könnte man hier auch die Anzeige zur Zahlung als *Délégation* qualifizieren.[745] Trotzdem liegt hier keine *Délégation* vor. Die *Délégation* setzt voraus, dass sich der Angewiesene beim Anweisungsempfänger verpflichtet, die Schuld des Schuldners zu begleichen und der Angewiesene muss dieser Verpflichtung auch nachkommen. Es liegt dann eine Vereinbarung zwischen dem Angewiesenen und dem Anweisungsempfänger vor. Bei der Anzeige zur Zahlung hingegen vereinbaren der Angewiesene und der Anweisungsempfänger keinen Vertrag.[746] Konsequenterweise kann der Anweisungsempfänger den Angewiesenen auch nicht zur Zahlung in Anspruch nehmen.

Bei der zweiten Variante, nämlich der Anzeige zum Empfang der Zahlung, bei der der Gläubiger dem Schuldner anzeigt, dass ein Dritter an seiner Stelle die Leistung empfangen wird, ergibt sich nichts anderes. Der Zahlungsempfänger

---

743 *Fages*, Droit des obligations, Rn. 570.

744 Art. 1340 C. civ.: «La simple indication faite par le débiteur d'une personne désignée pour payer à sa place n'emporte ni novation, ni délégation. Il en est de même de la simple indication faite, par le créancier, d'une personne désignée pour recevoir le paiement pour lui».

745 *Malaurie*, Droit des obligations, Rn. 1471.

746 Cass. 1ière civ., 7 avr. 1998, Bull. civ., I, n°144; vgl. *Terré/Simler/Lequette/Chénedé*, Droit civil, les obligations, Rn. 1734.

als Dritter tut es für den Gläubiger.[747] Er geht nicht auf eine neue Verbindlichkeit mit dem Schuldner ein. Der Zahlungsempfänger kann zum Beispiel nicht gegen den Schuldner vorgehen. Er wird nicht zum Gläubiger des Schuldners. Aus diesem Grund stellt Art. 1340 S. 2 C. civ. auch klar, dass es sich auch bei dieser Variante nicht um eine *Délégation* handelt.

2. *Délégation und Forderungsabtretung*

Analysiert man die *Délégation* und die Forderungsabtretung, kann man gewisse Ähnlichkeiten feststellen. Bei den beiden Rechtsfiguren geht es darum, dem Anweisungsempfänger oder dem Zessionar zu ermöglichen, gegen den Schuldner oder den Angewiesenen vorzugehen.[748] Der entscheidende Unterschied zwischen der Forderungsabtretung und der *Délégation* liegt darin, dass bei der Forderungsabtretung der Zessionsvertrag lediglich zwischen dem Zedenten und dem Zessionar abgeschlossen wird.[749] Dieser muss dem Schuldner nur angezeigt werden, damit er ihm gegenüber Wirkung entfaltet. Bei der *Délégation* ist es unerlässlich, dass der Angewiesene und der Anweisungsempfänger einen neuen Vertrag vereinbaren, kraft dessen der Angewiesene der neue Schuldner wird. Bei der Zession entsteht keine neue Verbindlichkeit zwischen dem Zessionar und dem Schuldner. Der Zessionar kann den Schuldner nur aufgrund der Zession in Anspruch nehmen. Bei der *Délégation* ist der Rechtsgrund für die Inanspruchnahme des Angewiesenen der zwischen ihm und dem Anweisungsempfänger abgeschlossene Vertrag. Ferner ist bei der Forderungsabtretung, wie bereits oben behandelt, der Zedent gegenüber dem Zessionar nur zur Verität der Forderung verpflichtet. Ist der Schuldner nicht solvent, trägt der Zessionar dieses Risiko. Bei der *Délégation* ohne Novationswirkung[750], also der unvollkommenen *Délégation*, kann der Anweisungsempfänger den Anweisenden in Anspruch nehmen, wenn der Angewiesene insolvent ist.[751] Bei der vollkommenen *Délégation*[752] ist die Rechtslage natürlich anders, da der Anweisende befreit wird und im Fall der Insolvenz des Angewiesenen kann der Anweisungsempfänger auf den Anweisenden nicht mehr zurückgreifen.

---

747 *Malaurie*, Droit des obligations, Rn. 1471.

748 *Terré/Simler/Lequette/Chénedé*, Droit civil, les obligations, Rn. 1734.

749 *Terré/Simler/Lequette/Chénedé*, Droit civil, les obligations, Rn. 1734.

750 Siehe. S. 213, III. *Arten der Délégation*.

751 *Malaurie*, Droit des obligations, Rn. 1472.

752 Siehe. S. 213, III. *Arten der Délégation*.

3. *Délégation und der Vertrag zugunsten Dritter*

Wenn der Anweisende den Angewiesenen anweist, sich gegenüber dem Anweisungsempfänger zu verpflichten (Normalfall der *Délégation*), ist fraglich, ob dies als Vertrag zugunsten Dritter gesehen werden kann, nämlich ein Vertrag zwischen dem Anweisenden und dem Angewiesenen zugunsten des Anweisungsempfängers.

Die *Délégation* ist mit dem Vertrag zugunsten Dritter nicht zu verwechseln. Bei dem Vertrag zugunsten Dritter erlangt der Dritte einen Anspruch gegen den Versprechenden allein aufgrund des Deckungsverhältnisses, das heißt aus dem Vertrag zwischen dem Versprechenden und dem Versprechensempfänger. Der Dritte schließt keinen Vertrag mit dem Versprechenden ab. Bei der *Délégation* erwirbt der Anweisungsempfänger *(le délégataire)* einen Anspruch gegen den Angewiesenen *(le délégué)*, weil ein Vertrag zwischen den beiden auf Veranlassung des Anweisenden *(le déléguant)* abgeschlossen wurde. Die Rechtsgrundlagen der jeweiligen Ansprüche sind unterschiedlich. Ferner spielt bei der Leistungsbeziehung zwischen dem Anweisungsempfänger und dem Angewiesenen der Vertrag zwischen dem Anweisenden und dem Anweisungsempfänger überhaupt keine Rolle. Der Anweisungsempfänger und der Angewiesene schließen einen zwischen dem Anweisenden und dem Anweisungsempfänger völlig unabhängigen Vertrag ab. Bei dem Vertrag zugunsten Dritter hingegen hängen die Rechte des Dritten von dem Deckungsverhältnis ab, das heißt von dem Vertrag zwischen dem Versprechensempfänger und dem Versprechendem.

4. *Délégation und Novation*

Gem. Art. 1337 Abs. 1 C. civ.[753] wenn der Anweisende *(le déléguant)* der Schuldner des Anweisungsempfängers ist und dieser den Anweisenden ausdrücklich befreit, handelt es sich um eine novatorische *Délégation*, mit anderen Worten: eine *Délégation* mit Novationswirkung. Die vollkommene *Délégation*, die *Délégation* bei der der Schuldner befreit wird, wird also mit der Novation durch Schuldneraustausch gleichgesetzt.[754] Dogmatisch gesehen handelt es sich allerdings bei der Novation durch Schuldneraustausch und der vollkommenen *Délégation* um zwei verschiedene Rechtsfiguren. Bei der Novation erlischt eine alte Obligation, damit eine neue entstehen kann. Das ist die Essenz einer Novation.

753 Art. 1337 Abs. 1 C. civ.: «Lorsque le déléguant est débiteur du délégataire et que la volonté du délégataire de décharger le délegant résulte expressément de l'acte, la délégation opère novation».

754 *Malaurie*, Droit des obligations, Rn. 1474.

Bei der *Délégation* verpflichtet sich der Angewiesene gegenüber dem Anweisungsempfänger nicht, eine Schuld des Anweisenden zum Erlöschen zu bringen, sondern seine eigene Schuld gegenüber dem Anweisenden zu erfüllen oder er erfüllt diese gegenüber dem Anweisungsempfänger, um dem Anweisenden diese Leistung zu schenken.[755] Die *Délégation* kann unter Umständen eine Novationswirkung haben. Aber sie ist keine Novation.

III. Arten der Délégation

Dem *Code Civil* kann man zwei Arten der *Délégation* entnehmen. Die vollkommene und die unvollkommene *Délégation*. Die *Délégation* ist vollkommen, wenn sich der Angewiesene gegenüber dem Anweisungsempfänger verpflichtet und der Anweisende befreit wird.[756] In einem solchen Fall hat die *Délégation* eine Novationswirkung durch Austausch des Schuldners i. S. v. Art. 1337 Abs. 1 C. civ. Auf der anderen Seite ist die *Délégation* gem. Art. 1338 Abs. 1 C. civ. unvollkommen, wenn der Anweisende vom Anweisungsempfänger nicht befreit wird. Der Anweisungsempfänger erhält lediglich einen zusätzlichen Schuldner. Art. 1338 Abs. 1 C. civ. spricht von einem zweiten Schuldner. Diese Art von *Délégation* hat keine Novationswirkung.

B. Entstehung der *Délégation*

I. Allgemeines

Die Voraussetzungen der *Délégation* sind fast die gleichen, sei es eine unvollkommene oder eine vollkommene *Délégation*. Der entscheidende Unterschied bei den Voraussetzungen bezüglich der beiden Arten der *Délégation* liegt darin, dass bei der vollkommenen *Délégation* die Voraussetzungen für das Entstehen einer Novation ebenfalls beachtet werden müssen.

Die Voraussetzungen der *Délégation* ergeben sich aus Art. 1336 C. civ. Nach dieser Norm ist die Mitwirkung aller Beteiligten erforderlich, um eine *Délégation* zu begründen. Erstens weist der Anweisende (*le délégant*) den Angewiesenen (*le délégué*) an, sich gegenüber dem Anweisungsempfänger (*le délégataire*) als neuen Schuldner zu verpflichten. Zweitens muss der Angewiesene der Weisung des Anweisenden nachkommen und sich gegenüber dem Anweisungsempfänger verpflichten. Drittens muss sich der Anweisungsempfänger darauf einlassen, dass der Angewiesene sein Schuldner wird.

---

755 *Malaurie*, Droit des obligations, Rn. 1474.

756 *Porchy-Simon*, Les obligations, Rn. 1279.

Die *Délégation* kann als Vertrag zwischen den drei Beteiligten in einem Akt abgeschlossen werden.[757] Denkbar ist auch, dass die Beteiligten zwei verschiedene Verträge abschließen. Der erste Vertrag kann zwischen dem Anweisenden und dem Angewiesenen und der zweite zwischen dem Angewiesenen und dem Anweisungsempfänger entstehen.[758] Für die Entstehung der *Délégation*, egal, ob als einheitlicher Vertrag zwischen allen Beteiligten oder als zwei verschiedene Verträge, ist es ausreichend, wenn die Beteiligten stillschweigend bekannt geben, dass sie eine *Délégation* abschließen wollen.[759]

Geht man davon aus, dass die *Délégation* voraussetzt, dass der Anweisende den Angewiesenen anweist, sich gegenüber dem Anweisungsempfänger zu verpflichten und Letzterer das Ganze auch akzeptiert, ist es fraglich, ob die *Délégation* notwendigerweise voraussetzt, dass zwischen den Beteiligten eine frühere vertragliche Verbindung existieren muss oder die *Délégation* auch erfolgen kann, wenn zwischen den Parteien in keiner Weise Rechtsverbindungen bestanden haben.[760]

Es ist zwar richtig, dass die *Délégation* normalerweise zum Einsatz kommt, wenn der Anweisende Schuldner des Anweisungsempfängers und zugleich Gläubiger des Angewiesenen ist. Um die Zahlung zu vereinfachen, zahlt der Angewiesene direkt an den Anweisungsempfänger, aber aus dem *Code Civil* ergibt sich nicht, dass eine frühere Rechtsbeziehung zwischen den Beteiligten oder einigen Beteiligten vorliegen muss. Außerdem kann wie bereits erwähnt die *Délégation* als Sicherungsmittel zum Einsatz kommen. In einem solchen Fall muss der *Délégué*, der sich gegenüber dem *Délégataire* als neuer Schuldner verpflichtet oder für die Solvenz des *Déléguant* einsteht, nicht mal Schuldner des *Délégant* sein. Folglich kann das Bestehen eines früheren Schuldverhältnisses zwischen Anweisenden und Angewiesenen keine Voraussetzung für das Entstehen der *Délégation* sein.[761]

II. Formerfordernisse

Die *Délégation* kann grundsätzlich formfrei erfolgen. Die Beachtung einer bestimmten Form sehen die Art. 1336 ff. C. civ. nicht vor. Haben die Beteiligten eine *Délégation* vereinbart, ist diese wirksam, wenn die allgemeinen

757 *Hontebeyrie*, La transmission des obligations en droit franco-belge, S. 870, 871.

758 *Fages*, Droit des obligations, Rn. 573.

759 *Fages*, Droit des obligations, Rn. 573.

760 *Terré/Simler/Lequette/Chénedé*, Droit civil, les obligations, Rn. 1739.

761 *Malinvaud/Mekki/Seube*, Droit des obligations, Rn. 914.

Voraussetzungen beachtet wurden. Formerfordernisse *ad validatem* oder zur Wirkungsentfaltung der *Délégation* gegenüber den Beteiligten oder Dritten sind nicht vorgesehen worden.[762]

III. Die Besonderheit der vollkommenen Délégation

Gem. Art. 1337 Abs. 1 C. civ. hat die *Délégation* eine Novationswirkung, wenn der Anweisende zugleich Schuldner des Anweisungsempfängers ist und Letzterer den Ersteren ausdrücklich aufgrund der *Délégation* von seiner Leistungspflicht befreit. Das bedeutet, dass bei der vollkommenen *Délégation* der Anweisungsempfänger zwei Willenserklärungen abgeben muss. Die erste Willenserklärung ermöglicht die *Délégation*. Der Anweisungsempfänger akzeptiert, dass der Angewiesene sein Schuldner wird. Damit die *Délégation* vollkommen wird, ist eine zweite Willenserklärung des Anweisungsempfängers erforderlich. Mit der zweiten Willenserklärung befreit der Anweisungsempfänger den Anweisenden von seiner Leistungspflicht ihm gegenüber. In einem solchen Fall hat der Anweisungsempfänger nur noch den Angewiesenen als Schuldner. Er kann den Anweisenden nicht mehr in Anspruch nehmen. Aus diesem Grund spricht man von *Délégation* mit Novationswirkung. Die vollkommene *Délégation* führt zu einer Novation durch Schuldneraustausch.

Hier müssen also nicht nur die Voraussetzungen einer *Délégation*, sondern auch die einer Novation vorliegen. Der Wille, die Leistungspflicht des Anweisenden zu erlöschen und ein neues Schuldverhältnis mit dem Angewiesenen zu begründen, muss gem. Art. 1337 Abs. 1 C. civ. klar aus dem Vertrag erkennbar sein. Nach der Norm muss dieser Wille ausdrücklich aus dem Vertrag hervorgehen. Der *animus novandi* muss nicht nur gem. 1330 C. civ. klar aus dem Vertrag erkennbar sein, wie im Novationsrecht nach dem *Code Civil* vorausgesetzt wird, er muss, wenn eine Kombination mit der *Délégation* gegeben ist, ausdrücklich aus dem Vertrag hervorgehen gem. Art. 1337 Abs. 1 C. civ.

Fraglich ist jedoch, ob die Voraussetzung des ausdrücklichen *animus novandi* i. S. v. Art. 1337 Abs. 1 C. civ. streng zu verstehen ist oder ob es ausreicht, wenn er klar aus dem Vertrag erkennbar ist, wie von Art. 1330 C. civ. vorgesehen. Von vornherein könnte man argumentieren, dass der *animus novandi* nach Art. 1330 C. civ. nicht ausreichend ist, um eine *Délégation* mit Novationswirkung zu begründen. Ansonsten hätte der Gesetzgeber für die *Délégation* mit Novationswirkung nichts anderes vorgesehen. Trotzdem scheint es so zu sein,

---

762 *Terré/Simler/Lequette/Chénedé*, Droit civil, les obligations, Rn. 1737.

dass die Rechtsprechung den verschiedenen Formulierungen keine besondere Bedeutung beimisst.[763] Es wird also überraschen, wenn die Rechtsprechung eine *Délégation* mit Novationswirkung ablehnt, weil der *animus novandi* zwar nicht ausdrücklich formuliert wurde, aber aus dem Vertrag klar und eindeutig erkennbar ist.[764]

Gem. Art. 1337 Abs. 2 C. civ. bleibt der Anweisende trotz der zweiten Willenserklärung, die zu seiner Befreiung führt, zur Leistung verpflichtet, wenn er ausdrücklich erklärt hat, dass er für die Solvenz des Angewiesenen einstehen will. Dies führt im Ergebnis wieder zu einem Fall der einfachen bzw. unvollkommenen *Délégation*.

Hat der Anweisungsempfänger den Anweisenden nicht ausdrücklich befreit, dann handelt es sich um eine einfache *Délégation* gem. Art. 1338 Abs. 1 C. civ. In einem solchen Fall erhält der Anweisungsempfänger lediglich einen zusätzlichen Schuldner. Beide haften dann als Gesamtschuldner.

Zusammenfassend lässt sich sagen, dass bei der vollkommenen *Délégation* der Anweisungsempfänger zusätzlich in unmissverständlicher Weise wissen lassen muss, dass er den Anweisenden befreien will und dann nur noch den Angewiesenen als Schuldner hat.

Unter Berücksichtigung der Konsequenzen der *Délégation* mit Novationswirkung kann diese Art der *Délégation* nicht der Normalfall sein. Diese Art von *Délégation* ist zwar sehr vorteilhaft für den Anweisenden, weil er von seiner Leistungspflicht befreit wird und grundsätzlich nicht in Regress genommen werden kann, falls der Angewiesene Insolvenz ist. Aber der Anweisungsempfänger wird die zweite Willenserklärung höchstwahrscheinlich nur dann erteilen, wenn der Angewiesene eine bessere Vermögenssituation hat als der Anweisende.[765] Bei der *Délégation* mit Novationswirkung ist jedoch eine frühere Rechtsbeziehung zwischen den Vertragsparteien bzw. notwendigerweise zumindest zwischen dem Anweisenden und dem Anweisungsempfänger erforderlich.[766] Dies ist deshalb erforderlich, weil bei der Novation eine Forderung untergeht, damit eine andere entstehen kann. Wenn es keine frühere Forderung gab, dann kann auch nichts untergehen.

---

763 *Terré/Simler/Lequette/Chénedé*, Droit civil, les obligations, Rn. 1747.
764 *Terré/Simler/Lequette/Chénedé*, Droit civil, les obligations, Rn. 1747.
765 *Terré/Simler/Lequette/Chénedé*, Droit civil, les obligations, Rn. 1745.
766 *Terré/Simler/Lequette/Chénedé*, Droit civil, les obligations, Rn. 1745.

C. Rechtsverhältnisse zwischen den Beteiligten

I. Die vollkommene Délégation

1. Rechtsverhältnis zwischen dem Anweisenden und dem Angewiesenen

Das Rechtsverhältnis zwischen dem Anweisenden und dem Angewiesenen ist von hoher Bedeutung vor allem dann, wenn der Angewiesene zugleich der Schuldner des Anweisenden ist. Die Frage vor der Reform von 2016 war, ob der Angewiesene mit dem Abschluss der *Délégation* mit Novationswirkung von seiner Leistungspflicht gegenüber dem Anweisenden befreit ist oder ob eine solche Befreiung erst erfolgt, nachdem der Angewiesene den Anweisungsempfänger befriedigt hatte. Die Novationswirkung tritt eigentlich nur zwischen dem Anweisenden und dem Anweisungsempfänger ein. Mit dem Abschluss des Délégationsvertrages ändert sich nichts an dem Leistungsverhältnis zwischen dem Anweisenden und dem Angewiesenen.

Man wird jedoch annehmen müssen, dass sich der Angewiesene nur deshalb gegenüber dem Anweisungsempfänger verpflichtet, weil er dadurch von seiner Leistungspflicht gegenüber dem Anweisenden befreit sein will. Mit dem Abschluss des Délégationsvertrages sollte der Angewiesene eigentlich gegenüber dem Anweisenden befreit sein. Das vor allem, wenn der Anweisungsempfänger gegen den Anweisenden infolge der *Délégation* nicht mehr vorgehen kann. Dogmatisch gesehen wurde diese Sichtweise zwar von vielen vertreten, aber dieser Meinung kann man vorwerfen, keine Stütze im Gesetz zu finden. Es wurde versucht, diese Theorie dadurch zu begründen, dass die *Délégation* mit Novationswirkung durch Austausch des Schuldners auch zum Austausch des Gläubigers führte.[767] Damit war der Anweisende nicht mehr Gläubiger des Angewiesenen. Diese Argumentation ist jedoch nicht sehr zufriedenstellend, weil eine Novation nicht vermutet wird. Die Parteien müssen klar wissen lassen, dass sie auch eine Novation durch Gläubigeraustausch erreichen wollen.

Art. 1339 C. civ. regelt nun ausführlich das Rechtsverhältnis zwischen dem Anweisenden und dem Angewiesenen. Gem. Art. 1339 Abs. 1 C. civ. erlischt die Forderung des Anweisenden gegenüber dem Angewiesenen, wenn Letzterer sein Schuldner ist, erst dann, wenn der Angewiesene den Anweisungsempfänger befriedigt hat. Das bedeutet, dass der Angewiesene erst mit der Befriedigung des Anweisungsempfängers und nicht mit dem Abschluss des Délégationsvertrages befreit wird.[768] Mit der Befriedigung des Anweisungsempfängers wird

767 *Porchy-Simon*, Les obligations, Rn. 1285.

768 *Fages*, Droit des obligations, Rn. 577.

der Anweisende gegenüber diesem und der Angewiesene gegenüber dem Anweisenden frei.

Vor der Befriedigung des Anweisungsempfängers und nach Abschluss des Délégationsvertrages kann der Anweisende den Angewiesenen grundsätzlich nicht mehr in Anspruch nehmen, wie es von Art. 1339 Abs. 2 S. 1 C. civ. geregelt wird. Nach Art. 1339 Abs. 2 S. 2 C. civ. kann er den Angewiesenen wieder in Anspruch nehmen, wenn er selbst an den Anweisungsempfänger zahlt.

2. Rechtsverhältnis zwischen dem Anweisenden und dem Anweisungsempfänger

Das Rechtsverhältnis zwischen dem Anweisenden und dem Anweisungsempfänger bei einer *Délégation* mit Novationswirkung ist in Art. 1337 Abs. 1 C. civ. geregelt. Demnach führt die *Délégation* zu einer Novation, wenn der Anweisende von dem Anweisungsempfänger von seiner Leistungspflicht befreit wird. Bei dieser Novation handelt es sich um eine Novation durch Schuldneraustausch. Der Anweisungsempfänger kann den Anweisenden nicht mehr in Anspruch nehmen. Der Angewiesene ist allein Schuldner des Anweisungsempfängers. Das Schuldverhältnis zwischen dem Anweisungsempfänger und dem Anweisenden erlischt und es entsteht ein neues zwischen dem Angewiesenen und dem Anweisungsempfänger, kraft dessen der Anweisungsempfänger den Angewiesenen i. H. v. der von dem Anweisenden geschuldeten Leistung in Anspruch nehmen kann. Etwas anderes ergibt sich dann nur nach Art. 1337 Abs. 2 C. civ., wenn der Anweisende für die Solvenz des Angewiesenen ausdrücklich eingestanden hat. In einem solchen Fall kann sich der Anweisungsempfänger an den Anweisenden wenden, falls der Angewiesene zahlungsunfähig ist.

3. Rechtsverhältnis zwischen dem Angewiesenen und dem Anweisungsempfänger

Gem. Art. 1337 Abs. 1 C. civ. führt die vollkommene *Délégation* zu einer Novation. Dadurch wird der Angewiesene Alleinschuldner des Anweisungsempfängers. Es ist aber darauf hinzuweisen, dass sich der Rechtsgrund für die Inanspruchnahme des Angewiesenen durch den Anweisungsempfänger aus dem zwischen den beiden abgeschlossenen Vertrag ergibt. Dieser Vertrag ist unabhängig von dem Vertrag zwischen dem Angewiesenen und dem Anweisenden sowie von dem zwischen dem Anweisenden und dem Anweisungsempfänger.

Aufgrund der Unabhängigkeit der Verträge können sich der Angewiesene und der Anweisungsempfänger bei ihrem Rechtsverhältnis nicht auf die Einwendungen und Einreden aus den anderen Rechtsverhältnissen berufen. Die einzige Einwendung, die hier geltend gemacht werden kann, ist die der Unwirksamkeit des Rechtsverhältnisses zwischen dem Anweisenden und dem Anweisungsempfänger.[769] In einem solchen Fall kann keine Novation entstehen, weil die Novation voraussetzt, dass ein wirksames Rechtsverhältnis vorhanden war. Dieses wirksame Rechtsverhältnis sollte untergehen, damit ein neues entsteht.

Art. 1336 Abs. 2 C. civ. normiert, dass der Angewiesene gegenüber dem Anweisungsempfänger keine Einwendungen und Einreden aus dem Rechtsverhältnis zwischen ihm und dem Anweisenden oder zwischen dem Anweisenden und dem Anweisungsempfänger geltend machen kann. Vor der Reform von 2016 vertrat die Rechtsprechung ebenfalls diese Auffassung[770] und mit der Reform wurde sie in dem *Code Civil* eingeführt.

4. *Schicksal der Sicherheiten*

Bezüglich des Schicksals der Sicherheiten enthält der *Code Civil* in der Sektion IV über die *Délégation* in den Art. 1336 ff. C. civ. keine Regelung. Aus diesem Grund wird vorgebracht, dass sich das Schicksal der Sicherheiten aus Art. 1337 Abs. 1 i.V.m. Art. 1334 C. civ. ergibt.[771] Art. 1334 regelt das Schicksal der Sicherheiten im Fall der Novation. Diese Vorgehensweise ist überzeugend, weil wenn der Gesetzgeber auf Art. 1337 Abs. 1 C. civ. verweist, dann sollten auch, wenn das *Délégationsrecht* keine spezielle Norm bezüglich der Sicherheiten bei der *Délégation* mit Novationswirkung vorsieht, die allgemeinen Regelungen der Novation gem. Art. 1334 C. civ. Anwendung finden.

Unter Berücksichtigung der Art. 1337 Abs. 1 i.V.m. Art. 1334 C. civ., wenn das Rechtsverhältnis zwischen dem Anweisenden und dem Anweisungsempfänger erlischt, erlöschen auch die Sicherheiten, die die Leistung besichern sollten. Etwas anderes würde sich nur dann ergeben, wenn die Parteien gem. Art. 1334 Abs. 2 C. civ. vorsehen, dass die Sicherheiten zu Besicherung der neuen Forderung zwischen dem Angewiesenen und dem Anweisungsempfänger bestehen bleiben sollen. Bezüglich der Regelung des Art. 1334 C. civ. gilt hier ansonsten auch das bereits bei der Novation Gesagte.

---

769 *Terré/Simler/Lequette/Chénedé*, Droit civil, les obligations, Rn. 1751.

770 Cass. com., 22 avr. 1997, Bull. civ. IV, n° 98.

771 *Hontebeyrie*, La transmission des obligations en droit franco-belge, S. 900.

II. Die unvollkommene Délégation

1. Rechtsverhältnis zwischen dem Anweisenden und dem Angewiesenen

Die unvollkommene *Délégation* hat keine Novationswirkung. Die Forderung des Anweisenden gegen den Angewiesenen erlischt erst, wenn Letzterer den Anweisungsempfänger befriedigt hat. Auch hier kann Art. 1339 Abs. 1 C. civ. herangezogen werden. Demnach wird der Angewiesene erst mit der Befriedigung des Anweisungsempfängers durch seine Zahlung frei.

Es stellt sich jedoch die Frage, wie die Rechtslage nach dem Abschluss der *Délégation* und vor der Befriedigung des Anweisungsempfängers durch den Angewiesenen ist. Nach der Rechtsprechung kann der Anweisende nach dem Abschluss der *Délégation* nicht gegen den Angewiesenen vorgehen, obwohl dieser den Anweisungsempfänger nicht befriedigt hatte.[772] Als Erklärung dafür wurde vorgebracht, dass der Anweisende mit dem Abschluss der *Délégation* erklärt, dass der Anweisungsempfänger zuerst zu befriedigen ist. Die Forderung des Anweisenden gegenüber dem Angewiesenen ist zwar nicht erloschen, aber infolge der *Délégation* sozusagen „eingefroren".

Art. 1339 Abs. 2 C. civ. hat die Unsicherheit bezüglich der Rechte des Anweisenden gegenüber dem Angewiesenen vor der Befriedigung des Anweisungsempfängers, aber nach dem Abschluss der *Délégation,* endgültig beseitigt. Demnach kann der Anweisende gegen den Angewiesenen wie bei der vollkommenen *Délégation* nicht mehr vorgehen. Eine Inanspruchnahme des Angewiesenen durch den Anweisenden wäre jedoch zulässig, wenn er selbst den Anweisungsempfänger befriedigt i. S. v. Art. 1339 Abs. 2 S. 2 C. civ.

Zahlt der Angewiesene dem Anweisungsempfänger, erlöschen alle Forderungen. Alle Beteiligten werden von ihrer Leistungspflicht befreit.[773]

2. Rechtsverhältnis zwischen dem Anweisenden und dem Anweisungsempfänger

Das Rechtsverhältnis zwischen dem Anweisenden und dem Anweisungsempfänger wird von Art. 1338 Abs. 1 C. civ.[774] geregelt. Demnach bleibt der Anweisende trotz der Verpflichtung des Angewiesenen gegenüber dem

772 Cass. com., 14 févr. 2006, D. 2006, 650.

773 *Terré/Simler/Lequette/Chénedé*, Droit civil, les obligations, Rn. 1741.

774 Art. 1338 C. civ.: «lorsque le déléguant et débiteur du délégataire mais que celui-ci ne l'a pas déchargé de sa dette, la délégation donne au délégataire un second débiteur. Le paiement fait par l'un des deux débieteurs libère l'autre, à due concurrence».

Anweisungsempfänger Schuldner des Letzteren. Der Anweisungsempfänger erhält zwei Schuldner, gegen die er vorgehen kann. Der Anweisungsempfänger behält sozusagen alle seine Rechte gegen den Anweisenden.

Der Anweisende und der Angewiesene haften beide gegenüber dem Anweisungsempfänger. Aber fraglich ist, ob unter Berücksichtigung des Sinns und Zweckes der *Délégation* der Anweisungsempfänger zuerst gegen den Angewiesenen vorgehen soll und erst, wenn er erfolglos gegen den Angewiesenen vorgegangen ist, kann er sich an den Anweisenden wenden. Es wird argumentiert, dass bei einer unvollkommen *Délégation* der Anweisende eine Art Bürge ist und auf ihn kann der Anweisungsempfänger nur dann zugreifen, wenn der Angewiesene zahlungsunfähig ist.[775] Da diese Argumentation keine Stütze im Gesetz findet, handelt es sich um eine *contra legem* Auslegung.[776] Aus Art. 1338 Abs. 1 C. civ. geht klar hervor, dass der Anweisungsempfänger einen zusätzlichen Schuldner erhält. Wenn der Anweisende durch den Anweisungsempfänger in Anspruch genommen wird, kann er diesem nicht entgegenhalten, dass er zuerst Befriedigung bei dem Anweisenden suchen soll. Man kann sogar sagen, dass der Anweisende der Hauptschuldner ist, solange er vom Anweisungsempfänger nicht befreit wird.[777]

Gem. Art. 1338 Abs. 2 C. civ. entfaltet eine Zahlung eines der Schuldner an den Anweisungsempfänger auch Wirkung bei dem anderen Schuldner. Das heißt, auch wenn der Anweisungsempfänger zwei Schuldner hat, hat er nur dieselbe Forderung gegen alle Schuldner.

3. *Rechtsverhältnis zwischen dem Angewiesenen und dem Anweisungsempfänger*

Mit der *Délégation* entsteht notwendigerweise ein Vertrag zwischen dem Anweisungsempfänger und dem Angewiesenen mit dem Inhalt, dass der Angewiesene auch Schuldner des Anweisungsempfängers wird gem. Art. 1336 Abs. 1 C. civ. Aufgrund dieses Vertrages kann der Anweisungsempfänger den Angewiesenen in Anspruch nehmen. Die Besonderheit hier liegt vor allem darin, dass die Einwendungen und Einreden zwischen dem Angewiesenen und dem Anweisungsempfänger keine Rolle bei den Rechtsverhältnissen zwischen dem Angewiesenen und dem Anweisenden spielen. Diese Vorgehensweise wird in Art. 1336 Abs. 2 C. civ. bestätigt.

---

775 *Terré/Simler/Lequette/Chénedé*, Droit civil, les obligations, Rn. 1742.

776 Vgl. *Terré/Simler/Lequette/Chénedé*, Droit civil, les obligations, Rn. 1742.

777 *Terré/Simler/Lequette/Chénedé*, Droit civil, les obligations, Rn. 1742.

III. Einwendungen und Einreden gekleidete Délégation

Grundsätzlich und wie bereits gesehen, kann sich der Angewiesene auf die Einwendungen und Einreden aus seinem Rechtsverhältnis zum Anweisenden oder aus dem Rechtsverhältnis zwischen Anweisenden und Anweisungsempfänger gegenüber dem Anweisungsempfänger nicht berufen gem. Art. 1336 Abs. 2 C. civ. Nach derselben Norm ist etwas anderes jedoch möglich, wenn die Vertragsparteien das Gegenteil von Art. 1336 Abs. 2 C. civ. vereinbaren. Vor der Reform von 2016 hatte die Rechtsprechung anerkannt, dass sich der Angewiesene auf die Einwendungen und Einreden zwischen dem Anweisenden und dem Anweisungsempfänger berufen kann, wenn er sich gegenüber dem Anweisungsempfänger wegen „was der Anweisende ihm schuldet" verpflichtet hat.[778]

Der Bezug auf „was der Anweisende dem Anweisungsempfänger schuldet" schafft eine Verbindung zwischen den Rechtsverhältnissen, deswegen kann sich der Angewiesene auch auf die Einwendungen und Einreden zwischen dem Anweisenden und dem Anweisungsempfänger berufen.[779] Zum Beispiel, wenn die Forderung zwischen dem Anweisenden und dem Anweisungsempfänger nicht zustande gekommen ist – da der Vertrag nichtig war –, kann sich der Angewiesene auf diese Nichtigkeit berufen, um nicht zahlen zu müssen. Mit dem Art. 1336 Abs. 2 C. civ. wird im Délégationsrecht eine Regelung eingeführt, die von dem Hauptmerkmal einer *Délégation* abweicht, nämlich der Unmöglichkeit der Geltendmachung der Einwendungen und Einreden aus anderen Rechtsverhältnissen.

IV. Regressansprüche des Angewiesenen gegen den Anweisenden

Mit der *Délégation* verpflichtet sich der Angewiesene gegenüber dem Anweisungsempfänger und zahlt an diesen. Dadurch wird der Anweisende von seiner Leistungspflicht befreit. Fraglich ist jedoch, ob der Angewiesene seinerseits den Anweisenden aufgrund seiner Zahlung an den Anweisungsempfänger in Anspruch nehmen kann. Einfacher zu beantworten ist diese Frage, wenn der Angewiesene zugleich Schuldner des Anweisenden war und an den Anweisungsempfänger genau die Summe gezahlt hat, die er dem Anweisenden schuldete. In einem solchen Fall hat der Angewiesene gegen den Anweisenden keine Regressansprüche. Konsequenterweise erlischt auch die Forderung des Anweisenden gegen ihn.

778 *Porchy-Simon,* Les obligations, Rn. 1288.

779 *Porchy-Simon,* Les obligations, Rn. 1288.

Interessanter wird der Fall jedoch, wenn der Angewiesene in keiner Weise Schuldner des Anweisenden ist oder, wenn der Anweisende selbst gar nichts dem Anweisungsempfänger schuldete.

1. Der Angewiesene als Nichtschuldner des Anweisenden

Auch wenn dies nicht der normale Fall ist, kann es vorkommen, dass der Angewiesene kein Schuldner des Anweisenden ist, aber er will beispielsweise für die Zahlungsfähigkeit des Anweisenden einstehen. Er ist also eine Art Bürge. Wird er in Anspruch genommen, kann er sich seinerseits an den Anweisenden wenden. Als Rechtsgrundlage kommt hier zumindest das Rechtsverhältnis zwischen dem Anweisenden und dem Angewiesenen in Betracht. Es wird argumentiert, dass ein Anweisender (der von dem Angewiesenen erreicht, dass dieser sich gegenüber dem Anweisungsempfänger verpflichtet, obwohl er dem Anweisenden nichts schuldet) in impliziter Weise erklärt, dass der Angewiesene ihn in Anspruch nehmen kann, falls er an den Anweisungsempfänger leisten muss.[780] Es ist darauf hinzuweisen, dass der Angewiesene kein Bürge im engeren Sinn ist. Deswegen kann er sich auch nicht auf Art. 2306 C. civ.[781] berufen. Diese Norm ist die Rechtsgrundlage für den Bürgen, der geleistet hat, seinerseits den Hauptschuldner in Anspruch zu nehmen. Diese Norm kann höchstens bei der *Délégation* analog zur Anwendung kommen, da eine planwidrige Regelungslücke vorliegt.

Ferner kann sich der Angewiesene gegenüber dem Anweisungsempfänger als Darlehensgeber des Anweisenden verpflichten. Die Darlehenssumme wird dem Anweisungsempfänger ausgezahlt, anstatt an den Anweisenden gegeben. In einem solchen Fall ergibt sich der Rückzahlungsanspruch des Angewiesenen gegen den Anweisenden aus dem Darlehensvertrag.

Egal in welcher Konstellation – zum Beispiel, wenn der Angewiesene kein Schuldner des Anweisenden ist oder wenn er mehr bezahlt, als er dem Anweisenden eigentlich schuldet – kann der Angewiesene seinerseits den Anweisenden in Anspruch nehmen, es sei denn, die Vertragsparteien haben etwas anderes vereinbart. Als Rechtsgrundlage kommt primär die Vereinbarung zwischen dem Anweisenden und dem Angewiesenen in Betracht. Dieser kann ein Darlehensvertrag oder ein Auftrag sein.

---

780 *Hontebeyrie*, La transmission des obligations en droit franco-belge, S. 915.

781 Art. 2306 C. civ.: «La caution qui a payé la dette est subrogée á tous les droits qu'avait le créancier contre le débiteur».

2. *Der Anweisende als Nichtschuldner des Anweisungsempfängers*

Es kann vorkommen, dass der Angewiesene angewiesen wird, an den Anweisungsempfänger zu leisten, obwohl der Anweisende kein Schuldner des Anweisungsempfängers ist. Fraglich ist in einem solchen Fall, welche Rechte dem Angewiesenen gegen den Anweisenden zustehen. Einfacher wäre eigentlich, wenn der Angewiesene gegen den Anweisungsempfänger wegen unberechtigter Bereicherung vorgeht. Problematisch ist jedoch, dass zwischen dem Anweisungsempfänger und dem Angewiesenen ein unabhängiges Rechtsverhältnis besteht. Bei der Geltendmachung der Rechte aus diesem Rechtsverhältnis bleiben die Rechtsverhältnisse zwischen dem Anweisenden und dem Anweisungsempfänger oder zwischen dem Anweisenden und dem Angewiesenen außer Betracht. Der Angewiesene kann also nur dann gegen den Anweisungsempfänger vorgehen, wenn er sich auf die zwischen ihnen vorliegende Vereinbarung beruft.

Konsequenterweise muss jedoch der Angewiesene von seiner Leistungspflicht gegenüber dem Anweisenden aufgrund seiner Leistung an den Anweisungsempfänger, obwohl dieser kein Schuldner des Anweisenden war, befreit werden. Das würde man zumindest annehmen müssen, wenn der Angewiesene zugleich Schuldner des Anweisenden war. Daraus folgt, dass der Angewiesene keinen Regressanspruch gegen den Anweisenden hat. Problematisch ist der Fall, wenn der Angewiesene kein Schuldner des Anweisenden war. In einem solchen Fall ergeben sich die Regressansprüche des Angewiesenen aus dem Rechtsverhältnis zwischen ihm und dem Anweisenden. Fraglich ist aber, ob der Anweisende gegen den Anweisungsempfänger wegen der Zahlung des Angewiesenen vorgehen kann. Ansonsten würde der Anweisungsempfänger ein „Geschenk" vom Himmel erhalten, weil er nicht Gläubiger des Anweisenden war und der Angewiesene hat trotzdem an ihn gezahlt. Verweigert man dem Angewiesenen das Recht, gegen den Anweisungsempfänger auf der Grundlage der ungerechtfertigten Bereicherung vorzugehen, sollte der Anweisende jedoch gegen ihn vorgehen können. Problematisch ist aber, dass der Angewiesene eine eigene Schuld begleicht und nicht für den Anweisenden zahlt. Aus diesem Grund wäre die einfachere Lösung, den Angewiesenen gegen den Anweisungsempfänger vorgehen zu lassen, wenn Ersterer an Letzteren zahlt, obwohl dieser nicht Gläubiger des Anweisenden war.

Es ist darauf hinzuweisen, dass diese Konstellation nur bei einer unvollkommenen *Délégation* infrage kommt. Die vollkommene *Délégation* setzt notwendigerweise voraus, dass das Schuldverhältnis zwischen dem Anweisenden und dem Anweisungsempfänger wirksam ist. Ansonsten kann keine *Délégation* mit

Novationswirkung erfolgen. Die Novation setzt voraus, dass ein altes Rechtsverhältnis vorliegt, das untergeht, damit ein neues entsteht.

D. Die *Délégation* und das deutsche Recht

Die *Délégation,* wie sie im französischen Recht geregelt wird, ist im BGB nicht in der gleichen Form zu finden. Trotzdem könnte die Anweisung des BGB gem. §§ 783 ff. BGB mit der französischen *Délégation* vergleichbar sein. Das deshalb, weil die im BGB zu findende Anweisung nicht nur das gleiche Ziel wie die französische *Délégation* verfolgt, sondern auch mit dieser die gleichen historischen Hintergründe hat.

I. Allgemeines

Die Anweisung wird im BGB in den § 783 ff. geregelt. Im weiteren Sinn kann die Anweisung als eine Anordnung an eine andere Person, die diese befolgen soll, definiert werden.[782] Ähnlich kann eine Definition der Anweisung dem § 783 BGB entnommen werden. Dieser definiert die Anweisung als ein Rechtsgeschäft, bei dem der Anweisende dem Anweisungsempfänger eine Urkunde aushändigt, in der der Angewiesene die Anweisung erhält, Geld, Wertpapiere oder andere vertretbare Sachen dem Anweisungsempfänger auszuhändigen.[783] Auch wird die ausgehändigte Urkunde vom Gesetz als Anweisung bezeichnet.[784] Der Begriff der Anweisung hat also eine doppelte Bedeutung. Auf der einen Seite bezeichnet das Gesetz das durch § 783 BGB definierte Rechtsgeschäft als Urkunde. Auf der anderen Seite wird die Anweisungsurkunde selbst als Anweisung gesehen.[785]

Die Anweisung beinhaltet eine doppelte Ermächtigung.[786] Sie ermächtigt den Anweisungsempfänger im eigenen Namen, die Leistung bei dem Angewiesenen unter Umständen zu erheben. Der Angewiesene kann seinerseits für die Rechnung des Anweisenden an den Angewiesenen leisten.

Aus dem bereits Geschilderten ergibt sich, dass die Anweisung ein dreiteiliges Rechtsverhältnis ist: Die Vertragsparteien sind der Anweisende, der Anweisungsempfänger und der Angewiesene. Das Rechtsverhältnis zwischen dem

782 *Medicus/Lorenz,* SchuldR BT, S. 378 Rn. 1.
783 BeckOGK/*Körber, BGB* § 783 Rn. 4.
784 BeckOGK/*Körber, BGB* § 783 Rn. 4.
785 BeckOGK/*Körber, BGB* § 783 Rn. 4.
786 H-K-BGB/*Schulze,* § 783 Rn. 1.

Anweisenden und dem Anweisungsempfänger wird als Valutaverhältnis bezeichnet.[787] Das Rechtsverhältnis zwischen dem Anweisenden und dem Angewiesenen ist das Deckungsverhältnis.[788] Schließlich ist das Rechtsverhältnis zwischen dem Angewiesenen und dem Anweisungsempfänger als Zuwendungsverhältnis zu sehen.[789] Diese drei Rechtsverhältnisse sind unabhängig voneinander. Dies spielt vor allem eine Rolle bei der Geltendmachung von Einwendungen und Einreden, die sich aus den anderen Rechtsverhältnissen ergeben.

Des Weiteren ist darauf hinzuweisen, dass die Anweisung in ihrer jetzigen BGB-Form keine erhebliche Bedeutung spielt. Die Vorschriften der Anweisung im BGB dienen jedoch als Grundlage für den Scheck, den gezogenen Wechsel oder die neben den beiden zu findende kaufmännische Anweisung des § 363 Abs. 1 S. 1 HGB.[790] Ihr kommt also überwiegend die Funktion als Mittel zur Erleichterung von Zahlungsvorgängen zu.

II. Geschichtlicher Hintergrund

Wie die französische *Délégation* ist auch die Anweisung i. S. v. § 783 ff. BGB auf die *delegatio* des römischen Rechts zurückzuführen.[791] Im römischen Recht existierten zwei Arten von *delegatio*, nämlich die *delegatio solvendi* (Zahlungsanweisung) und die *delegatio obligandi* (Verpflichtungsanweisung).[792] Im BGB wurde lediglich die *delegatio solvendi* übernommen.[793] Bei dieser Art von Anweisung erteilt der Anweisende dem Angewiesenen die Ermächtigung, an den Anweisungsempfänger zu leisten.[794]

III. Abgrenzungen

Die Anweisung als ein Mittel zur Erleichterung von Leistungen in Dreipersonenverhältnissen steht in Konkurrenz zu anderen Rechtsinstrumenten, die ihr mehr oder weniger ähnlich sind. Im Zweifel ist durch Auslegung gem. §§ 133,

787 Palandt/*Sprau*, § 783 Rn. 5.
788 Palandt/*Sprau*, § 783 Rn. 6.
789 *Medicus/Lorenz*, SchuldR BT, S. 378 Rn. 2.
790 *Medicus/Lorenz*, SchuldR BT, S. 378 Rn. 4 f.
791 BeckOGK/*Körber, BGB* § 783 Rn. 2.
792 *Honsell*, Römisches Recht, S. 108.
793 BeckOGK/*Körber, BGB* § 783 Rn. 2.
794 *Honsell*, Römisches Recht, S. 108.

157 BGB unter Berücksichtigung aller Umstände des Einzelfalles zu ermitteln, ob eine Anweisung oder eine ihr ähnliche Rechtsfigur vorliegt.[795]

1. Abtretung

Die Forderungsabtretung ist zwar wie die Anweisung ein Dreipersonenverhältnis, aber sie ist keine Anweisung und wird anders konstruiert. Mit der Forderungsabtretung geht die Forderung des Zedenten auf den Zessionar über. Diese Forderung muss notwendigerweise bestehen, da ein gutgläubiger Forderungserwerb grundsätzlich nicht möglich ist. Bei der Anweisung hingegen geht die Forderung des Anweisenden nicht auf den Anweisungsempfänger über, der mit dem Zessionar vergleichbar ist.[796] Eine solche Forderung muss nicht einmal bestehen.

2. Einziehungsermächtigung

Gem. § 783 BGB ist der Anweisungsempfänger ermächtigt, die Leistung bei dem Angewiesenen im eigenen Namen zu erheben. Diese Ermächtigung des § 783 BGB ist jedoch keine Einziehungsermächtigung. Bei der Einziehungsermächtigung kann der Ermächtigte eine fremde Forderung im eigenen Namen einziehen und er kann diese Forderung unter Umständen im eigenen Namen im Wege der gewillkürten Prozessstandschaft einklagen.[797] Die Anweisung allein begründet hingegen keine Forderung des Anweisungsempfängers gegenüber dem Angewiesenen. Bis zur Annahme der Anweisung durch den Angewiesenen gem. § 784 Abs. 1 BGB kann der Anweisungsempfänger gegen den Angewiesenen nicht gerichtlich vorgehen. Zudem besteht keine Pflicht des Anweisungsempfängers, die Anweisung anzunehmen.[798]

3. Vollmacht

Der Anweisungsempfänger ist kein Stellvertreter des Anweisenden. Der Anweisungsempfänger handelt also nicht mit Vollmacht i. S. d. § 166 Abs. 2 BGB im Namen des Anweisenden. Ferner ist die Anweisung auf Schuld keine Inkassovollmacht.[799] Der Unterschied zwischen der Anweisung und Vollmacht liegt vor allem darin, dass der Anweisungsempfänger gegenüber dem Angewiesenen im

795 MüKoBGB/*Habersack*, § 783 Rn. 10.
796 MüKoBGB/*Habersack*, § 783 Rn. 11.
797 Staudinger/*Klumpp*, BGB § 185 Rn. 158.
798 BeckOGK/*Körber, BGB* § 783 Rn. 46.
799 BeckOGK/*Körber, BGB* § 783 Rn. 47.

eigenen Namen handelt und nach Annahme der Anweisung durch den Angewiesenen eine eigene Forderung geltend macht. Bei der Vollmacht wirken die Handlungen des Bevollmächtigten für und gegen den Vollmachtgeber und Ersterer macht eine fremde Forderung geltend. Schließlich erwirbt der Anweisungsempfänger Eigentum an den vom Angewiesenen geleisteten Gegenständen. Der Bevollmächtigte hingegen erwirbt kein Eigentum an den vom Schuldner geleisteten Gegenständen.

4. *Auftrag*

Ein Auftrag ist grundsätzlich keine Anweisung. Wenn der Auftragsgeber Weisungen erteilt, handelt es sich nicht um Anweisungen nach § 783 BGB.[800] Ferner sieht § 662 BGB vor, dass sich der Beauftragte durch die Annahme des Auftrages verpflichtet, ein ihm von dem Auftragsgeber übertragenes Geschäft für diesen unentgeltlich zu besorgen. Es entsteht also mit der Annahme des Auftrages durch den Beauftragten für ihn eine Pflicht. Bei der Anweisung hingegen entsteht keine Pflicht für den Anweisungsempfänger oder für den Angewiesenen. Der Anweisungsempfänger muss die Leistung gegenüber dem Angewiesenen nicht geltend machen und der Angewiesene ist auch nicht verpflichtet, an den Anweisungsempfänger zu leisten.[801]

5. *Vertrag zugunsten Dritter*

Grundsätzlich ist eine Anweisung gem. § 783 BGB kein Vertrag zugunsten Dritter. Bei dem Vertrag zugunsten Dritter entsteht kein Vertrag zwischen dem Dritten und dem Versprechenden.[802] Bei der Annahme der Anweisung durch den Angewiesenen entsteht jedoch eine Forderung des Anweisungsempfängers gegen den Angewiesenen. Das bedeutet, dass durch die Anweisung allein der Anweisungsempfänger kein Forderungsrecht gegen den Angewiesenen erwirbt. Beispielsweise erwirbt der Dritte beim echten Vertrag zugunsten Dritter einen Leistungsforderungsanspruch gegen den Versprechenden grundsätzlich mit dem Abschluss des Vertrages zwischen Versprechendem und Versprechensempfänger.

Ferner kann der Angewiesene die Einwendungen und Einreden aus dem Rechtsverhältnis zwischen dem Angewiesenen und dem Anweisenden oder zwischen dem Anweisenden und dem Anweisungsempfänger grundsätzlich nicht entgegenhalten gem. § 784 Abs. 1 BGB. Nach § 334 BGB kann der Versprechende

---

800 Palandt/*Sprau,* § 783 Rn. 4.

801 BeckOGK/*Körber, BGB* § 783 Rn. 48.

802 Vgl. MüKoBGB/*Habersack*, § 783 Rn. 12.

Einwendungen aus dem Vertrag zwischen ihm und dem Versprechensempfänger dem Dritten entgegenhalten.

Trotzdem ist darauf hinzuweisen, dass die Anweisung in der Form eines Vertrages zugunsten Dritter ausgestaltet werden kann. Der Anweisende und der Angewiesene können einen Vertrag zugunsten des Anweisungsempfängers abschließen.[803] Ein Rückgriff auf das Rechtsinstitut des Vertrages zugunsten Dritter ist in der Praxis jedoch nicht erforderlich.[804]

6. *Annahme an Erfüllungs statt*

Gem. § 364 Abs. 1 BGB erlischt das Schuldverhältnis, wenn der Gläubiger eine andere als die geschuldete Leistung an Erfüllungs statt annimmt. § 364 Abs. 1 BGB führt unmittelbar zum Erlöschen der Forderung des Gläubigers. Die Leistung an Erfüllungs statt ist also im Gegenteil zur Anweisung gem. § 783 BGB ein Erfüllungssurrogat.[805] Dies erklärt sich dadurch, dass bei der Anweisung die Anweisung allein nicht zum Erlöschen der Forderung führt. § 788 sieht vor, dass erst die Leistung des Angewiesenen an den Anweisungsempfänger zum Erlöschen der Forderung von diesem gegen den Anweisenden führt. Aus diesem Grund wird richtigerweise vertreten, dass die Erteilung einer Anweisung erfüllungshalber erfolgt.[806]

7. *Schuldübernahme*

Die Anweisung ist keine Schuldübernahme gem. § 414 f. BGB. Die Schuldübernahme nach § 414 oder 415 BGB führt zu einem Schuldneraustausch. Das bedeutet, dass der Übernehmer als Dritter an die Stelle des bisherigen Schuldners tritt. Die Anweisung führt nicht zu einem Schuldneraustausch. Mit der Annahme der Anweisung durch den Angewiesenen entsteht eine neue Forderung. Der Anweisende bleibt, falls er Schuldner des Anweisungsempfängers war, weiterhin dessen Schuldner. Die Anweisung des Anweisenden an den Angewiesenen ändert nichts an der Schuldnerschaft vom Anweisenden. Der Angewiesene übernimmt keine eventuell bestehende Schuld zwischen dem Anweisenden und dem Anweisungsempfänger.

---

803 BeckOGK/*Körber, BGB* § 783 Rn. 50.
804 Staudinger/*Marburger*, BGB § 783 Rn. 32.
805 BeckOGK/*Körber, BGB* § 783 Rn. 54.
806 BeckOGK/*Körber, BGB* § 788 Rn. 2.

IV. Voraussetzungen der Anweisung

Die Anweisung ist ein Dreipersonenverhältnis. Gem. § 783 BGB muss der Anweisende dem Anweisungsempfänger eine Urkunde aushändigen, in der der Angewiesene die Anweisung erhält, an den Anweisungsempfänger Geld, Wertpapiere oder andere vertretbare Sachen zu leisten. Gegenstand der Leistung kann also grundsätzlich nur Geld, Wertpapiere und vertretbare Sachen sein. Trotzdem sind Anweisung auf andere Sachen als die in § 783 BGB genannten Sachen aufgrund der Vertragsfreiheit möglich.[807] In einem solchen Fall finden die § 783 ff. BGB entsprechend Anwendung.[808] Die Wirksamkeit der Anweisung erfolgt erst mit der Aushändigung der Urkunde an den Anweisungsempfänger.[809] Bezüglich der Formerfordernisse setzt § 783 BGB voraus, dass die Anweisung in Form einer Urkunde i. S. v. 126 BGB erfolgen muss. Erfolgt die Anweisung mündlich, können möglicherweise die Vorschriften der § 783 f. BGB entsprechend angewandt werden.[810]

V. Rechtsverhältnisse zwischen den Beteiligten

1. Rechtsverhältnis zwischen Angewiesenem und Anweisungsempfänger

Das Rechtsverhältnis zwischen dem Angewiesenen und dem Anweisungsempfänger wird als Vollzugsverhältnis bezeichnet. Durch die Anweisung allein ist der Angewiesene nicht verpflichtet, an den Anweisungsempfänger zu leisten. Dieser ist nicht sein Gläubiger. An der Anweisung hat er auch nicht unmittelbar teilgenommen. Es handelt sich um ein Rechtsgeschäft zwischen dem Anweisenden und dem Anweisungsempfänger. Die Anweisung bedeutet lediglich, dass der Anweisungsempfänger gem. § 783 BGB ermächtigt wird, die Leistung bei dem Angewiesenen im eigenen Namen zu erheben.[811] Würde der Angewiesene nur aufgrund der Anweisung die Leistung an den Anweisungsempfänger erbringen müssen, könnte dies als Vertrag zulasten Dritter qualifiziert werden, was nach dem BGB unzulässig ist.[812]

Gem. § 784 Abs. 1 S. 1 Hs. 1 BGB ist der Angewiesene gegenüber dem Anweisungsempfänger zur Leistung verpflichtet, wenn er die Anweisung angenommen

807 H-K-BGB/*Schulze*, § 783 Rn. 4.
808 H-K-BGB/*Schulze*, § 783 Rn. 4.
809 Palandt/*Sprau*, § 783 Rn. 9.
810 MüKoBGB/*Habersack*, § 783 Rn. 19.
811 *Medicus/Lorenz*, SchuldR BT, S. 378 Rn. 10.
812 BeckOGK/*Körber, BGB* § 783 Rn. 42.

hat. Mit der Annahme der Anweisung durch den Angewiesenen entsteht ein Rechtsverhältnis zwischen ihm und dem Anweisungsempfänger, kraft dessen Letzterer die Leistung fordern darf. Mit der Zahlung des Angewiesenen an den Anweisungsempfänger treten zwei Rechtsfolgen ein. Zum einen erlischt die Forderung des Anweisenden gegen den Angewiesenen und zum anderen auch die Forderung des Anweisungsempfängers gegen den Anweisenden.[813] Die Annahme der Anweisung durch den Angewiesenen allein führt jedoch nicht zu dieser Rechtsfolge. Die Zahlung durch den Angewiesenen ist gem. § 788 BGB das Entscheidende.

Fraglich ist, ob der Angewiesene dem Anweisungsempfänger etwaige Einwendungen und Einreden aus dem Rechtsverhältnis zwischen Anweisenden und Angewiesenen entgegenhalten kann. Durch die Annahme der Anweisung entsteht ein selbstständiges Rechtsverhältnis zwischen dem Anweisungsempfänger und dem Angewiesenen. Der Angewiesene kann sich deshalb grundsätzlich gem. § 784 Abs. 1 S. 1 Hs. 2 BGB nicht mehr auf die Einwendungen und Einreden aus dem Deckungsverhältnis (Rechtsverhältnis zwischen dem Angewiesenen und dem Anweisenden) berufen.[814] Zur Zahlung ist der Angewiesene jedoch nur unter Aushändigung der Urkunde verpflichtet.[815]

2. *Rechtsverhältnis zwischen Anweisendem und Angewiesenem*

Das Rechtsverhältnis zwischen dem Anweisenden und dem Angewiesenen wird als Deckungsverhältnis bezeichnet. Ist der Angewiesene Schuldner des Anweisenden, dann erlischt die Schuld mit der Zahlung des Angewiesenen an den Anweisungsempfänger gem. § 787 Abs. 1 BGB (Anweisung auf Schuld).[816] Andernfalls wird der Angewiesene Gläubiger des Anweisenden mit der Zahlung an den Anweisungsempfänger (Anweisung auf Kredit), es sei denn, seine Zahlung ist als Schenkung zugunsten des Anweisenden zu sehen.[817] Wird der Angewiesene jedoch Gläubiger des Anweisenden, kann er gegen diesen Aufwendungsersatz gem. § 670 BGB verlangen, da seine Zahlung an den Anweisungsempfänger in einem solchen Fall als Auftrag oder Geschäftsbesorgung zu qualifizieren ist.[818]

813 *Medicus/Lorenz,* SchuldR BT, S. 378 Rn. 10.
814 *Medicus/Lorenz,* SchuldR BT, S. 378 Rn. 9.
815 *Medicus/Lorenz,* SchuldR BT, S. 378 Rn. 10.
816 H-K-BGB/*Schulze,* § 783 Rn. 2.
817 BGH NZG 09, 102.
818 Palandt/*Sprau,* § 783 Rn. 6.

Des Weiteren ist darauf hinzuweisen, dass der Angewiesene mit der Annahme der Anweisung allein nicht von seiner Leistungspflicht gegenüber dem Anweisenden befreit wird, falls er Schuldner von diesem war. Er bleibt weiterhin Schuldner des Anweisenden. Er wird erst mit seiner Leistung an den Anweisungsempfänger befreit i. S. v. § 787 Abs. 1 BGB. Allerdings kann der Angewiesene die Leistung an den Anweisenden verweigern, wenn ihm noch eine Inanspruchnahme aus der Anweisung droht.[819]

Ferner kann der Anweisende gem. § 790 BGB die Anweisung gegenüber dem Angewiesenen widerrufen, weil sie nur eine Ermächtigung darstellt. Dies ist jedoch nur solange möglich, bis die Anweisung zwischen dem Anweisenden und dem Anweisungsempfänger keine Rechtswirkungen entfaltet hat. Mit einem wirksamen Widerruf der Anweisung erlischt diese.[820]

3. *Rechtsverhältnis zwischen Anweisendem und Anweisungsempfänger*

Zwischen dem Anweisenden und dem Anweisungsempfänger besteht ein Valutaverhältnis. Das Valutaverhältnis kann als Erfüllung einer Verbindlichkeit, als Schenkung oder Gewährung eines Kredits des Anweisenden an den Anweisungsempfänger dienen.[821] Der Gegenstand der Verpflichtung zwischen Anweisendem und Anweisungsempfänger muss auf die Schaffung von Geld, Wertpapieren oder anderen vertretbaren Sachen i. S. v. § 783 BGB ausgerichtet sein.[822]

Das Valutaverhältnis wird in den §§ 788 und 789 BGB geregelt. Nach § 788 BGB, wenn der Anweisende die Anweisung erteilt hat, um eine Leistung an den Anweisungsempfänger zu bewirken, wird die Leistung erst mit der Leistung des Angewiesenen an den Anweisungsempfänger bewirkt, und zwar auch dann, wenn der Angewiesene die Anweisung annimmt. § 789 BGB regelt die Anzeigepflicht des Anweisungsempfängers. Demnach hat der Anweisungsempfänger dem Anweisenden unverzüglich Anzeige zu machen, wenn der Angewiesene vor dem Eintritt der Leistungszeit die Annahme der Anweisung oder die Leistung verweigert. Das Gleiche gilt auch, wenn der Anweisungsempfänger die Anweisung nicht geltend machen kann oder will. Im Übrigen sind die zwischen dem Anweisenden und dem Anweisungsempfänger getroffenen Vereinbarungen maßgeblich für die Rechte und Pflichten zwischen ihnen.[823]

---

819 *Medicus/Lorenz,* SchuldR BT, S. 378 Rn. 9.

820 Palandt/*Sprau,* § 790 Rn. 1 f.

821 Palandt/*Sprau,* § 783 Rn. 5.

822 BeckOGK/*Körber, BGB* § 783 Rn. 38.

823 BeckOGK/*Körber, BGB* § 783 Rn. 39.

E. Würdigung des Rechtsvergleichs

Vor der Reform von 2016 wurde die *Délégation* im französischen Recht nur im Zusammenhang mit der Novation behandelt. Mit der Reform ist die *Délégation* im *Code Civil* als eigenständiges Rechtsinstitut zu finden. Dies ist begrüßenswert, weil die *Délégation* keine Unterform der Novation ist, sondern ein vollwertiges Rechtsinstitut.

Die *Délégation* wurde vor der Reform als Substitut für die Schuldübernahme eingesetzt. Die *Délégation* als Sicherheit oder als Gefälligkeit bzw. Schenkung hatte keine sehr entscheidende Bedeutung. Praktisch diente die *Délégation* als Zahlungsmittel, das Zahlungen zwischen den Beteiligten vereinfachen sollte. Im Vergleich zur Schuldübernahme wird bei der *Délégation* von Vorteil gesehen, dass hier ein neues Schuldverhältnis entsteht, das dazu führt, dass die Einwendungen und Einreden aus den anderen Rechtsgeschäften nicht geltend gemacht werden können i. S. v. Art. 1336 Abs. 2 C. civ. Das ist zwar ein Vorteil für den Gläubiger, weil der Angewiesene ihm gegenüber keine Einwendungen aus dem Verhältnis Anweisungsempfänger und Anweisender oder Anweisender und Angewiesener entgegenhalten kann. Auf der anderen Seite verliert der Gläubiger grundsätzlich auch die zur Besicherung der Forderung zwischen ihm und dem Anweisenden bestellten Sicherheiten. Das könnte dazu führen, dass sich der Gläubiger weigert, sich auf die *Délégation* einzulassen. Dennoch vertreten viele französische Juristen die Rechtsansicht, dass, trotz der Einführung der Schuldübernahme, die *Délégation* wahrscheinlich nicht in den Schatten treten wird.

Mit der Einführung der Schuldübernahme im *Code Civil* sollte die *Délégation* kein Bestandteil mehr des *Code Civil* sein. Im *Code Civil* gibt es jetzt viele Rechtsmechanismen, die alle das gleiche Ziel verfolgen. Dies könnte möglicherweise zur Rechtsunsicherheit führen. Die Reform von 2016 bot die Möglichkeit, auf alle Rechtsinstitute, die den gleichen Zweck verfolgten, einzugehen und das Beste von ihnen denen in den *Code Civil* einzuführen bzw. beizubehalten. Zwar ist es richtig, dass wenn die Rechtsanwender die Qual der Wahl zwischen verschiedenen Rechtsinstituten haben, dies von Vorteil sein kann. Aber hier könnten manche dieser Rechtsinstitute überflüssig werden.

Als wichtiges Argument zum Beibehalten des Rechtsinstituts der *Délégation* wird die Gewöhnung der Rechtsanwender an dieses Rechtsinstitut vorgebracht. Dies ist eigentlich kein juristisches Argument und eine Reform zur Verbesserung eines Gesetzbuchs erfordert auch eine Trennung von den Rechtsinstituten, die zu Wertungswidersprüchen führen könnten. Der französische Gesetzgeber hat sich bedauerlicherweise entschieden, den Rechtsanwendern zu überlassen, ob sie die neuen Rechtsmechanismen oder die alten benutzen wollen. Eine klare

Entscheidung seitens des Gesetzgebers unter Berücksichtigung der Vorarbeiten zu der Reform, bei denen alle Interessierten hätten mitwirken können, wäre willkommen gewesen. Die Praxis wird aber noch zeigen, ob die Rechnung des französischen Gesetzgebers aufgehen wird.

Im deutschen Recht ist ein dem französischen vergleichbares Rechtsinstitut der *Délégation* zu finden, nämlich die Anweisung gem. § 783 BGB. Beide Rechtsinstitute haben den gleichen geschichtlichen Hintergrund somit handelt es sich bei diesen Rechtsinstituten auch um Dreipersonenverhältnisse in den beiden Rechtsordnungen. Von der Konstruktion her verfolgen die beiden Rechtsordnungen dasselbe, nämlich die Anweisung bzw. die *Délégation* als Mittel zur Vereinfachung von Zahlungen einzusetzen. Trotzdem ist darauf hinzuweisen, dass die Anweisung im deutschen Recht nicht als Substitut der Schuldübernahme gesehen wird. Die Schuldübernahme ist im BGB verankert und hat sich bewährt. Der *Délégation* im deutschen Recht kommt auch eine sehr geringere Bedeutung zu. Sie dient lediglich als Grundlage für andere Rechtsgeschäfte, wobei auch bei diesen Rechtsgeschäften andere Normen, die das BGB als *lex specialis* wie das ScheckG oder das WechselG verdrängen können.[824]

Der *Délégation* im französischen Recht kommt eine größere Bedeutung als das deutsche Rechtsinstitut der Anweisung zu. Dies erklärt sich dadurch, dass die *Délégation* als Substitut zur Schuldübernahme eingesetzt wird. Im deutschen Recht ist dies nicht der Fall. Aus diesem Grund ist die Anweisung, obwohl ihr keine entscheidende Bedeutung zukommt, im deutschen Recht nicht überflüssig. Sie erfüllt andere Aufgaben.

---

824 *Medicus/Lorenz*, SchuldR BT, S. 378 Rn. 7.

Abschließende Würdigung des Rechtsvergleichs

Das Relativitätsprinzip spielt in den beiden Rechtsordnungen – der französischen und der deutschen – eine erhebliche Rolle. Jedoch sehen sowohl das französische als auch das deutsche Recht einige Ausnahmen zu diesem Prinzip vor.

Bei den klassischen Ausnahmen zur Relativität der Schuldverhältnisse verfolgen die beiden Rechtsordnungen dasselbe Ziel, aber sie versuchen dieses auf unterschiedlichen Wegen zu erreichen. Unter Berücksichtigung der Besonderheit des deutschen Rechts wurde das Rechtsinstitut des Vertrages mit Schutzwirkung zugunsten Dritter geschaffen, um Dritten einen besseren Schutz zu gewährleisten. Das französische Recht löst die Fälle des deutschen Vertrages mit Schutzwirkung zugunsten Dritter mit der deliktischen Generalklausel des *Code Civil.* Es wurden Reformen in diesem eingeleitet, als Folge wird der Drittschutz in dem französischen Recht die Juristen in den kommenden Jahren noch beschäftigen. Dabei kann sich das französische Recht von dem deutschen inspirieren lassen.

Bezüglich des Vertrages zugunsten Dritter sind das deutsche und das französische Recht nahezu deckungsgleich mit lediglich nur unerheblichen Unterschieden.

Die *„promesse de porte fort"* ist ein Rechtsinstitut, das im französischen Recht gesetzlich geregelt ist. Dieses Rechtsinstitut ist im deutschen Recht zwar nicht gesetzlich geregelt, aber anerkannt. Mit dem selbstständigen Garantievertrag im deutschen Recht kann in gleicher Weise der Zweck erreicht werden, der mit der französischen *„promesse de porte-fort"* verfolgt wird. Der selbstständige Garantievertrag wurde im deutschen Recht von der Praxis entwickelt. Es besteht also kein Bedarf die *„promesse de porte-fort"* ins deutsche Recht einzuführen.

Was die besonderen Ausnahmen angeht, gibt es keine großen Unterschiede zwischen den beiden Rechtsordnungen bezüglich der Forderungsabtretung. Die Reform von 2016 hat das französische Recht grundlegend modernisiert und für das Wirtschaftsleben tauglich gemacht. Das neue französische Forderungsabtretungsrecht sollte nun seine Aufgabe erfüllen und für den Rechtsanwender beliebt werden. Das *„principe d'opposabilité"* spielt bei der französischen Forderungsabtretung weiterhin eine große Rolle. Im deutschen Recht erfüllt § 407 BGB die Aufgabe des französischen *„principe d'opposabilité".* Beide Rechtsordnungen versuchen, mit eigenen Mitteln und unter Berücksichtigung der Besonderheiten ihrer Rechtssysteme, dem Schuldner Schutz zu gewährleisten.

Die Schuldübernahme wurde mit der Reform von 2016 kodifiziert. Beide Rechtsordnungen sehen nun die Schuldübernahme gesetzlich vor. Bei den Voraussetzungen und Rechtsfolgen sind jedoch einige Unterschiede feststellbar. Der französische Gesetzgeber hätte die Reformgelegenheit von 2016 nutzen sollen, um die Schuldübernahme umfassend zu regeln. Die jetzige Regelung der Schuldübernahme ist zwar zu begrüßen, aber sie ist verbesserungsbedürftig. Hier kann das deutsche Modell dem französischen als Inspirationsquelle dienen.

Die Zulässigkeit einer rechtsgeschäftlichen Vertragsübernahme zusätzlich zu den Fällen der gesetzlichen Vertragsübernahme wurde im französischen Recht kontrovers diskutiert. Die Rechtsprechung hat sich für eine Zulässigkeit der rechtsgeschäftlichen Vertragsübernahme entschieden, wenn die verbleibende Vertragspartei mitwirkt. Diese Lösung wurde von der Reform übernommen. Ferner spricht man im französischen Recht von der vollkommenen Vertragsübernahme, wenn die ausscheidende Vertragspartei von ihrer Leistungspflicht befreit wird. Andernfalls liegt lediglich eine unvollkommene Vertragsübernahme vor. Wann eine vollkommene oder unvollkommene Vertragsübernahme vorlieget, hängt von der verbleibenden Vertragspartei ab. Die deutsche Vertragsübernahme ist zwar nicht kodifiziert, aber die Regelungen der Forderungs- und Schuldübernahme können herangezogen werden. Die doppelte Zustimmung des französischen Rechts kann für das deutsche Recht eine Inspirationsquelle sein, falls an eine Kodifikation der Vertragsübernahme im deutschen Recht gedacht wird. Dieses Erfordernis der doppelten Zustimmung hat den Vorteil, dass es den Schuldbeitritt und die Schuldübernahme in den gleichen Normen regelt.

Die *Subrogation* ist ein Rechtsinstitut des französischen Rechts, das geschaffen wurde, um die Formstrenge der Forderungsabtretung zu umgehen. Die *Subrogation* war eine Alternative zur Forderungsabtretung. Dieses Rechtsinstitut ist im BGB nicht geregelt. Es gibt allerdings Normen im BGB, die mit der französischen gesetzlichen *Subrogation* vergleichbar sind. Bezüglich der vertraglichen *Subrogation* sind im BGB keine vergleichbaren Regelungen zu finden. Trotzdem ist diese Art von *Subrogation* nicht ins BGB aufzunehmen, weil die mit dieser Rechtsfigur verfolgten Ziele genauso mit der Forderungsabtretung erreicht werden können.

Die Novation hat die Reform überlebt. Sie ist eine Alternative zu der Forderungsabtretung sowie der Schuld- und Vertragsübernahme. Nach der Modernisierung des französischen Vertragsrechts ist es jedoch nicht erklärbar, warum das französische Recht diese Rechtsfigur weiterhin im *Code Civil* beibehalten hat. Im deutschen Recht spielt die Novation nur eine geringe Rolle. Es ist nicht erforderlich, die Novation in ihrer französischen Form im BGB aufzunehmen.

Die im BGB vorhandenen Rechtsfiguren sind ausreichend, um die von der Novation verfolgten Ziele zu erreichen.

Die *Délégation* diente als Alternative zur Schuldübernahme. Mit der Einführung der Schuldübernahme ist es jedoch weiterhin erstaunlich, warum der französische Gesetzgeber dieses Rechtsinstitut im *Code Civil* beibehalten hat. Die *Délégation*, wie sie im französischen Recht geregelt wird, ist unter Berücksichtigung ihres Sinns und Zwecks nicht ins BGB zu übernehmen. Die Schuldübernahme und der Schuldbeitritt sind ausreichende Rechtsinstitute, die sich bewährt haben. Als Sicherungsmittel sind im BGB ebenfalls zahlreiche Rechtsmechanismen zu finden. Zwar hätte sich der *Code Civil* von der *Délégation* trennen können, aber der Gesetzgeber wollte auf Nummer sichergehen und den Rechtsanwendern viele Möglichkeiten anbieten. Hoffentlich führt dies nicht zu Unübersichtlichkeiten im französischen Recht.

Im Bereich des Vertrags und des Dritten gibt es im deutsch-französischen Recht viele Ähnlichkeiten, jedoch sind ebenfalls einige Unterschiede feststellbar. Die im französischen Recht vorhandenen Rechtsfiguren, die im deutschen Recht nicht zu finden sind, sind nicht ins deutsche Recht zu übernehmen. Beide Rechtsordnungen können sich jedoch gegenseitig inspirieren.

www.ingramcontent.com/pod-product-compliance
Ingram Content Group UK Ltd.
Pitfield, Milton Keynes, MK11 3LW, UK
UKHW021931290926
8980IPUK00016B/1573

9 783631 876572